西安科技大学高质量学术专著出版资助计划（XGZ2024064）

效率视角下数字经济赋能经济高质量发展的机制研究

刘家旗 茹少峰◎著

中国金融出版社

责任编辑：王雪珂
责任校对：李俊英
责任印制：陈晓川

图书在版编目（CIP）数据

效率视角下数字经济赋能经济高质量发展的机制研究／刘家旗，茹少峰著．-- 北京：中国金融出版社，2024．12．-- ISBN 978－7－5220－2518－6

Ⅰ．F492

中国国家版本馆CIP数据核字第2024SL0602号

效率视角下数字经济赋能经济高质量发展的机制研究
XIAOLÜ SHIJIAOXIA SHUZI JINGJI FUNENG JINGJI GAOZHILIANG FAZHAN DE JIZHI YANJIU

出版发行　中国金融出版社
社址　北京市丰台区益泽路2号
市场开发部　(010)66024766，63805472，63439533（传真）
网上书店　www.cfph.cn
(010)66024766，63372837（传真）
读者服务部　(010)66070833，62568380
邮编　100071
经销　新华书店
印刷　涿州市般润文化传播有限公司
尺寸　169毫米×239毫米
印张　15.25
字数　200千
版次　2024年12月第1版
印次　2024年12月第1次印刷
定价　59.00元
ISBN 978－7－5220－2518－6

前　言

经济高质量发展是“十四五”乃至更长时期中国经济社会发展的主题，其关键内涵在于全要素生产率的稳定提升。当前，数字经济的快速发展正推动人类生产方式变革、社会生产关系改变以及经济社会结构的全方位变迁，在促进消费、拉动投资、创造就业等方面都产生了广泛而深远的影响。“十四五”规划纲要以及政府工作报告等多次提出，要打造数字经济新优势，推动经济高质量发展。然而，与实践层面的蓬勃发展和政策层面的备受关注相比，数字经济的理论研究相对滞后，学者们对于数字经济是否存在“索洛悖论”莫衷一是。在此背景下，明晰数字经济发展规律，深入研究数字经济影响经济高质量发展的内在机理与实际作用，对发挥数字经济的效率提升效应，推进经济实现高质量发展具有重要的理论和现实意义。

本书从效率视角出发，围绕数字经济影响经济高质量发展的理论机制与实证检验展开研究。主要内容包括：第一，在国内外研究基础上，基于技术经济范式理论，对数字经济的内涵和技术经济特征进行阐释。以Aghion和Howitt（2009）的多部门熊彼特内生增长模型为基础，构建数字经济影响经济高质量发展的数理模型。以“连接—数据—融合”为逻辑主线，从宏观经济、中观产业、微观企业三个层面，分析数字经济影响经济高质量发展的理论机制。第二，利用国际投入产出表数据，对世界主要国家数字经济规模进行测度与国际比较。构建中国数字经济发展水平测度指标体系，采用熵值——TOPSIS 方法测度数字经济指数，并采用核密度估计、自然断点、Moran's I 指数、泰尔指数和收敛模型等方法分析其时空演变特征及区域差异。第三，采用 Global Malmquist—Luenberger 指数法测度拓展的全要素生产率，并利用静态和动态面板回归模型、工具变量法、非线性中介效应模型等计量方法，分别从宏观效率、产业效率和企业效率三个层面实证检验数字经济影响经济高质量发展的效应、作用机制与影响差异。第四，基于理论和实证分析结果，从政府层面、产业层面和企业层面提出数字经济赋能经济高质量发展的对策建议。

研究结果表明：第一，中国数字经济发展规模具有总量优势，但在国民经济增长中的贡献仍有待提升。中国数字经济发展水平呈逐年上升趋势，三大区域数字经济发展水平从东、中、西依次递减，各地区呈现多级分化特征。全国及东、中、西三大地区均存在 σ 收敛、绝对 β 收敛和条件 β 收敛，但当前数字经济区域不平衡问题依然显著，不平衡性主要源自区域内差异。第二，在宏观层面，数字经济能够促进拓展的全要素生产率提升。其中，发达国家的作用效果优于发展中国家，国内中西部地区和低生产率地区的作用效果优于东部地区和高生产率地区。从作用机制来看，发达国家和发展中国家数字经济均能够通过改善技术效率和技术进步促进全要素生产率，但发达国家数字经济的技术进步效果明显优于发展中国家。在中国，数字经济对全要素生产率的提升机制属于技术效率改善型而非技术进步驱动型。第三，在产业层面，数字经济显著带动了农业、制造业与服务业全要素生产率的提升。分区域来看，数字经济对农业和服务业的效率提升效应在中西部地区表现更强，而数字经济对制造业的效率提升效应在东部地区更为明显。分行业来看，数字经济促进了纺织业、电气机械和器材、专用设备等制造业以及批发和零售业，仓储和邮政业，金融业等服务业全要素生产率（TFP）提升，但并未对医药制造业，计算机、通信和其他电子设备制造业，仪器仪表制造业和房地产业全要素生产率带来显著影响。机制检验表明，农业和服务业全要素生产率提升主要源于技术效率的改进，而制造业全要素生产率提升主要源于技术进步。高技能劳动力和新型基础设施投资能够强化数字经济的产业全要素生产率提升效应。第四，在企业层面，数字经济与企业全要素生产率之间呈“倒U形”关系，当前数字经济对企业全要素生产率主要发挥正向推动作用。异质性分析表明，成长期企业、中低技术企业全要素生产率所享受的数字经济红利更为明显。在作用机制方面，数字经济能够通过技术创新和管理创新赋能企业全要素生产率。技术创新与管理创新呈互补关系，而非替代关系。

本书的创新点体现在：第一，构建了效率视角下数字经济影响经济高质量发展的理论框架。宏观经济、中观产业和微观企业纳入同一分析框架中，对数字经济影响经济高质量发展的多层次作用机制进行理论阐释，丰富了经济高质量发展的相关研究成果，为数字经济赋能经济高质量发展问题研究提供了有益思路。第二，揭示了数字经济成为新经济形态的发展逻辑。基于技术—经济范式理论提炼数字经济的内涵与本质特征，丰富了数字经济相关理论研究，为指导数字经济健康持续发展提供了学理支撑。第三，提出了具有国际可比性的数字经济规模测算方法，设计了中国数字经济发展水平测度指标体系。基于投入产出表数据，在同一标准下对世界38个国家数字经济规模进行测算。从数字技术、数字基础设施、数据要素价值化、数字产业化和产业数字化五个方面构建数字经济发展指数，拓展了数字经济的测度研究。第四，阐明了效率视角下数字经济对经济高质量发展的影响效应、影响机制与影响差异。分别从宏观效率、产业效率和企业效率三个方面实证检验了数字经济对经济高质量发展的影响效应、影响机制与影响差异，为明确数字经济赋能经济高质量发展的对策提供了经验证据，丰富了数字经济“索洛悖论”相关研究。

目　　录

第1章 导 论

1.1 选题背景与研究意义

1.1.1 选题背景

以云计算、大数据、人工智能等数字技术为代表的数字经济正加速与经济社会各领域渗透融合，拓展经济发展的新空间。G20数字经济发展与合作倡议指出，数字经济对世界各国在实现包容性增长和可持续发展方面正发挥着重要作用，社会经济发展已进入数字经济时代。从中国信息通信研究院发布的数据来看（见图1-1），2005—2022年中国数字经济规模增长了18.19倍，数字经济规模占GDP比重也提升至41.5%。作为一种新经济形态，数字经济在基础设施、生产要素、生产和服务方式等方面表现出与农业经济和工业经济时代不同的特征和规律，其经济发展范式依靠技术革命的演化推动，打造万物互联的经济社会网络，驱动数据要素裂变式增长，助推社会生产生活方式发生颠覆性创新，为经济高质量发展提供了新动能（易宪容等，2019；李三希，2021）。美国、日本、德国等国家高度重视发展数字经济，通过聚焦前沿技术创新、推动制造业数字化转型、加强数字治理等举措，抢占新一轮经济进程的制高点。在中国，党和国家也始终将发展数字经济置于战略高度。从党的十九大提出“推动互联网、大数据、人工智能和实体经济深度融合”，到“十四五”规划纲要以“加快数字化发展，建设数字中国”作为独立篇章。从 2017 年政府工作报告首次提出要“促进数字经济加快成长”，再到 2024 年明确提出大力发展数字经济。可见，数字经济已经成为推动经济实现高质量发展的新引擎。

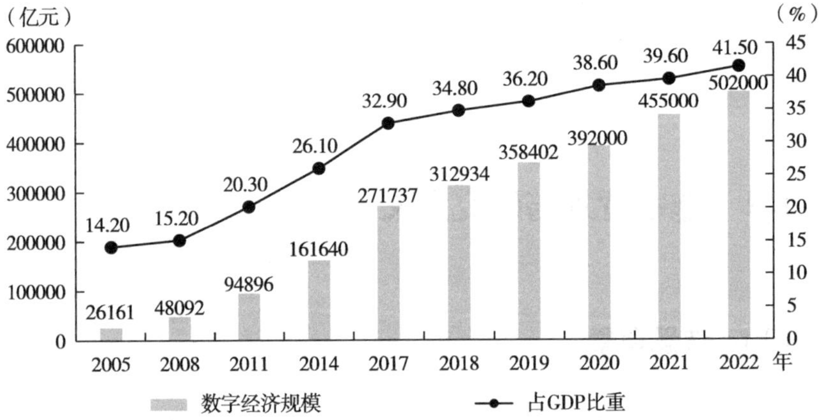

图 1－1　2005—2022 年中国数字经济增加值规模及其占 GDP 比重

经济高质量发展是中国经济在三十多年高速增长后突破结构性矛盾和资源环境瓶颈，实现更加公平、更可持续发展的必然选择，也是“十四五”时期经济社会运行发展的核心任务，更是中国实现社会主义现代化的必由之路（刘家旗和茹少峰，2021）。中国经济实现高质量发展，要求从依靠物质资源消耗实现的粗放型经济增长模式转变为依靠技术进步的集约型经济增长模式。集约型经济增长就是提高资源配置和利用效率的增长模式，即以全要素生产率的提升为新动能的增长模式（贺晓宇和沈坤荣，2018）。因此，如何提升全要素生产率，成为新时代经济实现高质量发展的核心问题。理论上，数字经济的发展以数据为核心生产要素，能够有效驱动资本、劳动、技术等要素集约化利用。同时，数字技术具有高创新性和渗透性，能够与传统经济融合，催生新产业、新业态与新模式，成为新时代中国提高全要素生产率的关键抓手。

然而，从现实情况来看，数字经济究竟能否提高全要素生产率？仍是一个悬而未决的问题。20 世纪 80 年代末期，诺贝尔经济学奖得主 Robert Solow（1987）提出了“索洛悖论”，即“到处都看得见计算机，唯独在生产率统计方面看不见”。这一论断刻画了当时美国信息通讯技术投资的狂热扩张与实际生产率低迷的相悖关系。20 世纪 90 年代中期，美国出现了长达 118 个月的高经济增长率、高就业率与低通货膨胀率并存的“新经济”现象。大量研究结果表明信息技术是美国“新经济”产生的动因（Stiroh，2002；Jorgenson 等，2007）。但也有研究表明“索洛悖论”仍然存在，“新经济”的繁荣来源于经济周期等因素（Gordon，2012；Acemoglu 等，2014）。随着新一轮科技革命的进步，关于数字技术是否能够提升经济发展效率及其作用机制问题引发了持续的学术关注。部分学者研究发现，数字经济能有效提升全要素生产率（郭家堂和骆品亮，2016；黄群慧等，2019）。而 Bart van Ark（2016）则结合美国、英国、德国的统计数据指出，数字经济尚未在生产率增长方面产生任何改善。Gordon（2017）同样指出，数字经济带来的效率提升远不如电气化革命。Tyler Cowen（2011）更是悲观地认为，现代经济已进入“科技平原”时期，未来将出现经济衰退的状况。

数字经济时代的“索洛悖论”显然为数字经济赋能经济高质量发展带来了挑战。在当前国家大力推动数字经济发展和全面实现高质量发展的政策背景下，在数字经济规模迅速增长并对社会生产生活产生深刻变革的现实情况下，从效率视角回答数字经济究竟能否带动经济高质量发展？数字经济如何赋能经济高质量发展？既是重要的理论问题也是亟待解决的现实问题。从既有文献来看，一方面，迄今为止，除陈晓红等（2022）和姜奇平（2020）等学者对数字经济理论问题进行相关论述外，少有文献对数字经济下新技术、新结构、新价值等方面的相应内涵进行系统阐释，从而使得数字经济影响经济高质量发展的机理不甚明晰；另一方面，现有文献多数从宏观效率层面对数字经济影响经济高质量发展的效应与机制问题展开研究，而宏观经济整体由不同产业组成，产业内部又由无数个微观企业构成。数字经济对经济发展的影响在宏中微层面均有所体现，单从宏观效率层面考察数字经济对经济高质量发展的影响无法全面理解二者的关系，亦无法充分解答数字经济的“索洛悖论”问题。

基于此，本书在国内外相关研究基础上，对数字经济的内涵与技术—经济特征进行提炼概括，从效率视角出发，将宏观经济、中观行业和微观企业统一纳入研究分析中，构建数字经济影响经济高质量发展的三维分析框架。进一步地，采用国际数据与中国数据从不同层面进行实证分析，以期为明确数字经济发展方向提供科学的指导，为更好地发挥数字经济在助推经济高质量发展中的作用提供坚实的理论与实证依据。

1.1.2 研究意义

数字经济作为新一轮科技革命与产业变革的引擎，在资源配置、创新驱动等方面为经济实现高质量发展提供了新动能。在经济迈向提质增效的关键阶段，在全球数字经济快速发展的历史节点，本书从效率视角出发，探究数字经济对经济高质量发展的影响效应、作用机制与影响差异，不仅有利于为经济实现高质量发展提供新的研究视角，还有助于丰富数字经济理论体系。研究结论亦能够为数字经济健康持续发展，明确数字经济赋能经济高质量发展的政策提供启示。

（1）理论意义

第一，揭示了数字经济的内涵与本质特征，丰富了数字经济理论体系。数字经济的内涵伴随着数字技术的进步，历经了从狭义到广义的演变。已有研究从现象描述、特征概括、结构分解等视角对数字经济的内涵进行了有益的探讨。然而，少有研究对数字技术如何引发新经济形成等问题进行系统论述。本书基于技术经济范式理论，聚焦主导技术、基础设施、能源、核心生产要素各方面的变革，阐明数字经济的内涵，并将数字经济的本质特征概括为“连接—数据—融合”，为促进数字经济持续健康发展提供了学理支撑。

第二，构建了效率视角下数字经济赋能高质量发展的理论框架，对宏观经济、中观产业和微观企业的多层次作用机制进行理论解释。经济高质量发展的核心内涵体现为全要素生产率的稳定提升。已有文献多数从宏观层面对数字经济影响全要素生产率的效应与机制展开研究，而宏观经济由不同产业组成，产业内部又由无数个微观企业构成，单从宏观层面考察数字经济对全要素生产率的影响无法全面理解二者的关系。而目前鲜有研究在同一分析框架内同时考察宏中微三维体系下数字经济对全要素生产率的影响机制并给出经验证据。鉴于此，本书从数字经济“连接—数据—融合”的特征出发，以宏中微效率为切入点，系统分析数字经济影响经济高质量发展的作用机制，并利用国际面板数据、中国省级数据、微观企业数据提供了较为充分的经验证据，为经济高质量发展的影响因素、数字经济的影响效应、数字经济赋能经济高质量发展相关研究进行了有益补充。

第三，为破解“索洛悖论”提供了新的理论解释与经验证据。“索洛悖论”长期受到学界的广泛关注。一方面，现有研究集中于讨论信息和通信技术（ICT）、互联网、人工智能等对宏观全要素生产率的影响。数字经济作为一种新的技术经济范式，有着不同于信息化、网络化的独有特征。本书将“索洛悖论”相关研究拓展到数字经济层面，并考察其对宏观、产业及企业全要素生产率的影响，丰富了“索洛悖论”的研究内容。另一方面，现有研究在测算全要素生产率时，通常延用 Dale Jorgenson 等提出的增长核算框架。增长核算框架与国民经济核算体系对接，虽然能够有效识别宏观经济增长的来源，但福利水平、生态环境改善等内容则难以体现，从而容易导致结果的低估或误判。本书通过构建数字经济时代包含非期望产出的全要素生产率指标，并采用经济计量方法提供经验证据，为破解“索洛悖论”增加了新的经验证据。

(2) 现实意义

第一，为准确把握数字经济发展现状提供了参考依据。本书对38个国家（和地区）数字经济规模进行测算与国际比较，为明确中国数字经济现状与国际排位提供了数据支撑。通过设计中国省域数字经济发展水平测度指标体系，对2011—2019年中国数字经济发展水平进行测度，并分析其时空演变与区域差异特征，对于国家统筹协调关键资源，地方政府找准数字经济发展定位，推动数字经济健康持续发展具有重要的现实意义。

第二，为经济实现高质量发展提供了方向和路径。当前中国经济已进入高质量发展阶段，过去凭借资源禀赋与后发优势实现经济快速增长的潜力逐渐释放殆尽，需要加快培育新动能，释放经济增长新活力。本书通过探究数字经济对经济高质量发展的影响，阐明了数字经济在赋能经济高质量发展中的作用机制，为实现高质量发展开辟了新的道路。

第三，为数字经济赋能经济高质量发展提供了实践指导。本书从效率视角对数字经济赋能经济高质量发展的影响作用进行了多方面探讨，厘清了数字经济发展的内在逻辑，揭示了数字经济对宏观经济层面，农业、制造业与服务业等产业（行业）层面，微观企业层面效率提升的影响效应、影响机制与影响差异。这些研究成果不仅为政府在数字技术、新型数字基础设施、数据要素等方面进行合理规划提供了政策启示，也为农业、制造业和服务业更好地应用数字经济红利提供了对策建议，而且为微观企业合理应对数字经济浪潮提供了应对举措。

1.2 研究思路与研究方法

1.2.1 研究思路

本书从效率视角出发，探讨数字经济影响经济高质量发展的效应与机制，最终为实现数字经济健康持续发展提供政策支持，为推动数字经济赋能经济高质量发展提供方向。针对研究的核心问题，本书将沿着“理论研究—测算评价—实证检验—对策构建”的基本思路展开。

首先，在理论上深入分析。通过对国内现有关于数字经济与经济高质量发展的相关研究和理论前沿进行梳理，分析出可借鉴之处及本书可拓展的研究空间。从效率视角出发，对经济高质量发展的内涵进行界定。基于技术—经济范式理论，回答什么是数字经济，数字经济有哪些本质特征的问题。进一步地，以 Aghion 和 Howitt（2009）的多部门内生增长模型为基础，构建数字经济影响经济高质量发展的数理模型。将技术经济范式理论与经济增长理论、产业组织理论、创新管理理论与全要素生产率理论相结合，从宏中微三个层面系统分析数字经济为何会影响经济高质量发展，以及数字经济如何影响经济高质量发展的问题，构建本书的理论分析框架。

其次，在实践上科学研判。借助投入产出表数据测算数字经济规模并进行国际比较，采用熵值—TOPSIS 方法对中国数字经济发展水平进行测度与分析。回答数字经济规模及国际排位如何，中国数字经济发展水平呈现哪些时空特征等问题。在此基础上，从宏中微三个层面实证检验数字经济对高质量发展的影响效应与作用机制，具体包括：一是检验数字经济能否提高拓展的全要素生产率，数字经济对不同国家、不同区域全要素生产率的影响是否存在异质性，数字经济对全要素生产率的作用机制属于技术进步驱动型还是技术效率改善型等问题；二是检验数字经济对产业全要素生产率的影响效应，数字经济对不同产业、不同细分行业全要素生产率的影响效应存在何种差异，数字经济如何影响产业全要素生产率等问题；三是检验数字经济对企业全要素生产率的影响效应，数字经济对不同发展阶段和不同行业企业全要素生产率的作用效果存在何种差异，数字经济如何影响企业全要素生产率等问题。

最后，在对策上系统构建。依据本书理论与实证分析结果，从政府层面、产业层面和企业层面对数字经济赋能经济高质量发展提出相应对策建议。

1.2.2 研究方法

(1) 比较分析和归纳演绎相结合的方法

采用比较分析方法，对数字经济与传统农业经济、工业经济在主导技术、能源、基础设施、核心生产要素等方面的异同进行对比，提炼数字经济的本质特征。并从时间和空间维度对比数字经济发展水平的变化特征与区域差异，总结数字经济的时空演变规律；采用归纳演绎分析方法，通过对经济增长理论、产业组织理论、创新管理理论、全要素生产率理论和技术经济范式理论以及经济高质量发展相关文献、数字经济相关文献和数字经济影响经济高质量发展的相关文献进行梳理，探寻进一步研究的空间。

(2) 理论分析和实证分析相结合的方法

在理论分析方面，基于技术经济范式理论对数字经济的内涵进行阐明，提炼概括数字经济的本质特征。通过构建多部门内生增长模型探究数字经济影响经济高质量发展的作用机理，并从宏中微三个层面系统考察效率视角下数字经济对高质量发展的影响机制。在实证分析中，采用固定效应模型、混合最小二乘估计、系统 GMM 估计、工具变量法、非线性中介效应模型等对数字经济影响经济高质量发展的效应与机制进行实证检验。

(3) 统计分析与大数据分析相结合的方法

一是界定具有国际可比性的数字经济测算范畴，借助投入产出表数据测算数字经济规模并进行国际比较。采用熵值—TOPSIS 方法测度中国数字经济发展水平。采用核密度估计法，自然断点法，Moran's I 指数法，泰尔指数分解法，σ 收敛、绝对 β 收敛和条件 β 收敛方法等分析中国数字经济发展的时空演变特征以及区域差异。采用 Global Malmquist—Luenberger 指数法测度宏观和产业全要素生产率。采用 ACF 法、LP 法等半参数方法测度企业全要素生产率。二是在数字经济发展水平测度指标选取时，采用 Python 爬虫方法获取百度指数衡量数字技术发展水平，采用文本分析方法，对政府工作报告中的文本数据进行挖掘，衡量数据价值化发展水平。

1.3 研究内容与研究框架

1.3.1 研究内容

本书从效率视角出发，围绕数字经济与经济高质量发展研究主题，研究内容如下。

第 1 章，导论。首先，从经济实现高质量发展的根本要求，数字经济在经济发展中的现实作用以及从效率视角研究数字经济对经济高质量发展影响的理论研究重要性三方面，阐述本书的选题背景与研究意义，引出本书研究的核心问题；其次，介绍本书的研究思路与方法，规划全文的研究内容与框架安排；最后，总结本书的创新点。

第 2 章，理论基础与文献综述。本章主要回顾与本书研究相关的既有文献。具体分为四部分：一是对相关理论进行回顾，包括经济增长理论、产业组织理论、创新管理理论、全要素生产率理论与技术—经济范式理论；二是对经济高质量发展相关研究进行综述，包括经济高质量发展的内涵、测度与影响因素；三是对数字经济相关研究进行综述，包括数字经济的内涵、测度与影响效应；四是对数字经济对经济高质量发展影响的相关研究进行综述，包括数字经济对经济高质量发展影响的效应与机制，宏观效率视角下数字经济对经济高质量发展的影响，产业效率视角下数字经济对经济高质量发展的影响，企业效率视角下数字经济对经济高质量发展的影响。最后通过对已有文献的梳理，探寻当前研究的前沿进展，以及可以进一步拓展和优化的空间，明确本书研究的研究视角与思路。

第3章，数字经济影响经济高质量发展的理论分析。本章首先从效率视角出发，对经济高质量发展的内涵进行界定，基于技术—经济范式理论思想对数字经济的内涵进行阐明，并依据数字技术使用带来的生产方式创新和经济发展方式的改变概括数字经济的本质特征；其次，将数字经济纳入 Aghion 和 Howitt（2009）的多部门熊彼特内生增长模型，采用数理推导方式刻画数字经济影响经济高质量发展的内在机理；最后，以“连接—数据—融合”为逻辑主线，从宏观全要素生产率、中观全要素生产率、微观企业全要素生产率三个层面剖析数字经济对经济高质量发展的影响机制，从理论上阐明数字经济为什么会影响经济高质量发展，以及数字经济如何影响经济高质量发展的问题，为后续研究提供理论支撑。

第4章，数字经济规模及其发展水平测度分析。本章首先提出具有国际可比性的数字经济规模测算方法，对2005—2018年全球38个国家的数字经济规模进行测算与国际比较；其次，基于数字经济的内涵特征，从数字技术、数字基础设施、数据价值化、数字产业化和产业数字化五个维度构建中国数字经济发展水平测度指标体系，选取中国2011—2019年30个省（市、自治区）的相关数据，运用熵值—TOPSIS方法对中国数字经济发展水平进行测度；最后，从时间和空间维度，利用核密度估计、Moran's I以及自然间断点分级法等方法对中国数字经济的时空演变趋势进行分析，进一步利用泰尔指数刻画数字经济发展的区域差异及其来源，采用σ收敛、绝对β收敛和条件β收敛方法分析中国数字经济发展水平的收敛特征。

第5章，宏观效率视角下数字经济影响经济高质量发展的实证检验。本章首先采用包含非期望产出的 Global Malmquist—Luenberger 指数模型，结合经济高质量发展的内涵要求，构造“拓展的全要素生产率”指标，对世界38个国家（和地区）及中国全要素生产率进行测度与影响因素分解。其次，构建数字经济影响全要素生产率的计量模型，并基于国际面板与中国省级面板数据实证检验数字经济对全要素生产率的影响效应，利用工具变量法、动态面板回归、替换核心变量等方法进行内生性及稳健性检验。进一步地，从区域异质性、全要素生产率异质性等方面进行异质性分析。最后，检验数字经济对宏观拓展的TFP影响的作用机制，回答数字经济主要是通过促进技术进步还是改善技术效率来提升TFP的问题。

第6章，产业效率视角下数字经济影响经济高质量发展的实证检验。本章聚焦于数字经济对中观产业层面效率提升的影响研究。首先，构建数字经济影响产业全要素生产率的计量模型，在采用包含非期望产出的GML指数模型测度农业、制造业和服务业绿色全要素生产率的基础上，实证检验数字经济对农业、制造业和服务业绿色全要素生产率影响的实际效应大小，利用工具变量法、动态面板回归、替换核心变量、增加控制变量等方法进行内生性及稳健性检验。其次，分别检验不同区域，22个制造业细分行业、5个服务业细分行业数字经济对产业全要素生产率提升效应的异质性。最后，分别检验数字经济对不同产业TFP影响的作用机制，回答数字经济主要是通过促进技术进步还是改善技术效率来实现产业全要素生产率提升的问题。进一步地，检验人力资本结构和新型基础设施投资在数字经济与产业全要素生产率间的调节作用，分析高技能劳动力和新型基础设施投资在数字经济发展过程中重要性。

第7章，企业效率视角下数字经济影响经济高质量发展的实证检验。首先，构建数字经济影响企业全要素生产率的计量模型，在测算企业生产率的基础上，将中国数字经济发展水平拓展为城市层面并与微观企业数据进行匹配，实证检验数字经济影响企业全要素生产率的作用效果，并利用工具变量法、替换核心变量、剔除极端值等方法进行内生性及稳健性检验；其次，从企业发展阶段异质性及企业所处行业异质性分别考察影响效应的差异；最后，通过构建非线性中介效应模型，检验数字经济对企业全要素生产率的技术创新机制与管理创新机制是否成立。

第8章，研究结论、对策建议与研究展望。首先，归纳总结本书的主要研究结论；其次，从政府层面、产业层面、企业层面提出促进数字经济健康持续发展，推动数字经济赋能经济高质量的具体对策建议。最后，提出本书研究的不足及后续可能的拓展之处，为未来研究提供思路。

1.3.2 研究框架

本书研究框架如图 1－2 所示。

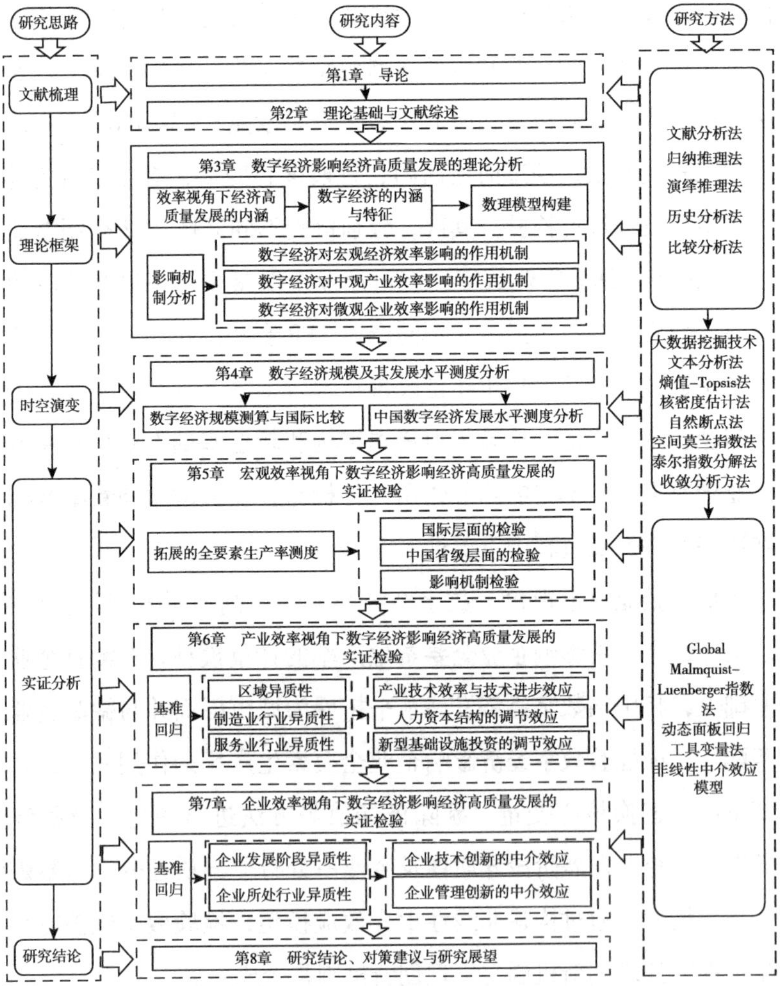

图 1－2 研究框架

1.4 创新之处

本书在中国进入高质量发展阶段以及大力推动数字经济发展的背景下，从效率视角系统探讨数字经济对经济高质量发展的影响，创新之处体现在以下四个方面。

第一，构建了数字经济影响经济高质量发展的理论分析框架。数字经济如何影响经济高质量发展是当前亟待解决的现实问题。已有文献主要聚焦于数字经济对包容性增长、经济地理格局优化等高质量发展子课题的影响。虽然也有学者将数字经济与经济高质量发展直接联系并取得了有益的结论，但多采用解释工业经济特征的新古典经济理论，难以全面反映数字经济的融合渗透、价值共生特征。数字经济不仅意味着某些产业或者单一领域的变化，更是整个经济社会范式的变迁。因此，本书在 Aghion 和 Howitt（2009）多部门熊彼特内生增长模型基础上，构建数字经济影响经济高质量发展的数理模型。从效率视角出发，以数字经济“连接—数据—融合”的技术经济特征为逻辑主线，结合技术经济范式理论与内生经济增长、产业组织、企业创新等理论思想，对宏观、产业与企业的多层次作用机制进行理论阐释，构建数字经济影响经济高质量发展的理论框架。本书结论较为系统地回答了数字经济为何能影响经济高质量发展，数字经济如何影响经济高质量发展等问题，丰富了经济高质量发展的相关研究成果，也为数字经济赋能经济高质量发展研究提供了有益思路。

第二，揭示了数字经济的内涵及本质特征。数字经济是随数字技术发展而不断演进的新经济形态，从 1996 年 Don Tapscott 教授提出“数字经济”概念至今，数字经济的内涵经历了从狭义到广义的演变。当前研究多从现象描述、特征概括、结构分解等角度对数字经济进行了概括，从不同侧面为明确数字经济的内涵提供了良好的借鉴。但已有研究着重强调数字经济的数据生产要素化、信息通信技术、网络连接基础等技术特征，对数字经济的新结构与新形态、行为模式以及发展逻辑等方面仍需进一步阐明。因此，本书首先依据技术—经济范式理论，对数字经济的内涵进行了界定，概括了数字技术—经济范式的结构，包括驱动力、新结构与新形态、新价值与高质量发展。并从系统论的思想指出，数字经济本身就是一种高质量的经济发展范式。其次，本书通过对比数字经济与农业经济和工业经济形态在主导技术、能源、基础设施、连接方式、核心生产要素等方面的差异，抽象出了数字经济区别于传统经济的典型特征：一是连接性；二是数据为核心生产要素；三是融合性。研究结论不仅丰富了数字经济相关理论研究，也为指导数字经济健康持续发展提供了学理支撑。

第三，提出了具有国际可比性的数字经济规模测算方法，设计了中国数字经济发展水平测度指标体系。首先，在数字经济规模测算方面，学者们集中于对中国整体层面以及国内省级层面数字经济规模进行测算，鲜有研究从国际比较的视角测算世界各国数字经济规模，从而难以客观反映中国数字经济发展在国际中的排位。本书提出了一种具有国际可比性的数字经济规模测算方法，并对世界主要国家数字经济规模进行了测算与国际比较。其次，在数字经济发展水平测度方面，现有研究多从数字经济发展的基础条件、外部环境与融合应用等维度，选取统计数据对数字经济发展水平进行测度。虽然取得了一定的研究成果，但仍存在对数字经济指标的涵盖面不足，数据时效性与可获得性差等问题。本书基于数字经济的特征，从数字技术、数字基础设施、数据价值化、数字产业化和产业数字化 5 个维度设计了中国数字经济发展水平测度指标体系，采用大数据挖掘、文本分析等技术克服了数据获取的有限性与时滞性，并采用熵值—TOPSIS 法构建了中国数字经济发展指数。研究结论不仅丰富了数字经济的测度研究，也为明确中国数字经济发展现状与发展规律提供了数据支撑。

第四，阐明了效率视角下数字经济对经济高质量发展的影响效应、影响机制与影响差异。数字经济能否以及如何提高全要素生产率，是效率视角下数字经济影响经济高质量发展关注的核心问题。然而，从“索洛悖论”提出至今，该问题仍未得到定论。从宏观层面来看，已有研究在验证数字经济对全要素生产率（TFP）影响问题时，测度方法大多基于国民经济核算体系，从而忽略了数字经济产生的福利提升等贡献，从而造成结果的低估甚至误判。因此，有必要将福利提升、环境改善等因素纳入全要素生产率测算体系，设计“拓展的 TFP”指标，对数字经济影响 TFP 的效应进行重新测度；从产业层面来看，已有研究表明 ICT、人工智能等对产业 TFP 具有提升作用。但较少有研究关于数字经济对产业 TFP 的影响效应与作用机制进行理论与实证分析，数字经济对不同产业、不同细分行业 TFP 的影响差异也不明确；从企业层面来看，鲜有研究系统分析数字经济对企业 TFP 的影响与作用机制。因此，本书从宏观、中观和微观层面分别检验了数字经济对“拓展的 TFP”，农业、制造业和服务业绿色 TFP，企业 TFP 的影响效应，影响效应的区域、行业与企业差异。并从全要素生产率分解视角、企业创新等视角出发分析了数字经济对 TFP 影响的作用机制。研究结论为数字经济赋能经济高质量发展问题提供了经验证据。

第 2 章　理论基础与文献综述

2.1　理论基础

2.1.1　经济增长理论

经济增长理论为研究数字经济的增长问题提供了重要的理论基础，其贡献之一在于能够从生产要素视角分析经济增长的来源。早期研究认为土地、资本和劳动是驱动经济增长的主要因素。亚当·斯密（Adam Smith，1776）将劳动和资本引入经济增长分析中，指出经济增长的源泉在于劳动生产率的提升、劳动数量的增加以及资本的积累。萨伊（Say，1803）继承了亚当·斯密等的思想，提出“生产要素三元论”，即经济增长源于土地、劳动和资本三大要素。19 世纪后期，马歇尔（Marshall，1881）在其《经济学原理》中进一步提出“生产要素四元论”，认为经济增长源于土地、劳动、资本与企业家才能。数字经济时代，数据成为核心生产要素，对经济增长的要素理论进行了扩充。数据要素即为数字化的知识和信息，具备非竞争性、易复制等特性。数据要素与传统生产要素的渗透融合，能够促进知识共享，深化社会分工，延展经济时空，带动其他要素效率提升与实现价值创造，使传统要素呈现边际报酬递增规律（Goldfarb 和 Trefler，2019；蔡跃洲和马文君，2021）。

经济增长理论的另一贡献是强调了技术进步的重要意义。20 世纪 50 年代中期，以索洛（Solow，1956）为代表的经济学家对经济增长源泉的探索进一步深入到技术进步中。通过对 1909—1949 年美国经济增长源泉进行测算表明，技术进步对经济增长的贡献高达 87.5%（Solow，1957）。然而，索洛模型将技术视为外生给定的，并未说明技术进步源于何处，而且其研究结论指出各国经济增长最终将实现稳态并走向趋同。这一结论与各国经济增长差距逐渐扩大的现实不符。20 世纪 80 年代中期，罗默（Romer，1986）、卢卡斯（Lucas，1988）等经济学家将技术进步作为内生变量纳入生产函数中，开创了内生经济增长理论研究的先河。Grossman 和 Helpman（1991）、Aghion 和 Howitt（1992）、Kosempel（2004）以及 Acemoglu（2007）等学者在此基础上对内生增长理论进行了深化，指出经济增长来源于知识积累与溢出、人力资本积累等方式实现的内生技术进步。在内生经济增长理论中，知识与资本一样是“内生”的，源自厂商追求利润最大化的投资决策。知识具有递增的边际生产率，能够与投资形成良性的互促关系，从而使总的规模收益递增，为经济增长提供持久的动力源泉。数字经济时代，以大数据、云计算、物联网等为代表的数字技术集群涌现。数字技术具备高创新性，蕴含着知识、R&D 投资、人力资本等，能够成为驱动经济增长的新动能。

综合来看，经济增长理论为探讨数字经济影响经济高质量发展问题提供了重要的理论基础。基于经济增长理论的生产要素思想，本书分析了数据要素创造经济价值并参与收入分配的方式，以及数据要素价值化发挥对效率提升的作用机制。同时，本书以内生经济增长理论为指导，在 Aghion 和 Howitt（1992）研究基础上，将数字技术引入研发部门生产厂商创新活动，构建多部门内生经济增长模型，探究数字经济对经济高质量发展的影响机理。

2.1.2 产业组织理论

产业组织理论为研究产业效率视角下数字经济对经济高质量发展的影响问题提供了理论基础。产业组织理论的研究目的在于揭示产业组织活动的内在规律性（牛晓帆，2004）。产业组织理论包括传统产业组织理论和新产业组织理论两个阶段。传统产业组织理论形成于20世纪30年代，哈佛大学梅森教授（Mason，1938）与其学生贝恩（Bain，1959）以新古典学派的价格理论为基础，创立了“结构—行为—绩效”的研究范式。20世纪70年代后期，以梯若尔（Tirole，1985）、施瓦茨（Schwartz，1971）等为代表的学者将信息经济学、交易费用等研究思想与研究方法纳入产业组织理论体系。其中，以谢伊（Shy，2001）为代表的学者提出了网络产业组织理论，探讨网络外部性的重要意义，指出网络经济存在正反馈特征。在极端情况下，正反馈可以造成“赢者通吃”的寡头垄断。梅特卡夫（Metcalfe，1993）指出网络的价值遵循梅特卡夫定律，即网络的价值与该网络内连接节点数的平方成正比。

在产业组织理论中，产业融合是指“不同产业间的传统边界趋于模糊，甚至消失的动态演变过程”（于刃刚，2006），产业集聚为“生产某种产品的同类企业，以及与其配套的上下游企业因为生产规模收益递增、知识溢出等形成的地理空间上的集聚”（刘世锦，2003）。数字经济时代，以数字技术发明和应用为核心的新一代产业模式为产业融合与产业集聚的形态带来了新的探索空间。从发展历程上来看，第一，数据要素以数字化的形式承载着海量的、多样的、可准确度量的结构化与非结构化信息，为不完全信息假设提出了挑战；第二，随着数字技术在生产生活中的逐步渗透，产业融合不再仅局限于信息产业领域，原有三次产业分类的边界逐渐模糊，产业从分立走向融合（任保平，2020）；第三，数字经济的万物互联特性打破了传统产业集聚对地理空间临近的依赖，以数据信息融合的方式在网络空间中建立了一种更加紧密耦合的关系，形成了线上与线下融合的产业集聚新形态——虚拟集聚。在虚拟集聚下，企业间数据和信息交换能够实现实时互通，固定制造流程的生产合作关系也转变为由异质性需求主导的任务型关系，企业不需要再依靠地理空间上的临近来规避交易成本，而是通过数字化手段主动筛选合作伙伴与消费服务对象，避免了地理集聚导致的拥塞效应，减少了信息匹配与选择成本（王如玉等，2018）。

本书以产业组织理论为指导，综合考虑了数字经济背景下产业融合、产业集聚等新变化，对产业效率视角下数字经济影响经济高质量发展的作用机制展开分析。同时，本书研究也为构建符合数字经济运行实际的产业组织理论提供了有益参考。

2.1.3　创新管理理论

创新管理理论为探讨企业效率视角下数字经济影响经济高质量发展问题提供了重要的理论视角。熊彼特（Schumpeter，1912）指出创新就是“建立一种新的生产函数，将生产要素与生产条件的‘新组合’引入生产体系”。之后，达夫特等（Daft，1978）学者对熊彼特的创新理论进行了丰富与拓展，创立了创新双核心理论。在创新双核心理论中，企业创新包括技术创新和管理创新两种类型。其中，技术创新强调与技术相关的产品和工艺创新、技术知识与技术资源等。管理创新关注组织结构、组织行为、管理制度等方面。根据创新过程的连续性，克里斯滕森（Christensen，1997）将创新又分为颠覆式创新和渐进式创新。其中，渐进式创新就是企业依据现有的资源与能力，对已有技术、生产流程等实施渐进的、模仿性的、连续的创新行为。作为熊彼特“创造性破坏”的延伸，颠覆式创新则是摒弃以往的技术手段，依托新技术开创性的创造出前所未有的产品或服务，甚至彻底改变市场原有的运行准则与竞争环境。2021 年，Aghion 在《创造性破坏的力量》一书中对“创造性破坏”进行了新的解读。他认为创新是浪潮式的发展过程，在浪潮的第一阶段，基础创新发展涌现，但应用创新并未得到广泛应用，导致基础创新被漠视甚至排斥。此时极易出现认为新技术的生产率提升效应并不明显的结论。例如，Gordon（2016）仅关注到互联网在浪潮第一阶段的发展，就在其 *The Rise and Fall of American Growth* 一书中提出了“互联网的进步比不上铁路”这一有偏的结论。在浪潮的第二阶段，创新形成极大的“破坏”效应，建立在旧技术基础上的企业与就业岗位受到冲击，“机器换人”等现象可能导致更多的失业。在此阶段，破坏效应大于创造效应。在浪潮的第三阶段，创新应用加速并衍生出诸多实际场景创新，形成巨大的经济规模，社会生产效率得到提升，社会财富生产也逐渐累积，创造效应大于破坏效应。

数字经济的发展对传统创新管理理论提出了新的挑战。首先，在数字经济环境中，企业技术呈现开放化，创新组织边界逐渐模糊，数字创新产品可以在虚拟空间中实现无穷迭代，创新过程呈现非线性模式。其次，企业组织结构趋向平台化、生态化。企业及用户以网络节点的形式通过数据建立实时的信息交互，以分布式模式进行合作。最后，创新主体呈现多元化，创新活动不再局限于企业或组织内部，个体用户同样可以成为创新的主体成员，形成“用户创造内容”的创新模式。

本书基于创新管理理论，分析数字经济对企业盈利模式、交易成本、生产流程、组织环境等方面带来的变革，并据此探讨企业效率视角下数字经济对经济高质量发展的直接影响机制。同时，基于创新双核心理论，分析数字经济对企业技术创新、管理创新的具体作用，阐明数字经济对经济高质量发展的间接影响机制。

2.1.4 全要素生产率理论

全要素生产率（TFP）是指“除了劳动和资本生产要素外，其他所有生产要素带来的产出增长率”。1957 年，索洛基于柯布 · 道格拉斯生产函数提出：$\frac{dY_t}{Y_t} = \frac{dA_t}{A_t} + \alpha \frac{dK_t}{K_t} + \beta \frac{dL_t}{L_t}$。根据索洛（Solow）模型，经济增长率取决于资本要素增长率、劳动要素增长率与其他要素增长率（索洛余值），其中“其他要素增长率”就是全要素生产率的增长率。考虑到资本与劳动要素的增长率会受到资源稀缺性的限制，索洛指出 TFP 才是经济增长率持续增加的唯一来源，并将 TFP 理解为新工艺或新发明的使用带来的技术进步。然而现实情况下，即使两个企业拥有相同的工艺技术，最终生产效率也有可能因管理水平、生产经验等因素的不同而产生差异。因此，Farrell 等（1994）学者将管理水平、组织结构、科技水平等因素纳入技术进步内涵中，遵循以生产前沿面为基准的相对效率测算思路将 TFP 分解为技术效率与技术进步。其中，技术效率反映了既有资源的使用与配置情况（Farrell，1957）。假设投入水平不变，当产出从生产前沿面以下的技术无效点提高至生产前沿面上的产出水平时，则说明发生了技术效率改进，在图 2－1 中表现为从点 A 移动到点 C。技术进步是指由知识积累、新技术应用等带来的生产效率提升，是宏观经济持续增长的关键。技术进步意味着固定要素投入组合下产出水平的提高，其本质是生产前沿面的推升，在图 2－1 中具体表现为生产前沿面从 F_1 上升到 F_2。

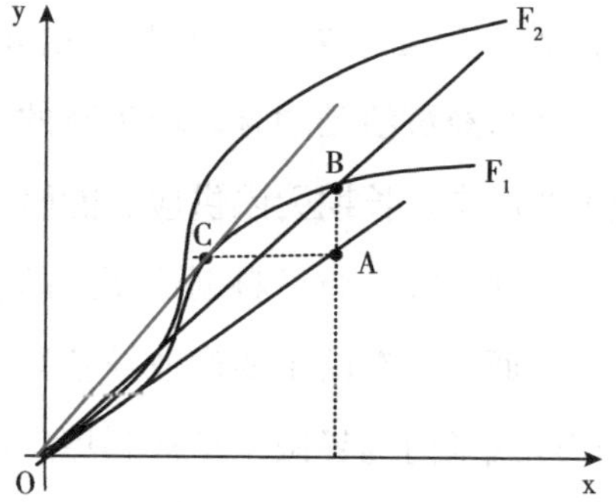

图 2－1　全要素生产率分解

综合来看，全要素生产率的大小不仅体现了投入要素的单要素生产率的变化，也反映了管理经验、知识能力等无形生产要素的贡献。全要素生产率的提升通过有效配置和使用既定生产要素实现，其本质是一种资源配置效率。经济高质量发展要求中国经济从依靠物质资源实现的粗放型经济增长模式转变为依靠技术进步的集约型经济增长模式。集约型经济增长模式实质上就是实现资源配置和利用效率优化的增长模式。实现经济高质量发展与提升全要素生产率在本质上是高度一致的。因此，本书从效率视角出发对数字经济影响经济高质量发展问题展开分析。

2.1.5 技术—经济范式理论

技术—经济范式理论为探究数字经济的内涵与本质特征提供了重要的理论基础。技术—经济范式理论是关于经济活动的认识论、方法论及实践论（娄伟，2020），由演化经济学家卡洛塔·佩蕾丝（Carlota Perez，1985）提出。技术—经济范式理论主要围绕技术革命引起的经济变迁展开讨论。与传统内生经济增长理论仅强调技术进步的重要性有所不同，技术—经济范式理论在其基础上深入回答了什么是技术，技术是如何形成的，技术如何引起经济增长等问题。

Carlota Perez（2010）指出，新范式必须具备四个部分：驱动力、新结构新形态、价值创造活动、最终结果。技术革命引发经济增长的逻辑在于：新的技术集群产生并与经济活动融合，产生新的关键生产要素。新生产要素具有迅速降低生产成本、长期无限供应、能够被广泛应用与扩散的特点，能够借助新的通用性能源、原材料创造新产品、新工艺和新的基础设施。在此基础上，一方面，已有的主要产业被新兴产业所取代；另一方面，新技术突破源起产业或部门的界限，扩散到更广泛的领域中，形成新业态与新经济结构。进一步地，为了与新技术引发的新结构新形态相适应，整个经济体的生产组织形式、投资消费结构、商业模式、制度框架等都会随之改变，产生更高效率的新价值，从而推动经济增长。

20 世纪 70 年代，以信息通信技术为核心的技术革命兴起。Freeman 和 Perez（1992）首次提出“信息技术范式”的概念，指出廉价微电子产品、计算机、软件、远程通讯、控制设备等成为这一范式下的新技术、新产业。电缆、光纤、无线电等数字远程通讯设备，因特网、电子邮件和其他电子化服务等成为新的基础设施；Castells（1996）在此基础上提出，信息是信息技术范式中的核心要素；鄢显俊（2004）则进一步指出，信息技术范式以计算机和互联网为主导技术群落、以芯片为关键生产要素，为人类社会生产和交往的信息沟通问题提供了全新的技术手段。基于互联网对经济系统的全面变革，胡贝贝等（2019）着重分析了互联网技术引发的技术经济范式在生产要素、生产方式、产业组织模式等方面的重大变革。随着“大智移云网”等新一代数字技术的突破，王姝楠和陈江生（2019）、张路娜等（2021）、杨青峰和李晓华（2021）指出新技术集群使信息技术范式进行了升级，进入了数字技术—经济范式。数字技术—经济范式下经济系统将呈现怎样的特征，数字技术将如何带动经济发展，成为该理论研究的前沿问题。本书以技术—经济范式理论为基础，明确数字经济的内涵与本质特征，并结合经济增长理论、产业组织理论、创新管理理论等剖析数字经济影响经济高质量发展的作用机制。

2.2　经济高质量发展相关文献综述

2.2.1　经济高质量发展的内涵研究

经济高质量发展是结合中国经济发展进入新常态，社会主要矛盾发生历史性变化等现实背景以及对经济发展客观规律的充分认识和把握下，提出的具备鲜明中国特色的概念，反映了中国未来一段时间确定发展思路、制定经济政策、实施宏观调控的根本要求。从现有研究来看，对经济高质量发展内涵的理解主要存在以下两类观点。

一是从效率视角入手，认为经济高质量发展就是各类生产要素投入与经济活动总成果产出的比重达到最优状态，其核心内涵体现为全要素生产率的稳定提升。蔡昉（2018）认为提升全要素生产率是推动中国经济实现高质量发展的关键。茹少峰等（2018）提出，实现高质量发展重在形成效率、动力与质量三大变革，无论是刻画经济增长质量，经济运行的帕累托最优状态，还是以创新驱动实现动力转换，均与全要素生产率高度相关。刘志彪和凌永辉（2020）认为，无论是创新、协调，还是绿色、开放与共享，其核心内涵均体现在全要素生产率的稳定提升。蔡跃洲和马文君（2021）同样认为，从供给侧来看，经济高质量发展强调的核心内容是提高全要素生产率。

二是从规范性的价值判断视角入手，认为经济高质量发展具有丰富的多维内涵。高培勇等（2018）、任保平（2018）、洪银兴（2019）从新发展理念出发，提出经济高质量发展是创新、协调、绿色、开放、共享的深度融合，是以创新为不竭动力、以协调为内在要求、以绿色为基本遵循、以开放为必由之路、以共享为价值导向的发展。魏敏和李书昊（2019）结合经济高质量发展与经济增长质量的异同指出，经济高质量发展是对经济增长质量的继承与升华。经济增长质量与经济高质量发展探讨的核心都是“质量”，其研究的对象都是经济，是对经济增长数量研究的补充，强调经济增长要在数量增长的基础上，实现结构优化、福利分配改善等多目标质量效果。但经济增长质量侧重从“增长”的视角揭示经济增长的好坏，实质是研究的是经济增长问题。而经济高质量发展则以经济发展问题为出发点，不仅涵盖经济增长，还涉及社会、环境、文化、技术等综合因素。部分学者则侧重强调以人民为中心，认为经济高质量发展是满足人民日益增长的美好生活需要的发展，是人民群众的需要从“物质文化”转向“美好生活”，开始追求收入富足、工作生活稳定安全、精神文化丰富与自然环境和谐等的发展（刘家旗和茹少峰，2021；陈川和许伟，2020）。

2.2.2　经济高质量发展的测度研究

与经济高质量发展内涵的两种理论观点相对应，当前研究对经济高质量发展的测度方法有两种。一种方法是采用全要素生产率（TFP）来测度经济高质量发展水平。以 TFP 衡量经济高质量发展存在一定的合理性，其原因在于，TFP 能够衡量经济增长方式的转变问题。通过比较要素投入增长率和 TFP 增长率对经济增长的贡献，可以判断经济是要素投入型还是效率提升型，以辨别经济发展的持续性，并据此制定相应政策（Ru Shaofeng 等，2020）。基于此，贺晓宇和沈坤荣等（2018）采用索罗余值法、蔺鹏和孟娜娜等（2020）采用随机前沿法（SFA）、范合君和吴婷等（2021）采用 Malmquist 指数法对中国经济高质量发展水平进行了测算。但是，以上研究在测算 TFP 时只考虑了资本、劳动的投入约束，产出仅涉及经济增长的数量变化，而没有考虑经济高质量发展中的环境代价、要素投入的结构性、社会福利分配、创新发展等因素。其结果容易造成对社会福利变化和经济绩效的误判，导致无法正确衡量经济高质量发展水平。

为此，上官绪明和葛斌华（2020）、刘建民和薛妍（2021）等学者将废水排放量、SO_2 排放量等环境因素纳入 TFP 测算框架中，以绿色 TFP 指标来衡量经济高质量发展水平。绿色 TFP 是对传统 TFP 的继承与改进，但其仅考虑了环境方面的非合意产出，仍存在对经济高质量发展的内涵要求涵盖不全的问题，需要进一步完善。李华和董艳玲等（2021）将绿色增长和包容性增长的理念纳入统一框架中，采用包含环境污染和社会不公非期望产出的包容性绿色全要素指标对中国经济高质量发展水平进行了评价测度。这一做法考虑了经济高质量发展中的经济、社会因素与环境因素，与其内涵更为贴近，但对经济高质量发展中的创新、开放与共享理念以及要素投资中的结构性问题考虑仍不够全面。

另一种方法是采用综合的评价指标体系方法测度经济高质量发展水平。学者们普遍从新发展理念的五个维度出发构建指标体系（史丹和李鹏，2019；欧进锋等，2020）。部分学者认为实现经济高质量发展需得在经济增长速度、效率、稳定性等基础之上。因此，又在新发展理念基础上增加了经济发展维度，从六大方面评价经济高质量发展（胡晨沛和吕政，2020；吴志军和梁晴，2020）。刘家旗和茹少峰（2021）认为经济高质量发展除了经济增长质效和新发展理念的要求外，还应考虑人民群众的主观感受。考虑到经济高质量发展过程中面临的国际环境，刘亚雪等（2020）在以上研究基础上还增加了稳定发展维度。出于对经济高质量发展内涵理解的不同侧重，学者们选取的多维评价指标也有所差异，具体如表2－1所示。

表2－1　　　　经济高质量发展评价指标体系汇总

作者	一级指标	评价方法	时间（年）
师博、任保平	增长的基本面，社会成果	等权重线性加权法	2018
魏敏、李书昊	经济结构、创新驱动、资源配置、市场机制、经济增长、区域协调、产品服务、基础设施、生态文明、经济成果	熵权 Topsis 法	2018
张震、刘雪梦	经济发展动力、新型产业结构、交通信息基础设施、经济发展开放性、经济发展协调性、绿色发展、经济发展共享性	主客观结合赋权法	2019
马茹，等	高质量供给、高质量需求、发展效率、经济运行、对外开放	等权重线性加权法	2020
任保显	生产、分配、流通、消费、外部性	熵权 Topsis 法	2020
宁朝山	质量变革、动力变革、效率变革	纵横向拉开档次法	2020
杨耀武、张平	经济成果分配、人力资本及其分布状况、经济效率与稳定性、自然资源与环境、社会状况	主客观结合赋权法	2021
张侠、许启发	经济活力、效率创新、绿色发展、美好生活、和谐社会	熵权 Topsis 法	2021

评价指标体系方法属于一种规范性的价值判断，能够从更广泛的角度

衡量经济高质量发展水平，但该方法仍存在不足之处。一方面，与全要素生产率方法相比，以综合评价指标体系方法测度经济高质量发展，难以分析经济发展质量的动力和来源；另一方面，指标体系选取通常包括正指标、逆指标与适度指标。其中，对逆指标的处理一般采用取倒数的方法。这种将合意产出与非合意产出进行非对称处理的做法，将人为地夸大经济收益，对政策建议产生误导。

2.2.3　经济高质量发展的影响因素研究

已有文献从要素投入、结构转型、创新驱动与政府治理等方面对经济高质量发展的影响因素进行了讨论。

在要素投入方面，景维民等（2019）认为人力资本是经济高质量发展的重要影响因素，指出高水平的人力资本能够通过推动技术转型升级促进经济高质量发展；薛领和李涛（2020）强调了土地要素对经济高质量发展的重要意义，提出土地要素的供给增加有利于加深产业集聚、人才集聚，推动固定资产投资增长与政府财政支出，进而推动经济实现高质量发展；潘雅茹和罗良文（2020）指出基础设施投资能够通过优化产业结构、推动技术进步与优化资源配置为高质量发展赋能。

在结构转型方面，陈冲和吴炜聪（2019）指出，消费结构升级能够通过为经济发展提供动力，优化经济结构等方式驱动经济高质量发展；刘志彪和凌永辉（2020）认为产业结构优化能够通过促进知识生产与知识消费实现对经济高质量发展的促进作用；裴长洪和刘洪愧（2020）提出贸易结构优化可以通过调节产业失衡、促进消费升级提升经济发展质量；黄永明和姜泽林（2019）通过构建纳入金融结构的新经济地理学模型指出，金融结构优化能够推动产业集聚实现最佳状态从而赋能经济高质量发展。

在创新驱动方面，刘思明等（2019）提出国家创新驱动力，包括科技创新和制度创新均能助推经济高质量发展。袁晓玲等（2019）指出科技创新、文化创新、制度创新、产品创新均对驱动经济高质量发展存在重要影响。上官绪明和葛斌华（2020）指出科技创新能够通过技术进步和改善资源配置效率为经济高质量发展提供动力支持。

在政府治理方面，陈诗一和陈登科（2018）通过构建两阶段最小二乘模型，证实了政府环境治理能够降低雾霾污染，进而提高经济发展质量。李光龙和范贤贤（2019）提出政府财政支出能够与科技创新形成良好的互动关系，助推经济实现高质量发展。王业斌和许雪芳（2019）指出，政府减税降费政策能够降低税收带来的价格扭曲，缓解资源错配，推动经济高质量发展。岳欣（2021）认为国家制定经济政策、协调社会资源等能力能够通过促进市场机制平稳运行、平衡经济结构等支撑经济高质量发展。

2.3 数字经济相关文献综述

2.3.1 数字经济的内涵研究

“数字经济”的概念由 Don Tapscott 在 1996 年首次提出。伴随着信息技术、互联网技术以及新一代数字技术的不断进步，数字经济的内涵历经了从狭义到广义的演变。1998 年，美国商务部发布了《浮现中的数字经济》报告，指出 20 世纪 90 年代美国长达 118 个月的高经济增长率、高就业率与低通货膨胀率并存的“新经济”现象，都是源自信息技术的广泛应用。在此阶段，研究机构和学者们所指的数字经济本质上是 ICT 产业，即狭义上的数字经济。之后，观察到互联网技术在经济社会中的应用，东亚银行（BEA）在 1999 年和 2000 年相继发布了《浮现中的数字经济Ⅱ》和《数字经济 2000》系列报告，明确指出“数字经济是信息技术生产行业、使用行业和电子商务的集合”。经济合作与发展组织（OECD，2012）用《互联网经济展望》替代了原来的《信息技术展望》，并对互联网引发的社会经济变革进行了详细说明。此时对数字经济的内涵界定仍停留在信息技术产业、互联网和电子商务快速发展等内容上，还没有涉及技术赋能传统产业、数据成为生产要素等方面的内容。

随着物联网、人工智能等新一代数字技术的发展及其在农业、制造业、服务业中的深度融合应用，数字经济的边界范围也有较大变化。OECD 自 2014 年开始以《数字经济展望》系列报告替代《互联网经济展望》报告，将数字经济视为信息社会，强调数字经济的影响无处不在。BEA（2019）也明确指出数字经济处在不断发展变化中，其内涵和外延应伴随着技术的革新应用而不断更新。目前，国内外大部分学者对数字经济的内涵界定不再局限于狭义的 ICT 产业或电子商务，而是从广义上认为数字经济是一种基于数字技术的新型经济活动或经济形态。不同研究者在对数字经济进行界定时，研究视角各有侧重。主要可归纳为以下三种：

一是从现象描述视角出发，强调数字技术发展引发经济活动产生的新变化。Kling 和 Lamb（1999）认为数字经济是产品和服务的生产、销售、供应等环节均直接依赖数字技术的经济；欧盟（2013）、英国计算机协会（2014）以及 Rouse（2016）也认为数字经济就是由数字技术引发的新经济形态。Nathan 和 Rosso（2012）以及 Knickrehm 等（2016）指出，由数字技术以及数字通信设备等投入带来的新的经济产出部分就是数字经济。英国下议院（2016）将数字经济视为以数字化形式交易商品和服务的经济形态。张鹏（2019）认为数字经济是信息通信技术推动下产生的平台组织，包括交易平台、数据平台等对资源重新优化配置下产生的经济系统。

二是从特征概括视角出发，强调数字经济在驱动力、生产要素等方面与传统经济的区别。典型代表是 G20 杭州峰会对数字经济的定义，即“数字经济是指以使用数字化的知识和信息作为关键生产要素、以现代信息网络作为重要载体、以信息通信技术的有效使用作为效率提升和经济结构优化的重要推动力的一系列经济活动”。类似的还有中国信通院（2020）对数字经济的界定，认为数字经济是“以数字化的知识和信息作为关键生产要素，以数字技术为核心驱动力，以现代信息网络为重要载体，通过数字技术与实体经济深度融合，不断提高数字化、网络化、智能化水平，加速重构经济发展与治理模式的新型经济形态”。该定义全面涵盖了数字经济的基础要素、技术属性、发展载体等，被学者们广泛使用（王彬燕等，2018；董有德和米筱筱，2019；刘淑春，2019；赵涛等，2020；杨慧梅和江璐，2021）。

三是从结构分解视角出发，强调数字经济的核算范畴。Bukht 和 Heeks（2017）以及联合国贸易和发展会议（2019）均指出数字经济由数字部门、数字经济和数字化经济构成。英国统计局（2015）认为数字经济是由硬件、软件和电信共同构成的基础设施以及电子商务的集合。BEA（2019）提出数字经济应包含三部分内容：数字基础设施、电子商务和数字服务。中国信通院（2017）将数字经济划分为数字产业化、产业数字化、数字化治理和数据价值化。国家统计局（2021）将数字经济核算范围界定为数字产业化与产业数字化。

2.3.2 数字经济的测度研究

已有研究对如何量化数字经济也开展了广泛讨论，主要方法有以下两种。

一是测算数字经济规模。狭义上，以 ICT 产业增加值或数字部门增加值核算数字经济规模。OECD 依据国际标准行业分类，从 7 类数字生产活动和 5 类数字服务活动核算了 OECD 各国的 ICT 产业增加值规模（OECD，2017b；OECD，2018）。向书坚和吴文君（2019）参照 OECD 分类方法并结合中国实际，在四位数国民经济行业分类标准下对中国数字经济规模进行了测算；BEA、澳大利亚统计局（ABS）则侧重利用供给使用表对数字经济商品和服务规模进行估算（ABS，2006；BEA，2019）。

广义上，数字经济的测算范围不仅包括数字技术相关产业，还包括数字技术与传统产业融合部分的增加值。其中，融合部分的测算是当前研究面临的重点与难点。康铁祥（2008）在借鉴 Machlup 测算方法的基础上，采用投入产出表数据，从数字产业部门和数字辅助活动两部分测算了中国数字经济规模。蔡跃洲则提出了一种新的解决方案，按照“先增量后总量、先贡献度后规模”的两步法测算数字经济在传统经济中的替代与协同作用，测算得出 2017 年中国数字经济规模约为 13.86 万亿元（蔡跃洲，2018；蔡跃洲和牛新星，2021）。中国信通院（2020）将数字经济规模分为数字产业化和产业数字化，并基于增长核算账户框架（KLEMS），将数字技术对国民经济各产业增加值的贡献部分剥离出来进行测算，结果显示中国 2017 年数字经济规模达 27.2 万亿元。许宪春和张美慧（2020）也从数字化赋权基础设施、数字化交易、数字经济交易产品和数字化媒体方面对数字经济范围进行了界定，测算结果表明 2017 年中国数字经济规模约为 53028.85 亿元。韩兆安等（2021）从数字经济生产、流通、交换与消费四个方面测算数字经济规模，结果表明 2017 年中国数字经济规模达 53049.9 亿元。鲜祖德和王天琪（2022）基于国家统计局制定的数字经济产业统计分类标准，测算出 2017 年中国数字经济核心产业规模达 58769.5 亿元。综合来看，不同学者测算的数字经济规模存在较大差异，其原因主要在于不同学者对数字经济测算范围界定的差异。

以 Brynjolfsson 等（2019）为代表的学者认为采用将细分产业划归到数字经济核算范畴的方式，忽略了数字经济下新业态、新模式带来的消费者剩余增加、效率优化等，会造成对数字经济效能的低估。因此创新性地通过离散选择实验方法，设计 GDP—B 指标衡量消费者剩余来反映数字经济规模。该方法对衡量数字经济下的“免费商品”提供了思路，但实际操作需要基于海量的用户调查，实验难度大且成本高昂。

二是测度数字经济发展水平。即通过构建多维度指标体系，借助各类评价方法来衡量数字经济发展水平。在国外，具有代表性的有四个。联合国国际电信联盟（ITU，2018）从ICT接入、ICT使用、ICT技能三个维度测度了ICT发展指数以衡量数字经济；世界经济论坛（WEF，2016）从环境、准备度、应用、影响四个维度测算了网络准备度来表征数字经济发展水平；欧盟（EU，2015）从宽带接入、互联网应用等维度构造了数字经济与社会指数；经济合作与发展组织（OECD，2014）从创新能力、赋权社会等维度测度数字经济发展水平。

国内研究机构也致力于以综合指标测度数字经济发展水平，典型代表有两个。财新智库（2017）从数字经济产业指数、融合指数、溢出指数、基础设施指数维度对中国数字经济进行测度分析；腾讯研究院（2017）从数字产业、数字文化、数字生活以及数字政务方面展开测度研究，其测度的351个城市的数字经济指数被学者们广泛应用（钟业喜和毛炜圣，2020；杜传忠和张远，2021）。本书梳理了国内学者对数字经济测度指标体系的构建情况，具体如表2-2所示。

表2-2　　数字经济发展水平测度指标体系汇总

作者	一级指标	时间（年）
张雪玲、焦月霞	信息通信基础设施、ICT初级与高级应用、企业数字化发展、信息和通信技术产业发展	2017
董有德、米筱筱	制度及创新环境、基础设施建设、信息技术应用	2019
温珺等	基础设施、渗透程度	2019
刘军等	信息化发展、互联网发展和数字交易发展	2020
范鑫	环境、就绪度、应用	2020
戚聿东等	互联网和电信业、软件业、电商零售业和科学技术业	2020
宁朝山	数字基础设施、数字生活应用和数字产业发展	2020
吴晓怡、张雅静	移动网络及人才培养、通信技术承载力、经济技术基础	2020
张腾等	数字普惠金融指数	2021
杨慧梅、江璐	数字产业化、产业数字化	2021

续表

作者	一级指标	时间（年）
葛和平、吴福象	发展环境、数字产业化、产业数字化及数字化治理	2021
王军等	数字经济发展载体、数字产业化、产业数字化、数字经济发展环境	2021
盛斌、刘宇英	数字基础设施、数字产业、数字治理	2022

资料来源：由作者整理。

2.3.3 数字经济的影响效应研究

从数字经济的影响效应来看，已有研究集中讨论数字经济对包容性增长、创新效率、经济地理格局优化、就业结构、居民收入、环境改善等的影响。就其对包容性增长的影响而言，数字经济能够通过数字金融、数字技能等手段改善居民收入水平，尤其是农村低收入群体收入水平，从而实现包容性增长（Kapoor，2014；Bauer，2018；张勋等，2019；牟天琦等，2021）。就其对创新效率的影响而言，数字经济可以通过加速人力资本积累、金融发展和产业升级提高区域创新效率（韩先锋等，2019），通过促进创新要素流动，打破企业创新边界等方式提升企业创新效率（李雷等，2021）。就其对经济地理格局优化的影响而言，数字经济能够通过影响消费者、生产者行为，缓解信息不对称等方式优化经济地理格局（安同良和杨晨，2020；钟文和郑明贵，2021）。就其对就业结构的影响而言，数字经济会在一定程度上对低技能劳动力就业造成冲击，导致结构性失业问题（Acemoglu 和 Restrepo，2017；王文，2020；孟祺，2021），但是当高—中技能劳动替代弹性大于高—低技能劳动替代弹性时，将创造更多知识和技术密集型岗位，扩大就业市场容量，优化就业结构（Acemoglu 和 Restrepo，2018；Lordan 和 Neumark，2018；戚聿东等，2020；叶胥等，2021）。就其对居民收入的影响而言，数字经济能够通过拓宽收入渠道、促进就业等方式实现居民增收（罗小芳和王素素，2021），但数字鸿沟的存在将促使要素流动到经济发达地区，形成“马太效应”，导致城乡居民的收入差距加大（陈文和吴赢，2021）。就其对环境改善的影响而言，数字经济能够通过改善能源结构和实现技术进步抑制碳排放（谢云飞，2022；Li 等，2021），但 Strubell 等（2019）和 Henderson 等（2020）指出数字经济背景下，人工智能的使用可能引致更多的碳排放量，对环境造成威胁。综合来看，数字经济的效能发挥不仅有正向的创造效应，还存在对传统经济的替代与破坏效应。创造效应与破坏效应相互叠加，构成了数字经济的“净创造效应”。

2.4 数字经济对经济高质量发展影响的相关文献综述

2.4.1 数字经济对经济高质量发展影响的效应与机制研究

（1）数字经济对经济高质量发展的影响效应

数字经济被视为经济实现高质量的新动能。数字经济能否以及如何驱动经济实现高质量发展成为当前学者们关注的热点问题，已有研究从不同视角对该问题进行了阐释。一是基于新发展理念视角。万永坤和王晨晨（2022）提出数字经济对经济高质量发展的作用源自“创新、协调、绿色、开放、共享”的引领。二是基于宏微观视角。荆文君和孙宝文（2019）、任保平（2020）、张蕴萍等（2021）学者结合数字经济下微观、中观和宏观经济产生的变革指出：在微观层面上，数字经济通过减少企业生产成本与交易费用，实现规模经济和范围经济。在中观层面上，数字技术通过创新、扩散与应用促进数字产业化和产业数字化发展，形成新模式和新业态。在宏观层面上，数字经济通过资本深化、改善配置效率和提高全要素生产率促进经济实现高质量发展。三是基于供给体系视角。宋洋（2019）认为数字经济有利于降低风险，维持经济平稳运行与提高经济资源配置效率。此外，邝劲松和彭文斌（2020）、师博（2020）等学者侧重从产业视角出发，认为数字经济通过数字产业化实现产业扩张，通过产业数字化赋能实体经济促进经济高质量发展。白永秀和宋丽婷（2021）基于政治经济学观点，从生产、分配、交换和消费环节论述了数字经济对经济高质量发展的影响。

实证方面，学者们多从广义视角出发，采用指标体系法对经济高质量发展水平进行测度，并基于此检验数字经济对经济高质量发展的影响效应。其中，宁朝山（2020）从效率变革、质量变革与动力变革方面测度了中国省域经济高质量发展水平，并在此基础上展开实证分析。研究结果表明，数字经济发展水平每提高 1%，经济高质量发展水平提升 0.182%。赵涛等（2020）将研究样本拓展到城市层面，检验数字经济对经济高质量发展的影响效应。结果表明，数字经济对城市经济高质量发展同样有显著的推动作用；张腾等（2021）从经济结构与市场体系、全要素生产率与运行效率等六个维度衡量经济高质量发展，并基于 2011—2017 年 30 个省份面板数据进行了实证检验。结果表明，数字经济对实现高质量发展有明显的推动作用，但对经济增长的稳定性和持续性将造成负面影响。

（2）数字经济对经济高质量发展的影响机制

关于数字经济对经济高质量发展的影响机制问题，任保平教授（2020）指出，数字经济引领经济高质量发展的机制表现为“三大变革”，一是通过提高创新能力实现效率变革，二是通过创造新产业并且赋能传统产业实现动力变革，三是通过推动产品和服务质量提升实现质量变革。围绕这一整体思路，学者们从不同侧面对数字经济影响经济高质量发展的机制问题进行了探索，主要观点包括以下三种：一是创新驱动。闵路路和许正中（2022）指出，数字经济主要依靠实现产品创新、生产方法创新、市场创新与组织创新带动经济实现高质量发展。宋洋等（2020）同样指出，数字经济会通过刺激区域技术创新提高经济发展质量。二是创业活跃度。赵涛等（2020）认为数字经济有利于培育更多创业机会、丰富创业资源，激发创业活跃度，从而对经济高质量发展产生积极影响。三是产业结构升级。张蕴萍等（2021）以及徐晓慧（2022）指出，数字经济能够推动新产业、新业态与新模式发展，加速产业结构升级，推动经济实现高质量发展。四是要素配置。李宗显和杨千帆（2021）提出，数字经济能够通过改善要素匹配效率驱动经济高质量发展。

2.4.2 宏观效率视角下数字经济对经济高质量发展的影响研究

本书认为经济高质量发展的核心内涵体现为全要素生产率的稳定提升，旨在从效率视角出发，对数字经济影响经济高质量发展问题进行讨论。为厘清现有研究可进一步拓展和优化的空间，下面将从宏观、产业和企业效率三个层面分别对数字经济影响经济高质量发展的相关文献进行梳理。

（1）宏观效率视角下数字经济对经济高质量发展的影响效应

数字经济能否提高全要素生产率是宏观效率视角下数字经济影响经济高质量发展关注的核心问题之一。对该问题的相关研究最早可以追溯到“索洛悖论”。20 世纪 80 年代末，美国计算机、芯片等飞速发展并在各行业得到广泛应用，社会各界普遍认为 ICT 投资对经济增长的促进作用毋庸置疑。然而，Solow（1987）却对此提出了质疑，指出“我们到处都看得见计算机，唯独在生产率统计方面看不见”。这一论断刻画了当时美国信息通信技术投资的狂热扩张与实际生产率低迷的相悖关系，引发了大量学者对“索洛悖论”是否存在这一问题展开争论。一部分学者认为“索洛悖论”是真实存在的（Gordon，2000），另一部分学者则认为“索洛悖论”并不成立，悖论产生的原因包括时滞效应（David，1990）、测量误差（Hatzius 和 Dawsey，2015）、管理不当（Brynjolfsson，1993）等。随着互联网技术，人工智能、大数据、物联网等数字技术的突破与发展，数字经济时代关于“索洛悖论”的讨论仍方兴未艾，观点亦存在分歧。

“乐观派”：数字经济有利于全要素生产率提升。Oliner 和 Sicher（2002）基于新古典经济学框架，将 ICT 资本纳入生产函数中，检验了 ICT 投资对 20 世纪 90 年代美国经济增长的贡献，结果表明 ICT 对生产率增长有明显促进作用。Jorgenson 等（2008）采用增长核算法检验了美国 ICT 投资对生产率的影响，结果表明 1995—2006 年，ICT 制造业对经济增长率的贡献达 25%。在此之后，世界各国学者采用经济计量或增长核算法证实了 ICT 对澳大利亚、巴西、法国、印度、日本、新西兰、新加坡、韩国、西班牙、英国等国家及 G7、G20、OECD、金砖国家等国际组织经济增长的促进作用（Pradhan 等，2014；Salahuddin 等，2016；Strobel，2016；Polak，2017；Abrardia 和 Cambini，2019；Gordon 和 Sayed，2020）。在国内，王宏伟（2009）、蔡跃洲和张钧南（2015）、茹少峰和刘家旗（2018）也采用增长核算法、经济计量分析等方法证实了 ICT 对中国全要素生产率的提升作用。

进入互联网阶段后，学者们主要围绕互联网应用对全要素生产率的影响效应展开讨论。Pantelis（2009）采用计量方法检验了宽带使用对 22 个 OECD 国家经济增长的影响。结果表明，宽带显著地推动了发达国家地区经济增长。类似的证据还有 Czernich 等（2011）、Tranos（2012）、Bertschek 和 Niebel（2016）、Maurseth（2018）等的研究。在国内，郭家堂和骆品亮（2016）基于 2002—2014 年省级面板数据，从互联网技术、平台、思维与网络效应方面实证检验了互联网对 TFP 的影响。研究发现，互联网会通过技术进步促进全要素生产率水平提升。“索洛悖论”的出现是由于忽视了互联网的连接作用及网络效应而导致的误判。

进入数字经济时代，学者们主要围绕数字技术或数字经济对全要素生产率的影响效应展开分析。Aghion 等（2018）以及 Acemoglu 和 Restrepo（2018）从工作任务自动化视角出发建立数理模型，提出人工智能将推动生产率快速增长。杨慧梅和江璐（2021）基于 2004—2017 年省级面板数据实证分析了数字经济对全要素生产率的影响。研究结果表明，数字经济显著提升了区域全要素生产率水平且该效应具有空间溢出性；张焱（2021）采用随机前沿模型计算了中国 2012—2018 年 30 个省份全要素生产率，并采用空间计量模型验证了数字经济对地区 TFP 具有显著的提升作用和空间溢出效应；李宗显和杨千帆（2021）以绿色全要素生产率衡量经济高质量发展水平，并基于 2011—2018 年城市面板数据实证检验了数字经济的作用效果。结果表明，数字经济能够带动经济实现高质量发展，且这种作用在东部城市和中心城市更为明显。

“悲观派”：数字经济无法提高全要素生产率。以 Gordon 为代表的“悲观派”认为 ICT、互联网、人工智能技术以及数字经济难以促进生产率产生实质性增长。Baily 和 Chakrabarti（1988）研究发现，虽然 20 世纪 70 年代和 80 年代美国进行了大量的计算机投资，但 1973 年后美国的生产率出现了明显的减速。Gordon（2000）研究发现，“新经济”时期美国生产率提升源于周期性、价格测量方式改变以及劳动力素质提升等因素，信息技术投资回报率几乎为零。Giday（2019）采用撒哈拉以南非洲 40 个国家的面板数据，实证分析了 2006—2015 年移动电话和互联网对该地区生产率的贡献。结果表明互联网对生产率提升没有显著影响，可能的原因在于国家互联网技术普及率较低、缺乏与全球网络进行互联以及技术不成熟等。Gordon（2016）基于美国统计数据指出 AI 技术不足以推动生产率提升。Acemoglu 和 Restrepo（2018）指出过度数字化将导致资源浪费与劳动力错配，抑制全要素生产率增长。

（2）宏观效率视角下数字经济对经济高质量发展的影响机制

数字经济如何提高全要素生产率是效率视角下数字经济影响经济高质量发展关注的重点问题之二。然而，现有研究对于数字经济驱动全要素生产率的作用机制尚未达成一致意见。一部分学者认为，数字经济主要通过推动技术进步促进全要素生产率，并从信息化、互联网、大数据等数字技术以及数字金融等数字化应用视角进行了实证检验。Shao 和 Lin（2016）通过构建面板数据模型研究发现，信息化对 OECD 国家 TFP 增长有显著助推作用，且推动作用主要源于技术进步。郭家堂和骆品亮（2016）运用 Malmqusit 指数法测算了 2002—2014 年中国各省 TFP，并将其分解为技术进步和技术效率。进一步，从互联网技术、平台、思维与网络效应方面实证检验了互联网对 TFP 的作用机制。研究认为，互联网主要通过技术进步促进中国 TFP 提升，对技术效率具有抑制作用；邱子迅和周亚虹（2021）以 2013—2017 年 207 个地级市数据为样本，采用双重差分（DID）模型实证检验大数据试验区建立对全要素生产率的提升机制。结果表明大数据试验区的建立主要通过提升纯技术进步率促进 TFP 增长。

另一部分学者则认为，技术效率改善才是数字经济推动全要素生产率的主要机制，并从 ICT、人工智能、数字化发展水平等视角进行了实证检验。谢莉娟等（2020）基于 2002—2012 年分行业数据实证检验了 ICT 投资对 TFP 的影响。研究发现，当互联网普及率达到一定程度时，ICT 投资将通过提升技术效率促进 TFP 增长。陈永伟和曾昭睿（2020）通过构造工业机器人冲击指数，实证检验了工业机器人使用对全要素生产率的提升机制。结果表明，工业机器人能够通过提升技术效率和规模效率提高全要素生产率；范合君和吴婷（2021）基于 2014—2017 年省级数据证明了数字化能够通过提高技术效率促进全要素生产率，而数字化对技术进步没有显著影响。郭吉涛和梁爽（2021）的研究同样证实了数字经济主要通过改善技术效率提升 TFP。

2.4.3 产业效率视角下数字经济对经济高质量发展的影响研究

（1）产业效率视角下数字经济对经济高质量发展的影响效应

数字经济能否提高产业全要素生产率，是效率视角下数字经济影响经济高质量发展在产业层面关注的核心问题之一。根据数字经济内涵从狭义到广义的演变历程，已有文献对于数字经济影响产业全要素生产率的研究大体可分为两个阶段。第一阶段集中讨论 ICT 或信息化对产业全要素生产率的影响，第二阶段主要探讨互联网、人工智能等数字技术对产业全要素生产率的影响。

第一阶段，学者们主要围绕 ICT 或信息化对产业全要素生产率的影响效应展开讨论，通过对比 ICT 密集行业与非密集行业生产效率的差异来判断 ICT 对产业（行业）全要素生产率的影响。Nordhaus（2001）对美国“新经济”时期行业数据进行统计分析发现，计算机制造业、电子机械制造业等 ICT 行业增长率高于非 ICT 行业。ICT 行业的迅速增长带动了整体生产率的提升。Stiroh（2001）测算了 20 世纪 90 年代美国 61 个行业的生产率，结果表明 ICT 密集型行业的生产率水平比与信息技术相关性较弱的行业高出了两个百分点。Jorgenson 等（2005）测算了美国 44 个行业增加值对 GDP 的贡献，结果表明 ICT 制造行业和 ICT 密集行业增加值占 GDP 比重约为 30%，其对经济增长速度提升的贡献高达 50%。国内学者也对 ICT 或信息化对产业全要素生产率的影响展开了广泛研究。在农业方面，高杨和牛子恒（2018）、刘帅（2021）均通过计量方法证实了信息化能显著提升农业 TFP。在制造业方面，刘华等（2013）通过对信息化与制造业

TFP 进行协整分析发现，信息化有助于制造业全要素生产率提升。在服务业方面，张龙鹏和周笛（2020）基于世界银行数据研究发现，信息技术在服务业领域的应用有利于生产效率提升。然而也有研究指出，ICT 或信息化对产业全要素生产率并无显著提升作用。Siegel 和 Griliches（1991）修正了 TFP 的测算误差并基于 1979—1987 年美国四位数细分行业统计数据研究发现，信息化投资与制造业生产率之间并无显著相关关系。同样地，Noyelle 和 Thierry（1990）从信息化与服务业生产效率关系入手，在针对美国为主的发达经济体的实证研究中也并未发现二者之间存在显著正相关。

第二阶段，学者们主要围绕人工智能、互联网与数字技术等对产业全要素生产率的影响效应展开研究。在农业方面，周晓时等（2021）基于 1991—2018 年世界银行和 IFR 数据研究发现，人工智能应用对农业生产率有显著推动作用。在制造业方面，黄群慧等（2019）从城市、行业和企业方面分别检验了 2003—2014 年互联网对制造业 TFP 的影响。结果表明互联网发展能够通过降低交易成本、减少资源错配、促进技术创新显著提升制造业 TFP。孙早和侯玉琳（2021）利用中国 23 个制造业数据实证检验了人工智能对制造业 TFP 的影响。结果表明人工智能对纺织服装、通用设备等传统制造业 TFP 有提升效果，但对医药制造、计算机和仪器仪表制造业的 TFP 并无显著提升作用。余东华和韦丹琳（2021）在 A—H 模型基础上分析了互联网应用与制造业 TFP 的影响，发现互联网对制造业 TFP 的影响取决于替代效应和创新效应的相对大小。当创新效应大于替代效应时，互联网对制造业 TFP 有提升作用，反之则会产生抑制效果。刘平峰和张旺（2021）将数字技术纳入 CES 生产函数并以 1990—2018 年中国制造业 27 个细分行业数据为样本进行参数估计发现，数字技术对制造业 TFP 有显著驱动作用。在服务业方面，Peters 等（2018）指出，互联网技术能够实现传统服务供需的精准匹配，从而推动服务业转型，提高服务业效率；江小涓和罗立彬（2019）指出互联网能够克服传统服务业无法远距离贸易、无法跨时空交易的缺陷，为服务业效率提升提供了契机。李帅娜（2021）实证检验了数字技术对服务业 TFP 的影响，结果表明数字技术对批发零售、金融等数据要素投入较多的行业 TFP 有显著推动作用，对住宿餐饮业 TFP 的助推作用不显著。

（2）产业效率视角下数字经济对经济高质量发展的影响机制

数字经济如何提高产业全要素生产率，是效率视角下数字经济影响经济高质量发展在产业层面关注的核心问题之二。现有学者多从全要素生产率分解视角展开讨论，但关于影响机制的研究结论同样存在分歧。在农业方面，李欠男和李谷成等（2021）以 2002—2016 年中国 31 个省份数据为样本，采用固定效应模型实证检验互联网对农业 TFP 的提升机制。结果表明，互联网主要通过技术进步促进农业 TFP 提升，对农业技术效率有抑制作用。而 Zhu（2021）和朱秋博等（2019）的研究结论则表明，信息化对农业 TFP 的促进作用主要源于技术效率的改善，而非技术进步。在制造业方面，刘亮和胡国良（2020）基于 2006—2016 年工业机器人数据，实证检验了人工智能对中国制造业 TFP 的影响。结果表明，人工智能将通过提高技术效率促进制造业 TFP 增长。肖利平（2018）以 2006—2016 年中国省级数据为样本实证分析了互联网对装备制造业 TFP 的影响。结果表明互联网对装备制造业 TFP 的推动作用属于技术效率改善型而非技术进步驱动型。

此外，Bloom 等（2012）、Brynjolfsson 和 Milgrom（2013）以及潘毛毛和赵玉林（2020）从互补性资本视角探究了数字经济影响产业全要素生产率的作用机制，强调数字经济发展还需要在劳动力结构、组织变革、基础建设、市场化等互补性资本方面进行投资，才能正常发挥数字经济的产业效率提升效应。其中，潘毛毛和赵玉林（2020）以中国制造业上市公司数据为样本，研究发现互联网与人力资本结构存在互补效应，高技能人才会强化互联网对制造业 TFP 的促进作用。

2.4.4　企业效率视角下数字经济对经济高质量发展的影响研究

（1）企业效率视角下数字经济对经济高质量发展的影响效应

数字经济能否提高企业全要素生产率，是效率视角下数字经济影响经济高质量发展在企业层面关注的核心问题之一。当前研究多数围绕数字经济对企业创新绩效（Brynjolfsson 和 Saunders，2010）、企业价值提升（Bertschek 和 Niebel，2016；Teece，2018）、企业组织结构（Bloom 等，2012）、企业管理变革（Mason，2018；戚聿东和肖旭，2020）等问题展开讨论。

在少数关于数字经济对企业全要素生产率影响的研究中，学者们侧重分析数字经济相关技术，包括 ICT、互联网、人工智能等以及数字化应用，如电子商务、数字金融的作用效果，并采用经济计量方法得出了诸多有益的结论。例如，Bloom 等（2012）以 13 个欧盟国家的 19000 家公司为样本研究发现，ICT 的使用确实提高了企业全要素生产率，尤其对美国企业全要素生产率的提升作用最为显著。Caroline 和 Valentina（2015）实证检验了 117 个发展中国家的 50013 个公司互联网使用的效率提升效应。结果表明，互联网对不同地区不同发展阶段国家的企业全要素生产率均产生了积极的推动作用；Graetz 和 Michaels（2018）以 1993—2007 年 17 个国家的工业机器人数据为样本，研究发现工业机器人的使用能够促进企业 TFP 提升。陈维涛等（2019）将 Alibaba 电商指数与上市公司数据相匹配，检验了电子商务对企业 TFP 的影响。研究发现，电子商务发展指数、应用指数和服务指数均能显著促进企业 TFP 提升。江红莉和蒋鹏程（2021）以 2011—2017 年中国 A 股非金融类上市公司为样本，通过 OLS 模型检验发现，数字金融对企业 TFP 有显著的正向影响。

然而，部分学者也意识到数字经济可能对企业发展带来的负面影响。许恒等（2020）通过构建非对称竞争的博弈模型研究发现，数字经济进入市场初期，其技术溢出作用会提升社会总福利。但随着数字经济的进一步发展，数字经济的网络效应会对传统企业造成技术冲击，导致社会总福利受损。柏培文和喻理（2021）通过不完美工具变量法研究发现，数字经济发展对于数字化程度较低的非头部企业价格加成的负面影响较大。刘璇（2021）也指出，数字经济资源主要集中在头部平台企业，容易出现“赢者通吃”，造成资源与市场垄断问题。何小钢和王善骝（2020）也提出，企业如果未能构建起与 ICT 相匹配的人力资本、组织结构、管理实践与创新活动，将可能陷入“ICT 生产率悖论”中。杜传忠和张远（2021）首次将数字经济和企业生产率纳入统一分析框架，基于 2015 — 2018 年城市数字经济指数和 A 股上市公司数据研究发现，数字经济对企业生产率影响呈“倒 U 形”关系，数字经济的过度发展可能会抑制企业 TFP。

（2）企业效率视角下数字经济对经济高质量发展的影响机制

数字经济如何提高企业全要素生产率，是效率视角下数字经济影响经济高质量发展在企业层面关注的核心问题之二。现有研究对数字经济影响企业全要素生产率作用机制的探讨较为匮乏。何小钢等（2019，2020）以企业调查数据为样本，通过 2SLS 模型研究发现，ICT 能够与高技能劳动力以及分权决策产生互补效应，从而提升企业生产率。黄群慧等（2019）通过建立超边际与一般均衡模型发现，互联网能够通过降低交易成本、缓解资源错配和提升创新水平促进制造业企业生产率增长。赵宸宇等（2021）基于中国 A 股制造业上市公司数据，通过中介效应模型研究发现，企业数字化转型可以通过提高创新能力、优化人力资本结构、推动先进制造业和现代服务业融合以及降低成本促进企业 TFP 提升。杜传忠和张远（2021）

通过构建中介效应模型研究发现，数字经济能够通过实现规模经济、范围经济、技术创新和管理效率促进企业全要素生产率增长。

2.5　现有研究述评

已有文献围绕数字经济与经济高质量发展得出了诸多有益的结论，但仍有进一步拓展和优化的空间，具体表现为以下几个方面。

第一，关于数字经济影响经济高质量发展的分析框架有待完善。当前研究主要围绕数字经济对包容性增长、创新效率等经济高质量发展子课题展开。虽然也有学者将数字经济与经济高质量发展直接联系起来进行分析，但限于对经济高质量发展内涵理解的多维性，在研究体系上仍有待建立起清晰的理论框架进行系统梳理，在研究方法也偏向使用定性分析法，采用数理分析和实证方法对数字经济影响经济高质量发展的作用效果与机制进行推演与验证的研究较少。鉴于此，本书从效率视角出发对经济高质量发展的内涵进行界定，并基于数字经济的本质特征，从宏、中、微三个层面系统构建数字经济影响经济高质量发展的理论体系框架。

第二，数字经济的内涵特征有待明确。数字经济的内涵伴随着数字技术的进步，历经了从狭义到广义的演变。已有研究从现象描述、特征概括、结构分解等视角对数字经济的内涵进行了有益的探讨，普遍将数字经济理解为一种基于数字技术的新型经济形态。然而，少有研究对数字技术如何引发新经济形成等问题进行系统论述。数字经济与传统农业经济和工业经济有着截然不同的特征与演变形式，对数字经济究竟何以成为一种新经济形态的本质特征认识不深入，不仅难以充分理解数字经济对经济社会产生的根本性变革，而且也无法为数字经济实践应用提供可靠的政策建议。因此，本书基于技术—经济范式理论，对数字经济的内涵进行界定，并概括数字经济的特征。

第三，数字经济的测度研究有待细化。现有文献主要从两个方面对数字经济进行量化，一是测度数字经济规模，二是测度数字经济发展水平。在数字经济规模测度方面，学者们集中于对中国整体层面以及国内省级层面数字经济规模进行测算，鲜有研究从国际比较的视角测算世界各国数字经济规模，进而难以客观反映中国数字经济在国际中的排位。在数字经济发展水平测度方面，现有研究多从数字经济发展的基础条件、外部环境与融合应用等维度，选取统计数据对数字经济发展水平进行测度。虽然取得了一定的研究成果，但仍存在对数字经济指标的涵盖面不足，数据时效性与可获得性差等问题。因此，本书在已有研究基础上提出一种具有国际可比性的数字经济规模测算方法。并且基于数字经济内涵，结合统计数据、网络数据与文本数据，构建中国数字经济发展水平测度指标体系。

第四，在宏观效率层面下，数字经济对经济高质量发展的影响效应与影响机制有待验证。从“索洛悖论”提出，到美国新经济时期“索洛悖论”的消失，再到目前关于数字经济时代“新索洛悖论”的讨论。30 多年来，学者们持续对数字经济究竟能否提高 TFP 展开讨论，但至今尚未得到统一定论。已有研究在验证“索洛悖论”存在性问题时，通常有两种思路，一是基于 Dale Jorgenson 提出的增长核算框架。二是采用经济计量方法，基于生产函数测度 TFP 并进行回归。增长核算框架和生产函数测度均与国民经济核算体系对接，虽然能够有效识别宏观经济增长的来源，但数字经济对福利、资源环境等的贡献难以体现在其中，从而容易造成结果的低估甚至结论的误判。本书认为这可能是造成“索洛悖论”的重要原因。在影响机制方面，现有关于数字经济对 TFP 的作用机制究竟属于技术进步驱动型还是技术效率改善型也尚未达成一致。因此，本书将福利、资源环境等因素纳入 TFP 测度体系，采用 GML 方法构建“拓展的全要素生产率”指标，并基于此对数字经济影响经济高质量发展的效应与机制进行实证检验。

第五，在产业效率层面下，数字经济对经济高质量发展的影响效应与影响机制研究有待完善和拓展。纵观已有研究，一是大多从ICT、互联网、人工智能等技术视角分析其对产业全要素生产率的影响。而数字经济作为一种新型经济形态，不只具有技术特征。而目前无论是从理论层面还是实证层面，关于数字经济对产业全要素生产率的研究还相对缺乏。数字经济对不同产业TFP的影响效应大小，数字经济对产业内各细分行业TFP的影响是否存在差异均有待验证。二是关于数字经济如何影响产业TFP的研究有待深入。数字经济对不同产业的影响机制有何差异，数字经济对产业全要素生产率的作用如何更好发挥等问题亦有待进一步阐明。因此，本书结合数字经济的技术—经济特征，系统分析数字经济影响产业全要素生产率的理论逻辑，并对数字经济影响三次产业全要素生产率的作用效果、行业差异与影响机制进行实证检验。

第六，在企业效率层面下，数字经济对经济高质量发展的影响效应与影响机制研究有待补充。现有文献多从宏观和产业层面讨论数字经济的作用效果，鲜有文献下沉到微观企业，系统分析数字经济影响企业全要素生产率的逻辑与机制。对以"数字经济与企业全要素生产率"为主题的讨论也是基于数字经济的某个维度，如ICT、互联网等数字技术或电子商务等数字化应用，缺乏对数字经济引发的技术创新与管理创新等对生产率影响的深入探讨。因此，本书将数字经济与企业TFP纳入同一分析框架，从数字技术赋能、数据要素价值发挥等方面揭示数字经济对企业TFP的影响，并根据企业创新双核心理论分析并检验数字经济对企业全要素生产率影响的作用机制。

第3章　数字经济影响经济高质量发展的理论分析

如何抓住数字经济机遇，推动经济高质量发展是新时代的重要理论命题。通过第二章文献述评可以发现，数字经济在推动包容性增长、创新发展等方面产生了重要影响。然而，从效率视角出发，数字经济究竟能否以及如何推动经济高质量发展还有待深入且系统地研究。因此，本章首先明确效率视角下经济高质量发展的内涵，指出经济高质量发展的核心内涵体现为全要素生产率的稳定提升。其次，基于技术—经济范式理论明确数字经济内涵及特征。再次，基于 Aghion 和 Howitt（2009）的熊彼特内生增长模型，采用数理推导方式阐述数字经济影响经济高质量发展的内在机理。最后，以“连接—数据—融合”为逻辑主线，从宏观效率、产业效率和企业效率三个层面剖析数字经济影响经济高质量发展的作用机制，为后续研究提供分析框架与理论支撑。

3.1　效率视角下经济高质量发展的内涵界定

经济高质量发展是中国在三十多年高速经济增长后突破结构性矛盾和资源环境瓶颈，实现更加公平、更可持续发展的必然选择，也是中国实现社会主义现代化的必由之路。现有研究对经济高质量发展的内涵界定主要存在两类观点：一种观点从效率视角出发，认为经济高质量发展的核心内涵体现为全要素生产率的稳定提升（贺晓宇和沈坤荣，2018；蔡昉，2018；蔡跃洲和马文君，2021）；另一种观点从规范性的价值判断视角出发，认为经济高质量发展具有丰富的多维内涵。其中最具代表性的表述是人民日报社论的定义："经济高质量发展就是体现新发展理念的发展，是创新成为第一动力、协调成为内生特点、绿色成为普遍形态、开放成为必由之路、共享成为根本目的的发展。①"

本书侧重从效率视角理解经济高质量发展的内涵。原因在于：在质量经济学中，"质量"一词意味着具有更高"性价比"以满足社会需要的程度，而性价比的提升主要来源于效率（金碚，2018）。并且从创新驱动、协调平衡、绿色发展、合作开放与社会共享的发展的内涵来看，其均与全要素生产率的提升密切相关。具体表现在以下几个方面。在创新驱动方面，全要素生产率是技术进步的直接反映，在测度时常用"索洛余值"来表示。从全要素生产率理论可知，在索洛模型中，经济增长率可以分解为资本增长率、劳动增长率和其他要素增长率。其中其他要素增长率被称为全要素生产率，主要体现了科技创新、先进管理组织、科学知识等的贡献。所以，创新驱动集中体现为全要素生产率的提升。在协调发展方面，全要素生产率与协调发展是内在统一的。协调发展要求城乡协调、产业协调与区域协调，强调资源的合理配置，而全要素生产率本质上就是一种资源配置效率（蔡昉，2018）。在绿色发展方面，减少环境污染带来的非合意产出，将生态资源内化为经济资本实际上是在投入要素数量不变的情况下，降低要素投入成本，增加合意产出，其中蕴含了生产效率的提升（Ru等，2020）。在开放发展方面，构建开放型经济，实现向全球价值链中高端攀升，与全要素生产率提升是内在一致的。在共享发展方面，全要素生产率与共享发展是互相促进的。生产力是共享发展的基础，全要素生产率

① 资料来源：人民日报社论报《牢牢把握高质量发展这个根本要求》，参见 http://data.people.com.cn/rmrb/20220314/1?code=2。

提升意味着生产力水平的提高，有利于实现共享发展。共享发展反过来能够增强社会发展活力，提高全要素生产率。

综上可知，全要素生产率提升与经济高质量发展在本质方向上是高度一致的（刘世锦，2017；洪银兴，2018）。无论是创新驱动、协调平衡还是绿色发展、合作开放与社会共享，其强调的核心内涵均为全要素生产率的稳定提升（刘志彪和凌永辉，2020）。经济发展具有系统性与层次性，是宏、中、微三个层面有机互动的整体。宏观经济通过国家政策调节中观产业与微观企业运行，微观企业和中观产业共同构筑了宏观经济的发展基础。因此，实现经济高质量发展就是实现宏观经济、中观产业和微观企业全要素生产率协同提升的发展。基于此，本书以效率视角为切入点，从宏观经济、中观产业和微观企业层面对数字经济影响经济高质量发展问题展开具体分析。

3.2 数字经济的内涵界定与特征分析

3.2.1 数字经济的内涵界定

G20峰会指出，数字经济是“以使用数字化的知识和信息作为关键生产要素、以现代信息网络作为重要载体、以信息通信技术的有效使用作为效率提升和经济结构优化的重要推动力的一系列经济活动”。这一定义从特征概括的视角对“数字经济”的概念进行了界定，着重强调了数字经济的数据生产要素化、信息通信技术、网络连接基础等技术特征，为明确数字经济的内涵提供了良好的借鉴，目前被学者们广泛认同。然而，结合数字经济在生产方式、生活方式和经济社会发展方式等方面发生的深刻变革可以看出，数字经济与传统经济形态的根本区别不仅表现为大数据、人工智能以及数据要素化等技术特性的变化，更是在技术与经济的互动关系过程中引发经济结构、行为规律、社会关系等方面产生根本性变革，其本质是一种新的技术—经济范式（王姝楠和陈江生，2019；杨青峰和李晓华，2021）。

因此，本书结合已有定义的优点，从技术经济范式视角将数字经济界定为以数字技术为驱动力，实现万物互联互通的“连接”，再以连接赋能数据要素，催生一系列新产业、新业态和新模式，最终实现效率提升与经济结构优化的新技术—经济范式。具体来看，数字技术经济范式的结构包含以下四个部分。

一是驱动力。数字经济的基本驱动力是计算机技术、计算机网络技术与通信技术等构成的数字技术簇群。技术簇群由多个技术系统组成，新的技术系统在上一轮技术系统的基础上演变升级而来，并为下一轮技术系统的产生和发展提供支撑。数字技术簇群的形成历经了三个发展阶段。第一是计算机阶段，主要包括真空管计算机、晶体管计算机、集成电路计算机。第二是互联网阶段，在计算机技术的基础上，计算机网络技术得到长足发展，产生了阿帕网、TCP/IP 协议、万维网等。第三是新一代信息技术阶段，在互联网广泛普及的基础上，大数据、云计算、物联网、人工智能等技术逐步应用并渗透到生产生活中，成为驱动经济社会发展的重要力量。多种技术系统相互组合形成乘数效应，并在融合重组中创造出新的技术，形成技术创造的正反馈机制，从而为数字技术经济范式的发展提供持续的动力。同时，在数字技术的支撑下，万物实现互联互通互享的“连接”，“连接”产生的海量数据成为新的生产要素进入经济活动中，推动传统的资本劳动驱动型经济发展模式向数据要素驱动型经济发展模式转变。

二是新结构与新形态。数字技术经济范式的转换带来了新经济形态与经济结构。在计算机和互联网阶段，电子邮件、电子商务、即时通信等新业态出现。随着新一代信息技术的发展，一方面，围绕数据要素展开的数字产品制造业与服务业、数字技术应用业以及数字要素驱动业等数字产业化飞速发展，并逐渐替代原有主导产业，为新增长提供引擎。另一方面，数字技术革命突破源起产业或部门的界限，扩散到更广泛的领域中，以数字化、网络化、智能化赋能传统产业，形成智慧农业、智能制造、智慧能源、智慧金融等产业数字化，实现传统产业的复苏与升级。同时，平台经济、网络经济、分享经济、服务经济等新经济形态兴起。这些新经济形态具有产业融合、跨界运营、价值共生的特点，在不断融合中创造出新的经济形态与层次结构。

三是新价值。在新结构与新形态的变革下，数字技术范式以用户参与、价值共创、产用融合为思维主导，创造出新的价值（易宪容等，2019；杨青峰和李晓华，2021）。具体表现为以下几个方面。在宏观层面，数据要素具有边际报酬递增的特性，能够通过数字经济资本深化对传统生产要素产生替代效应与渗透效应，推动传统要素生产效率提升（茹少峰和刘家旗，2018）。数据要素所蕴含的知识与信息，能够改善要素匹配，促使生产要素向生产率更高的行业或部门流动，提升要素配置效率，实现经济增长。在中观层面，数字经济具备更高效率、高质量、协同化、精准化的生产与供给，能够对用户的个性化、定制化需求做出及时响应，以此不断改善市场的供需结构，促进产业结构优化。同时，数字经济发展带动了计算机通信和其他电子设备制造业、软件和信息技术服务业等数字经济基础产业，推动传统劳动与资本密集型产业向数据密集型转变，带动产业结构升级。在微观层面，数字经济推动企业组织向平台化、扁平化发展，生产模式向模块化、柔性化转型，营销模式向精准化、精细化过渡，实现企业与企业间、企业与消费者间的价值共生。数字经济以其互联互通性、网络外部性、低边际成本性等实现规模经济、范围经济与长尾经济的融合，创造新的经济价值。

四是高质量发展。高质量发展不仅是数字技术经济范式的结果，更是数字经济持续发展的动力。在数字技术的驱动下，万物互联赋能数据要素，催生新结构与新形态，新结构与新形态的变化能够创造新价值，新价值进一步带动经济实现高质量发展。高质量的经济发展环境又能带动投资和消费活动日趋活跃，为推动新技术的产生与发展提供机遇，新技术进一步推动更多新经济形态涌现，创造更多新价值，形成可持续的经济发展正反馈机制。

3.2.2　数字经济的技术—经济特征

数字经济在主导技术、连接方式、基础设施、生产要素等方面与传统经济形态有着差异化的特征规律，既涉及技术创新，又涉及经济范式的革新。数字经济的技术—经济特征具体体现为以下三个部分。

（1）万物互联构筑了数字经济发展的基本空间

万物互联是数字经济区别于农业经济与工业经济的根本特征。在计算机、互联网以及物联网、大数据、人工智能等数字技术的赋能下，人、设备、企业等各类主体均能够实现跨时空互联互通，构成全方位立体式的网络生态系统。其中，数字技术与数字基础设施为万物互联提供了基础与保障。

数字技术是实现万物互联的基础。在技术—经济范式理论中，弗里曼（Freeman 等，1988）以及佩雷斯（Perez，2007）提出“每次技术革命都将扩散到其他领域，使整个生产体系变革，深刻重塑社会形态”。可见，技术不仅是促进经济增长的核心要素，还是推动经济形态转变的重要驱动力。农业经济的主导技术是铁犁牛耕。工业经济时代历经了四次技术革命，形成了水力机械、蒸汽动力、钢铁、电力、合成燃料、化工、航空航天等一系列技术簇群（杨虎涛，2019）。数字经济时代历经了计算机、互联网与新一代信息技术三个技术阶段，形成了计算机、远程通信、互联网、云计算、大数据、物联网、人工智能等数字技术。数字技术与以往技术最本质的差异体现在其“连接”属性上。以互联网、物联网为代表的技术将物理实体空间中的连接迁移到了虚拟空间中，使人—机—物—机—物—人实现了互联互通。在这种新的连接方式下，时间与空间的界限变得模糊，人、机、物在芯片及传感器的支持下成为网络节点，数据信息在人与人、物与物、人与物、用户与产业、需求与供给之间跨时空流动。数字经济下的连接遵循梅特卡夫定律，随着接入网络平台的用户与设备不断增多，整个网络的经济价值也呈现指数型增长。传统公司的边界因为“连接”被打破，上下游供应链间的合作效率因为“连接”得到提升，市场规模因为“连接”得到拓展，经济模式因为“连接”发展出平台经济、共享经济、智能经济、零工经济等（茹少峰和刘家旗，2017；赵立斌和张莉莉，2020）。

数字基础设施为实现万物互联提供了保障。数字技术引发连接方式产生了颠覆式创新，数字经济时代的能源体系和基础设施体系也随之发生了根本性变革。杰里米·里夫金（Jeremy Rifkin，2012）指出“经济革命的演变发生于新技术和新的能源体系的交汇”。数字经济正是在数字技术与可再生能源体系的结合中产生，并引发了基础设施的变革。工业经济时代的水力机械、蒸汽动力等技术决定了其主要能源为煤炭、石油等化石能源。相应地，工业经济时代的主要基础设施为能够保障其生产及运输效率的铁路、公路、机场等。数字经济为可再生能源的分布式生产、存贮、分配等提供了支撑。在配套了光伏电站等设施后，民用住房、厂房等建筑能够转化为太阳能的收集载体，成为微型发电厂，而互联技术将使各地区的电力网络转化为能源共享网络，多余的电力经电网回购并在各地区间通过联网共享使用。交通工具也转向充电式或清洁能源动力式。由此，数字经济时代的基础设施也发展为保障连接效率的计算机通信网络、5G、工业互联网、保证海量数据得以高效准确分析并发现规律的大数据中心、人工智能，以及保证可再生能源分布式共享的能源互联网等。数字基础设施让人、物品、设备、工厂等的“连接”，为数据信息进一步畅通流动提供了保障（Richter 等，2017；翟尤和谢呼，2019）。

表 3－1　　历次经济形态及其特征对比

经济形态		主导技术	连接方式	主要能源	基础设施
农业经济		铁犁牛耕	人力、畜力连接	生物质能	水利设施、公路、桥梁
工业经济	水利机械化时代	水力机械	水运、高速公路	水力动力能源	水利设施、高速公路
	蒸汽机械化	蒸汽动力	铁路网络	化石能源	世界铁路运输
	电气化时代	钢铁、电力、合成燃料	公路铁路	化石能源	供配电
	摩托化时代	石油、化工、航空航天、无线电	水陆空连接	化石能源	机场
数字经济		信息通信技术、互联网、云计算、大数据、物联网、人工智能	人机物全面互联	可再生能源	计算机通信网络、5G、特高压、高铁轨交、新能源汽车充电桩、大数据中心、人工智能、工业互联网

（2）数据是驱动数字经济发展的核心生产要素

生产要素是维系经济发展的基石。农业经济时代，威廉·配第（William Petty，1662）强调了土地和劳动要素对经济增长的重要作用。工业经济时代，萨伊、约翰·穆勒和马歇尔等经济学家认为，资本和企业家才能是推动工业经济进步的核心生产要素。马歇尔提出的生产要素四元论，包括土地、劳动、资本和企业家才能，概括了工业经济时代经济学生产理论与分配理论的核心内容。进入数字经济时代，数据成为驱动数字经济发展的核心生产要素。

数据要素能够为经济增长作出贡献并参与收入分配。从原始社会的“结绳记事”，到近代科学的“数学建模”，数据一直在人类社会发展中扮演着重要角色，但这些数据难以被称为生产要素。因为这些数据是人们有意识的、主观追踪、记录的数据，目的是试图通过小样本数据推测出事物间的因果关系或内在逻辑。在数字经济下，芯片产品使万物泛在化互联得以实现，从而产生了大数据。大数据以非结构化的形式承载着人或物品的行为痕迹，具有海量、快速、多样性、真实性、可见性和具有价值的基本特征（俞立平，2013）。通过对大数据进行采集、清洗、提取、计算与分析能够获得信息与知识，捕捉事物发展的内在规律，实现对不可见因素的当前和未来状态的预测。数据要素凭借数据采集、数据分析、数据确权、数据交易、数据应用与服务等活动创造经济价值从而驱动经济增长，并为数据提供者、数据收集者、数据挖掘者与决策制定者扩充收入渠道。

与传统生产要素相比，数据要素的价值创造不仅是一个技术过程，更是一个与技术发展相适应的经济社会过程（杨新臣，2021）。因此，数据要素具有诸多技术经济特征。一是相对不稀缺性，资源稀缺性是经济学研究的基本假设之一。然而，在数字经济时代，数据要素遵循着“梅特卡夫定律”，数据要素的体量呈指数式增长，资源稀缺性将不再成为经济增长的瓶颈。二是替代性，数字技术打破了生产活动对物理空间的依赖，以数据信息实时交换的方式建立了一种更加紧密耦合的线上虚拟集聚形态，从而减少了对实体土地要素的需求，形成了对土地的虚拟替代（王如玉等，2018）。数据要素结合人工智能技术的使用，也能够对重复性的低技能岗位劳动力产生替代（Acemoglu 和 Restrepo，2019；孙早和侯玉琳，2019；阎世平等，2020）。三是非竞争性，单一个体对数据要素的采集、分析等活动并不减少它对其他个体的正常供应，数据要素额外使用的边际成本为零。不同主体、不同平台由此可以实现数据资源共享，从而充分发挥数据要素的潜在经济价值（徐翔等，2021）。四是渗透性，数字技术与传统生产要素融合，可以提高自然资源、物质资本、企业家才能等其他生产要素的边际生产率和配置效率（荆文君和孙宝文，2019）。

（3）融合是催生数字经济创新发展的内生动力

融合是数字经济实现创新发展的典型特征，基于数字技术与数字基础设施的“连接”与数据生产要素的价值化发挥，数字经济范式实现了技术融合、产业融合、物理世界与数字世界融合，催生了一系列新产业、新业态与新模式，具体表现为：一是数字产业化。数字产业化是指计算机通信、互联网以及云计算等数字技术与能源、材料等领域交叉融合形成的数字经济基础产业，其目的是为数字经济提供技术、产品、服务与解决方案。2020 年中国数字产业化增加值达 7.5 万亿元，同比增长 5.3%。数字产业化发展以数字技术为主导，3D 打印、人工智能、云计算等数字技术能够与能源、材料、生物等领域实现融合创新，以多种技术的集成形成乘数效应，助推生产效率提升与生产方式变革。二是产业数字化。产业数字化是数字技术在传统产业中渗透融合所带来的增长部分。中国信通院数据表明，2020 年中国产业数字化增加值达 31.7 万亿元，同比增长 10.3%。在农业领域，数字技术能够赋能农作物种植养殖、培育、收割、销售全流程，实现农业生产降本增效。在制造业领域，工业互联网的应用能够对生产全生命周期进行管理，使生产活动根据市场需求灵活调整。在服务业领域，在线教育、互联网医疗、在线办公、共享经济、社区电商等新业态不断涌现，成为数字经济发展的重要组成部分。

数字经济在推动技术融合与产业融合，形成数字产业化与产业数字化的过程中，也推动了商业模式与企业管理的创新发展。从商业模式创新来看，数字经济推动商业模式从集中式向分布式转型。商业模式创新指的是企业价值创造方式的革新（Villarreal 和 Calvo，2015）。在数字技术的广泛应用下，企业间数据和信息几乎无成本的实时交互成为现实，产业中上下游企业的布局也不再受制于地理空间的束缚。固定制造流程的生产合作关系转变为由异质性需求主导的任务型关系，大规模的“福特制”生产方式转为柔性生产模式，集中式的传统商业模式也转为分布式商业模式（马智涛等，2020）。在分布式商业模式下，传统行业间的界限被打破，公司、个体劳动者凭借自身优势广泛参与到各类生产活动中，形成具有松散耦合关系的生态系统。在分布式商业模式中，多方主体自主参与并共享资源，形成激励相容的协同共生关系，最终达成共赢（陈春花，2021）。从企业管理创新来看，平台化、生态化、开放共享性、精准化和柔性化等特征明显。一是企业组织结构趋向平台化、生态化。数字经济下，企业及用户以网络节点的形式通过数据建立实时的信息交互，企业组织呈现平台化、生态化的特点，更有利于提高数据信息传递效率，加快资源交互与整合，增加企业竞争能力（戚聿东和肖旭，2020）。二是企业研发模式趋于开放化。数字经济时代下，消费者需求具有多样性和不确定性，封闭式的研发活动已难以适应市场需求。为了应对这种改变，企业研发趋向于借助互联网平台进行研发众包的开放化模式，以方便在任何时点对不同形式的建议进行吸收采纳。三是企业生产模式趋于柔性化。数字技术能够有效降低企业搜寻、复制、运输、追踪及验证成本，帮助企业实时获取市场信息，从而对生产资料进行合理配置并对生产流程进行灵活调整，实现对市场需求的快速响应（Goldfarb 和 Tucker，2019）。四是企业营销模式趋于精准化。利用大数据、云计算等技术，企业能够根据消费者行为数据捕捉用户的价值诉求，针对个体差异制定专属营销服务。

表 3-2　　工业经济与数字经济的创新对比

经济形态	工业经济	数字经济
产业体系创新	钢铁、煤炭、石油、汽车、装备制造、铁路、公路、电力、航空、建筑	计算机通信和其他电子设备制造业、电信广播电视和卫星传输服务业、互联网和相关服务、软件和信息技术服务业、5G、大数据、云计算、区块链产业等数字产业化以及数字技术与传统产业融合产生的产业数字化

续表

经济形态	工业经济	数字经济
商业模式创新	集中式：少数参与者、固定捆绑、自上而下、资源私有、人工协作、竞合自利	分布式：多方参与、智能协同、共享资源、激励相容、松散耦合
企业管理创新	科层化、等级化企业组织；封闭式研发模式；大批量化生产模式；粗放化营销模式	平台化、生态化企业组织；开放化研发模式；柔性化生产模式；精准化营销模式

3.3　数字经济影响经济高质量发展的数理模型

本书在 Aghion 和 Howitt（2009）构建的多部门熊彼特内生增长模型基础上，参考易信（2018）和白雪洁等（2021）的研究在研发部门生产厂商的创新活动中引进数字技术，以分析数字经济对经济高质量发展的影响。

3.3.1　模型设定

假设一国经济体有三个部门：通用产品部门、行业产品部门与研发部门。其中，通用产品部门的作用是对 n 个行业产品部门生产的最终产品进行组合。假定行业产品部门处于市场完全竞争状态。各行业代表性厂商均采用劳动与中间产品作为投入要素来生产最终产品。其中，中间产品的生产采用的是最优技术水平。经济体的技术创新来源于研发部门，研发部门通过研发活动不断为经济体提供新的行业中间产品，在这一过程中行业实现了技术进步。

（1）通用产品部门生产厂商行为

在本章所构建的模型中，通用产品具有两种属性，一是用于家庭消费，二是用于厂商投资。假定在完全竞争市场中，通用产品的生产由经济体中 n 个行业的最终产品构成。生产函数形式设定为 CES 生产函数，满足生产技术规模报酬不变、严格凹性与稻田条件，具体形式如下：

$$Y_t = \left(\sum_{i=1}^{n} \phi_i Y_{it}^{\frac{\varepsilon-1}{\varepsilon}} \right)^{\frac{\varepsilon}{\varepsilon-1}}, i = 1,2,\cdots,n \tag{3-1}$$

其中，Y_t 表示通用产品数量。Y_{it}表示第 i 个行业的最终产品数量。ϕ_i 表示生产通用产品时，第 i 个行业最终产品的重要程度，满足 $\phi_i > 0$，$\sum_{i=1}^{n} \phi_i = 1$；$\varepsilon$ 表示在生产中行业最终产品投入之间的替代弹性。当$0 < \varepsilon < 1$ 时，行业最终产品之间具有互补性；当 $\varepsilon > 1$ 时，行业最终产品之间具有替代性。在完全竞争市场中，通用产品生产厂商在行业最终产品价格 P_{it}和通用产品价格 P_t 既定的前提下，选择最优行业最终产品投入数量 Y_{it}来实现自身利润最大化。

(2) 行业产品部门生产厂商行为

假设经济系统中存在 n 个行业最终产品部门，每个行业的最终产品和要素市场均为完全竞争，并且各行业最终产品由劳动和分布在［0，1］上的专业化中间产品生产。设定生产函数如下：

$$Y_{it} = L_{it}^{1-\alpha} \int_0^1 A_{it}^{1-\alpha}(j) x_{it}^{\alpha}(j) dj \tag{3-2}$$

其中，L_{it}表示生产 i 行业最终产品的劳动投入数量，满足 $\sum_{i=1}^{n} L_{it} = L_t$，即各行业劳动力总和等于经济体中的劳动禀赋；$x_{it}(j)$ 表示 i 行业最终产品生产过程中使用第 j 种中间产品的投入数量，$A_{it}(j)$ 表示 i 行业第 j 种中间产品的技术水平，α 为专业化中间产品产出的弹性系数，$1-\alpha$ 为劳动产出的弹性系数。行业最终产品的生产函数服从哈罗德中性技术进步。在完全竞争市场中，i 行业最终产品生产厂商在中间产品价格 $P_{it}(j)$ 和劳动力报酬 W_{it} 既定的前提下，选择最优 i 行业中间产品投入 $x_{it}(j)$ 和劳动投入 L_{it}实现利润最大化。

（3）研发部门生产厂商行为

假设研发部门由生产唯一一种中间产品的资本家组成，资本家的逐利行为会驱使其进入利润较高的行业。中间产品的生产以该行业最终产品作为投入。资本家在行业最终产品价格 P_{it} 既定时，选择合适的中间产品数量和价格来达到利润最大化的目的。

为了持续获取垄断利润，资本家需借助研发活动来优化生产活动，提升生产技术水平。假设研发活动的成功概率为 $\rho_{it}(j)$ ，相应地，技术水平将从 $A_{it}(j)$ 提升到 $\theta_i A_{it}(j)$ ，$\theta_i > 1$ ；如果研发失败，则中间产品的技术水平保持不变。借鉴易信（2018）的做法，将研发活动成功的概率用研发投入的函数来表示，具体设定如下：

$$\rho_{it}(j) = \lambda_i \left(\frac{R_{it}(j)}{L_{it} A_{it}{}^{*}(j)} \right)^{0.5} \tag{3-3}$$

其中，i 表示行业，t 表示时间，j 表示中间产品种类，$R_{it}(j)$ 表示研发投入，$A^{*}(j)_{it}$ 表示研发目标，λ_i 表示研发效率。

根据数字经济的技术—经济范式特征，创新是数字技术—经济范式转换的内在动力。数字技术具有通用性，能够在多行业、多领域普遍使用，从而赋能产业体系、企业商业模式与管理方式，使其产生颠覆性创新发展。因此，本书将数字技术纳入研发部门创新效率中。数字技术对研发部门创新效率的贡献体现在：一是通过数字技术的渗透性与协同性提高研发效率，从而增加研发成功概率；二是数字技术的使用能够优化生产要素的组合配置，进而影响研发部门的最优创新行为。由此，本书将研发效率表示为数字技术 $digital$ 的增函数，具体表示为

$$\lambda_i = \eta \times digital_{it}^{\beta} \tag{3-4}$$

其中，η 表示外生效率参数，β 表示数字技术的效率参数。

3.3.2 模型求解

(1) 行业产品部门厂商的最优行为

行业最终产品生产厂商的最优行为设定如下：

$$\max[P_{it}L_{it}^{1-\alpha}\int_0^1 A_{it}^{1-\alpha}(j)x_{it}^{\alpha}(j)dj - W_{it}L_{it} - \int_0^1 P_{it}(j)x_{it}(j)dj] \quad (3-5)$$

在劳动力市场与中间产品市场完全竞争的情况下，对式（3－5）中 $x_{it}(j)$ 求一阶偏导并令其为零，可得

$$P_{it}(j) = \alpha P_{it}L_{it}^{1-\alpha}A_{it}^{1-\alpha}(j)x_{it}^{\alpha-1}(j) \quad (3-6)$$

对式（3－5）中 L_{it} 求一阶偏导并令其为零，可得

$$W_{it} = (1-\alpha)P_{it}L_{it}^{-\alpha}\int_0^1 A_{it}^{1-\alpha}(j)x_{it}^{\alpha}(j)dj \quad (3-7)$$

中间产品需求既定，中间产品生产厂商会根据利润最大化原则，选择最优中间产品价格与产量。假定每生产 1 单位的中间产品，需要消耗 1 单位该行业的最终产品，中间产品厂商的最优行为如公式（3－8）所示。

$$\max[P_{it}(j)x_{it}(j) - P_{it}x_{it}(j)] \quad (3-8)$$

结合式（3－6）与式（3－8）可得中间产品厂商的优化行为：

$$\max[\alpha P_{it}A_{it}^{1-\alpha}(j)L_{it}^{1-\alpha}x_{it}^{\alpha}(j) - P_{it}x_{it}(j)] \quad (3-9)$$

对式（3－9）中 $x_{it}(j)$ 求一阶偏导并令其为零，可得

$$x_{it}(j) = \alpha^{\frac{2}{1-\alpha}}A_{it}(j)L_{it} \quad (3-10)$$

把式（3－10）带入式（3－6）可得

$$P_{it}(j) = \frac{P_{it}}{\alpha} \quad (3-11)$$

将式（3－10）、式（3－11）代入式（3－8）可以得到厂商选择生产中间产品的利润：

$$\pi_{it}(j) = P_{it}(1-\alpha)\alpha^{\frac{1+\alpha}{1-\alpha}}A_{it}(j)L_{it} \quad (3-12)$$

参考白雪洁等（2021）的方法，本书令 $\int_0^1 A_{it}(j)dj = A_{it}$ 以实现简化分析。A_{it} 为 i 行业的平均技术进步水平。将式（3－10）代入式（3－2），得到 i 行业产品生产厂商的最优产量：

$$Y_{it} = \alpha^{\frac{2\alpha}{1-\alpha}} L_{it} \int_0^1 A_{it}(j)dj = \alpha^{\frac{2\alpha}{1-\alpha}} A_{it} L_{it} \tag{3－13}$$

根据前文所述，中间产品研发活动的成功概率仅取决于研发效率。均衡时的行业各类中间产品研发活动的成功概率均为 ρ_{it}。因此，平均技术进步水平 A_{it} 可表示为

$$A_{it} = \theta_i A_{i,t-1}\rho_{it} + A_{i,t-1}(1-\rho_{it}) \tag{3－14}$$

根据式（3－14）得到 i 行业的技术进步增长率 g_{it} 为

$$g_{it} = \frac{A_{it} - A_{i,t-1}}{A_{i,t-1}} = \frac{\theta_i A_{i,t-1}\rho_{it} + A_{i,t-1}(1-\rho_{it}) - A_{i,t-1}}{A_{i,t-1}}$$

$$= (\theta_i - 1)\rho_{it} \tag{3－15}$$

（2）研发部门的最优创新行为

研发部门的最优行为设定如下：

$$\max[\rho_{it}(j)\pi_{it}(j) - P_{it}R_{it}(j)] \tag{3－16}$$

由式（3－3）可得

$$R_{it}(j) = L_{it}A_{it}^*(j)\left[\frac{\rho_{it}(j)}{\lambda_i}\right]^2 \tag{3－17}$$

从式（3－17）可以看出，$R_{it}(j)$ 与 $\rho_{it}(j)$ 之间呈正相关关系。因此，研发部门利润最大化问题可转化为创新概率最大化问题。将式（3－12）与式（3－17）代入式（3－16），可得

$$\max\left[\rho_{it}(j)P_{it}(1-\alpha)\alpha^{\frac{1+\alpha}{1-\alpha}}A_{it}^*(j)L_{it} - P_{it}L_{it}A_{it}^*(j)\left[\frac{\rho_{it}(j)}{\lambda_i}\right]^2\right] \tag{3－18}$$

对式（3－18）中 $\rho_{it}(j)$ 求一阶偏导并令其为零，可得

$$\rho_{it}(j) = \frac{1}{2}(1-\alpha)\alpha^{\frac{1+\alpha}{1-\alpha}}\lambda_i^2 \tag{3-19}$$

从式（3－19）中可以看出，$\rho_{it}(j)$ 仅取决于 α 与研发效率 λ_i。因此，i 行业各类中间产品创新成功的概率相等，即 $\rho_{it}(j) = \rho_{it}$。将式（3－4）、式（3－19）代入式（3－15）可得

$$g_{it} = (\theta_i - 1)\frac{1}{2}(1-\alpha)\alpha^{\frac{1+\alpha}{1-\alpha}}\lambda_i^2 = \frac{1}{2}(\theta_i - 1)(1-\alpha)\alpha^{\frac{1+\alpha}{1-\alpha}}(\eta \times digital_{it}^{\beta})^2 \tag{3-20}$$

式（3－20）表明，i 行业技术进步增长率取决于参数 α、θ_i、η、β 以及数字技术 $digital_{it}$。可见，数字经济经济发展能够推动行业技术进步。

（3）通用产品部门厂商的最优行为

根据式（3－1），通用产品生产厂商的最优行为设定如下：

$$\max\left[P_t\left(\sum_{i=1}^{n}\phi_i Y_{it}^{\frac{1-\varepsilon}{\varepsilon}}\right)^{\frac{\varepsilon}{1-\varepsilon}} - \sum_{i=1}^{n}P_{it}Y_{it}\right] \tag{3-21}$$

对式（3－21）中 Y_{it} 求一阶偏导并令其为零，可得

$$Y_{it} = \left(\frac{P_t\phi_i}{P_{it}}\right)^{\varepsilon} Y_t \tag{3-22}$$

（4）数字经济的增长效应

根据通用产品部门厂商的最优行为，任意两个行业 i 和 k 间的产出结构可以表示为

$$\frac{Y_{it}}{Y_{kt}} = \frac{(P_t\phi_i/P_{it})^{\varepsilon}Y_t}{(P_t\phi_k/P_{kt})^{\varepsilon}Y_t} = \left(\frac{\phi_i P_{kt}}{\phi_k P_{it}}\right)^{\varepsilon} \tag{3-23}$$

由式（3－13）可得

$$\frac{Y_{it}}{Y_{kt}} = \frac{\alpha^{\frac{2\alpha}{1-\alpha}}A_{it}L_{it}}{\alpha^{\frac{2\alpha}{1-\alpha}}A_{kt}L_{kt}} = \frac{A_{it}L_{it}}{A_{kt}L_{kt}} \tag{3-24}$$

假设劳动要素在行业产品部门间自由流动，当劳动力市场达到均衡

时，各行业产品部门的劳动报酬相等，根据式（3－7）可得

$$1=\frac{W_{it}}{W_{kt}}=\frac{(1-\alpha)P_{it}L_{it}^{-\alpha}\int_0^1 A_{it}^{1-\alpha}(j)x_{it}^{\alpha}(j)dj}{(1-\alpha)P_{kt}L_{kt}^{-\alpha}\int_0^1 A_{kt}^{1-\alpha}(j)x_{kt}^{\alpha}(j)dj} \tag{3-25}$$

将式（3－10）代入式（3－25）可得

$$\frac{P_{it}}{P_{kt}}=\frac{A_{kt}}{A_{it}} \tag{3-26}$$

对式（3－26）两边同时取对数并对时间 t 求导，可得

$$\frac{\dot{P}_{it}}{P_{it}}-\frac{\dot{P}_{kt}}{P_{kt}}=\frac{\dot{A}_{kt}}{A_{kt}}-\frac{\dot{A}_{it}}{A_{it}}=g_{kt}-g_{it} \tag{3-27}$$

式（3－27）表明，行业部门的相对价格变化取决于部门间的技术进步率，技术进步率快的部门产品价格变化率低于技术进步率慢的部门。

将式（3－23）与式（3－26）代入式（3－24）可得

$$\frac{L_{it}}{L_{kt}}=\left(\frac{\phi_i}{\phi_k}\right)^{\varepsilon}\left(\frac{A_{it}}{A_{kt}}\right)^{\varepsilon-1} \tag{3-28}$$

对式（3－28）两边同时取对数并对时间 t 求导。进一步将式(3－27)代入可得

$$\frac{\dot{L}_{it}}{L_{it}}-\frac{\dot{L}_{kt}}{L_{kt}}=(\varepsilon-1)\left(\frac{\dot{A}_{it}}{A_{it}}-\frac{\dot{A}_{kt}}{A_{kt}}\right)=(\varepsilon-1)(g_{it}-g_{kt}) \tag{3-29}$$

其中，ε 为通用产品生产中的替代弹性。当 $0<\varepsilon<1$，即 $\varepsilon-1<0$ 时，劳动力将从技术进步增长率高的部门流向低的部门；当 $\varepsilon-1<0$，即 $\varepsilon-1>0$ 时，劳动力会从技术进步增长率低的部门流向高的部门。进一步将式（3－13）代入式（3－1）可得

$$Y_t=\left[\sum_{i=1}^{n}\phi_i\left(\alpha^{\frac{2\alpha}{1-\alpha}}A_{it}L_{it}\right)^{\frac{\varepsilon-1}{\varepsilon}}\right]^{\frac{\varepsilon}{\varepsilon-1}} \tag{3-30}$$

记 $L_t=\sum_{i=1}^{n}L_{it}$，表示各行业的劳动力总和，根据式（3－28）可得

$$L_{it}=\frac{A_{it}^{\varepsilon-1}\phi_i^{\varepsilon}}{\sum_{i=1}^{n}A_{it}^{\varepsilon-1}\phi_i^{\varepsilon}}L_t \tag{3-31}$$

记 $d_{it}=\frac{L_{it}}{L_t}$，表示 i 行业所占的劳动力份额，则可得

$$d_{it}=\frac{L_{it}}{L_t}=\frac{A_{it}^{\varepsilon-1}\phi_i^{\varepsilon}}{\sum_{i=1}^{n}A_{it}^{\varepsilon-1}\phi_i^{\varepsilon}} \tag{3-32}$$

式（3－30）可变化为

$$Y_t=\left[\sum_{i=1}^{n}\phi_i\left(\alpha^{\frac{2\alpha}{1-\alpha}}A_{it}L_{it}\right)^{\frac{\varepsilon-1}{\varepsilon}}\right]^{\frac{\varepsilon}{\varepsilon-1}}=\left[\sum_{i=1}^{n}\phi_i\left(\alpha^{\frac{2\alpha}{1-\alpha}}A_{it}d_{it}L_t\right)^{\frac{\varepsilon-1}{\varepsilon}}\right]^{\frac{\varepsilon}{\varepsilon-1}}$$

$$=\left[\sum_{i=1}^{n}\phi_i\left(A_{it}d_{it}\right)^{\frac{\varepsilon-1}{\varepsilon}}\right]^{\frac{\varepsilon}{\varepsilon-1}}\alpha^{\frac{2\alpha}{1-\alpha}}L_t=\left[\sum_{i=1}^{n}\phi_i\left(A_{it}\frac{A_{it}^{\varepsilon-1}\phi_i^{\varepsilon}}{\sum_{i=1}^{n}A_{it}^{\varepsilon-1}\phi_i^{\varepsilon}}\right)^{\frac{\varepsilon-1}{\varepsilon}}\right]^{\frac{\varepsilon}{\varepsilon-1}}\alpha^{\frac{2\alpha}{1-\alpha}}L_t$$

$$=\left[\sum_{i=1}^{n}\phi_i\frac{\left(A_{it}^{\varepsilon}\phi_i^{\varepsilon}\right)^{\frac{\varepsilon-1}{\varepsilon}}}{\left(\sum_{i=1}^{n}A_{it}^{\varepsilon-1}\phi_i^{\varepsilon}\right)^{\frac{\varepsilon-1}{\varepsilon}}}\right]^{\frac{\varepsilon}{\varepsilon-1}}\alpha^{\frac{2\alpha}{1-\alpha}}L_t=\left[\sum_{i=1}^{n}\frac{A_{it}^{\varepsilon-1}\phi_i^{\varepsilon}}{\left(\sum_{i=1}^{n}A_{it}^{\varepsilon-1}\phi_i^{\varepsilon}\right)^{\frac{\varepsilon-1}{\varepsilon}}}\right]^{\frac{\varepsilon}{\varepsilon-1}}\alpha^{\frac{2\alpha}{1-\alpha}}L_t$$

$$=\left[\frac{\sum_{i=1}^{n}A_{it}^{\varepsilon-1}\phi_i^{\varepsilon}}{\left(\sum_{i=1}^{n}A_{it}^{\varepsilon-1}\phi_i^{\varepsilon}\right)^{\frac{\varepsilon-1}{\varepsilon}}}\right]^{\frac{\varepsilon}{\varepsilon-1}}\alpha^{\frac{2\alpha}{1-\alpha}}L_t=\frac{\left(\sum_{i=1}^{n}A_{it}^{\varepsilon-1}\phi_i^{\varepsilon}\right)^{\frac{\varepsilon}{\varepsilon-1}}}{\sum_{i=1}^{n}A_{it}^{\varepsilon-1}\phi_i^{\varepsilon}}\alpha^{\frac{2\alpha}{1-\alpha}}L_t$$

$$=\left(\sum_{i=1}^{n}A_{it}^{\varepsilon-1}\phi_i^{\varepsilon}\right)^{\frac{\varepsilon}{\varepsilon-1}-1}\alpha^{\frac{2\alpha}{1-\alpha}}L_t=\left(\sum_{i=1}^{n}\phi_i{}^{\varepsilon}A_{it}{}^{\varepsilon-1}\right)^{\frac{1}{\varepsilon-1}}\alpha^{\frac{2\alpha}{1-\alpha}}L_t \tag{3-33}$$

为了简化分析，令 $A_t=\left(\sum_{i=1}^{n}\phi_i{}^{\varepsilon}A_{it}{}^{\varepsilon-1}\right)^{\frac{1}{\varepsilon-1}}$，$A_t$ 为通用产品部门的技术水平，则人均产出可表示为

$$y_t=\frac{Y_t}{L_t}=\alpha^{\frac{2\alpha}{1-\alpha}}A_t \tag{3-34}$$

对 $A_t=\left(\sum_{i=1}^{n}\phi_i{}^{\varepsilon}A_{it}{}^{\varepsilon-1}\right)^{\frac{1}{\varepsilon-1}}$ 两边同时取对数并对时间 t 求导，可得

$$\frac{\dot{A}_t}{A_t}=\frac{1}{(\varepsilon-1)}\frac{(\varepsilon-1)\sum_{i=1}^{n}\phi_i^{\varepsilon}A_{it}^{\varepsilon-2}\dot{A}_{it}}{\sum_{i=1}^{n}\phi_i^{\varepsilon}A_{it}^{\varepsilon-1}}$$

$$=\frac{\sum_{i=1}^{n}\phi_i^{\varepsilon}A_{it}^{\varepsilon-1}\frac{\dot{A}_{it}}{A_{it}}}{\sum_{i=1}^{n}\phi_i^{\varepsilon}A_{it}^{\varepsilon-1}} \tag{3-35}$$

又因为 $\frac{\dot{A}_{it}}{A_{it}}=g_{it}$，则式（3－35）可变化为

$$\frac{\dot{A}_t}{A_t}=\frac{\sum_{i=1}^{n}\phi_i^{\varepsilon}A_{it}^{\varepsilon-1}g_{it}}{\sum_{i=1}^{n}\phi_i^{\varepsilon}A_{it}^{\varepsilon-1}}=\sum_{i=1}^{n}d_{it}g_{it}$$

$$=\frac{1}{2}\sum_{i=1}^{n}d_{it}(\theta_i-1)(1-\alpha)\alpha^{\frac{1+\alpha}{1-\alpha}}(\eta\times digital_{it}^{\beta})^2 \tag{3-36}$$

从式（3－36）可知，数字经济发展水平越高，技术进步增长率越高。从广义来看，技术进步的增长表现为全要素生产率的提升。因此，数字经济的发展能够带动全要素生产率增长，推动经济实现高质量发展。

3.4　数字经济影响经济高质量发展的作用机制

本书旨在从效率视角分析数字经济对经济高质量发展的影响。目前，已有研究侧重从宏观效率视角探讨数字经济对经济高质量发展的单独影响，往往割裂了从宏观经济—中观产业—微观企业之间的联系。宏观经济由多个产业构成，产业内部又由大量企业组成，企业全要素生产率的提高亦能够为产业全要素生产率带来提升效应，三者密切相关。因此，为了全面系统地探究数字经济对经济高质量发展的影响机制，本书以宏观经济、中观产业、微观企业三个层面为研究主线，分析数字经济对经济高质量发

展的影响。构建理论机制分析框架具体如图 3 - 1 所示。

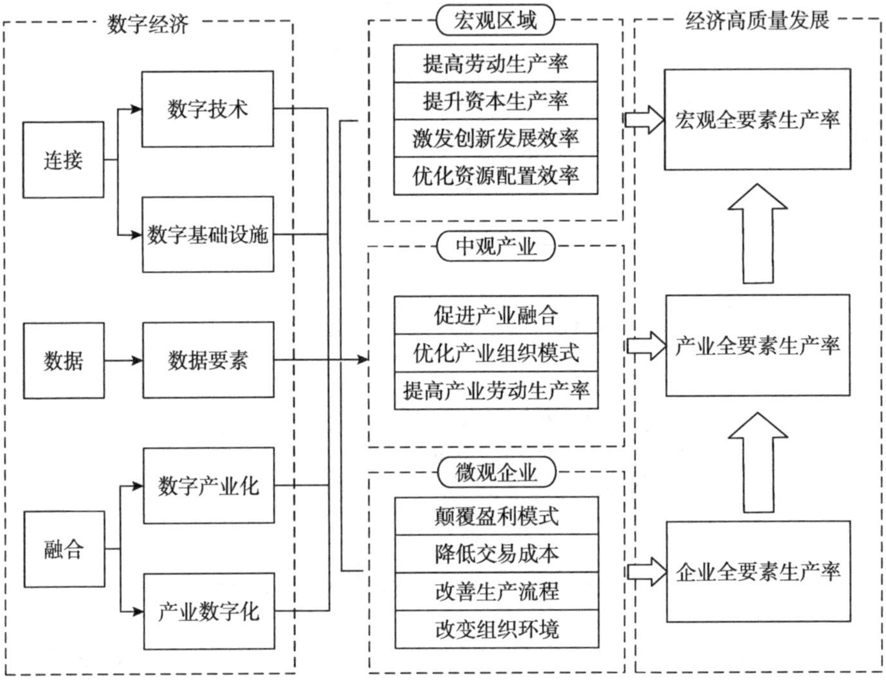

图 3 - 1　数字经济对经济高质量发展的直接影响

当前，数字经济正以前所未有的速度、广度和深度推动着经济社会的变革。其中，万物互联的“连接”是数字经济底层架构的核心，数字技术为实现万物互联提供了基础，数字基础设施为实现万物互联提供了保障；数据成为数字经济新的关键生产要素，在研发、生产、流通、分配、消费等各个经济环节的价值日益凸显；融合是催生数字经济创新发展的内生动力，表现为新产业、新业态、新模式的涌现。一方面数字产品制造业、数字产品服务业等数字产业化层出不穷，另一方面数字技术与传统产业渗透融合带动基于数字技术的产品、模式、业态、组织等推陈出新。因此，本书以连接—数据—融合为逻辑链条，剖析数字经济为何会影响经济高质量发展，以及数字经济如何影响经济高质量发展的问题。在宏观经济层面，从提高劳动生产率、提升资本生产率、激发创新发展效率、优化资源配置效率，揭示数字经济对宏观全要素生产率提升的重要作用。并且从全要素生产率分解视角，解析数字经济如何通过改善技术效率以及推动技术进步进而实现全要素生产率提升的作用机制。在中观产业层面，从促进产业融合、优化产业组织模式、提高产业劳动生产率等方面，阐释数字经济对产业全要素生产率的直接影响。进一步，分析人力资本结构和新型基础设施投资在数字经济与产业全要素生产率之间的调节作用。在微观企业层面，从颠覆企业盈利模式、降低企业交易成本、改善企业生产流程、改变企业组织环境方面，分析数字经济对企业全要素生产率的直接影响。进一步地，从创新视角揭示数字经济如何通过影响企业技术创新与管理创新进而带动企业 TFP 的作用机制。

3.4.1　数字经济对宏观经济效率影响的作用机制

(1) 数字经济对宏观效率的直接影响

全要素生产率（Total Factor Productivity，TFP）是经济高质量发展的核心，体现了科学知识、制度创新、管理专业化等无形生产要素的作用（蔡昉，2013）。从全要素生产率的产生机理来看，无形生产要素无法独立作用于经济增长，需以物质资本与劳动力等有形生产要素为载体，通过提高物质资本生产率和劳动生产率，进而实现经济系统效率提升。因此，TFP 不仅刻画了科学知识、制度创新、管理专业化等无形生产要素对经济增长的贡献，还反映了物质资本、劳动等单要素生产率的变化。TFP 越大，说明无法被定量衡量的无形要素的贡献越大，同时也意味着可以定量衡量的有形要素，如劳动、资本等的利用效率越高（茹少峰等，2018）。从全要素生产率的增长路径来看，TFP 的提升源于两个方面：一是技术创新，二是优化资源配置效率（袁礼和欧阳峣，2018）。综上所述，TFP 与劳动生产率、资本生产率、创新发展与资源配置效率密切相关。数字经济以连接—数据—融合为基本逻辑，能够提高劳动生产率与资本生产率，激发创新发展效率，优化资源配置效率，推动全要素生产率提升，实现经济高质量发展。

①数字经济提高了劳动生产率。劳动生产率反映了劳动的价值量与消耗量之间的比例关系。数字经济能够通过连接—数据—融合的逻辑链条实现劳动生产率提升。一是数字经济的互联互通性创造了去中心化的、开放的分布式经济，为劳动生产率提升提供了跨时空的连接平台。数字经济时代，劳动要素的价值发挥突破了地域与时间的局限，能够通过网络平台实现应用场景间的信息数据交换，突破内部资源有限性与同质性的屏障，实现多方主体自主参与资源共享，提升劳动生产效率。二是数据要素对劳动力的赋能作用，提高了资本—劳动比。数字技术的应用一方面能够替代重复型、体力型的常规任务，使劳动力专注于创造性的工作，提高劳动产出。另一方面能够将生产流程数据化，提高人机协作效率（Acemoglu 等，2018；Damioli 等，2021）；三是数字经济产生的新业态、新模式为提高人力资本水平创造了机遇。一方面，数字经济下的新业态、新模式创造了更多高技能就业岗位，高素质劳动者成为网络技术的互补（茹少峰和刘家旗，2018）。这一现象将倒逼劳动者主动提高自身专业素养，以获得更丰厚的劳动收入。另一方面，数字经济催生了在线教育、智慧教育等新模式，劳动者借此能够以较低的时间成本与资金成本获取知识，提升自身能力素质，带动劳动生产效率提升。

②数字经济提升了资本生产率。资本生产率刻画了单位资本的产出能力。数字经济能够通过连接—数据—融合的逻辑链条实现资本生产率提升。一是数字经济的互联互通性提高了数字基础设施投资力度，提升了资本质量。在数字经济时代，以数据中心、人工智能、工业互联网等为代表的新型数字基础设施投资不断扩张。新投资具有“干中学”效应，能够加

速数字技术在传统物质资本中的渗透，改善物质资本质量，提高资本生产率。二是数据要素需求与日俱增，促进了资本深化。基于摩尔定律、库梅定律的成本降低效应，数字技术资本对传统物质资本和劳动力的替代日益加深。根据Begenau等（2018）徐翔和赵墨非（2020）等的研究，相较于传统物质资本，数字资本通常具有更高的生产效率。三是在数字经济范式下，数字技术实现融合发展，催生了新业态、新模式，能够降低社会成本，从而提高物质资本生产率。例如，智慧教育、智慧医疗、智能安保等平台能使优质教育资源、医疗服务、个人诚信信息等借助互联实现实时互动与共享，降低教育投入、医疗卫生投入与社会安全投入等社会成本，带动物质资本生产效率提升。

③数字经济激发了创新发展效率。提升创新发展效率是经济实现高质量发展的动力引擎。数字经济以技术进步为依托，将创新内化为自身发展动能，从万物互联、数据要素、融合发展全方位激发创新发展效率。一是数字经济以其泛在化互联的特性为创新效率提升开辟了新空间。数字经济下的万物互联使创新主体间的知识共享与思维协作呈现非线性特征，创新过程更加灵活，创新的“知识溢出”效应更加凸显。二是数据要素为创新效率提升提供了新动能。数据作为新的生产要素加入到生产函数中，一方面能够克服传统生产要素稀缺性、竞争性等的缺陷，提高要素质量；另一方面，数据要素的渗透性与替代性能够改善劳动、资本等传统要素的生产效率（荆文君和孙宝文，2019）。三是在万物互联和数据赋能下，新业态、新模式集中涌现，为创新效率提升创造了新条件。数字经济通过线上和线下结合、内容与场景结合等方式，实现了跨界融合与集成应用，对社会分工协作模式产生了深刻影响，也为激发创新提供了平台与场景。

④数字经济优化了资源配置效率。资源有效配置是指所有生产要素都能在市场机制下实现自由流动，达到帕累托最优状态，是影响全要素生产率变化的关键因素（Brandt等，2012；陈斌开等，2015）。数字经济通过

连接—数据—融合的规律特征可以优化资源配置效率。一是数字经济增强了要素供需匹配。数字经济背景下，高度互联的网络环境缓解了信息不对称程度，破除了供求双方信息不对称的壁垒，为各类要素随时随地交换信息创造了条件，有利于要素供需的精准匹配。二是数据要素丰富了生产要素投入并优化了生产函数。一方面，数据成为生产要素纳入生产函数 $Y = AF(D,K,L)$ ，在增加生产要素数量、提高投入要素质量的同时，对深化分工体系、优化劳动力与物质资本配置也起到了积极作用。另一方面，数据要素具有网络外部性、边际收益递增等特性，能够形成正反馈机制，使总产出呈现指数增长的趋势。三是数字经济融合产生的新业态、新模式加剧了市场竞争。移动互联、大数据等技术的应用催生了共享经济、社区团购等新业态与新模式，增强了跨区域市场竞争，生产效率低下的行业或部门将被迫退出市场，其释放出来的生产要素将流动到生产效率较高的行业或部门，实现生产要素的优化组合。

（2）数字经济对宏观效率的间接影响

全要素生产率反映了技术创新、先进管理组织等无形生产要素对经济增长的贡献。数字经济以其“连接性”赋能人、机、物实现互联互通，覆盖生产、流通、消费各领域。新技术相互融合并向传统经济渗透，催生了新产业、新业态和新模式，制度创新、管理创新等伴生而来（刘家旗和茹少峰，2022）。根据 TFP 增长来源分解，本书认为数字经济能够通过改善技术效率和驱动技术进步两方面间接提升全要素生产率，从而实现经济高质量发展（见图 3 -2）。

①数字经济、技术效率与全要素生产率。数字经济的互联互通性，为技术效率提升创造了平台。互联网、云计算、大数据等数字技术能够构建拓扑状的信息互联，实现供需的精准匹配，优化传统要素的配置结构，提高要素配置效率，从而保证在投入不变的情况下，产出尽可能地逼近生产

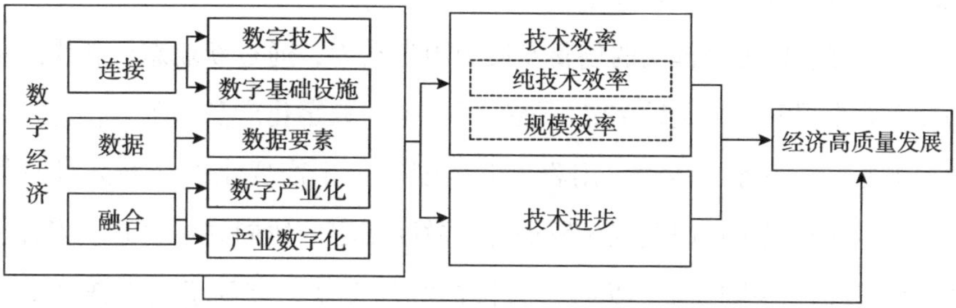

图 3－2　数字经济对宏观经济效率影响的作用机制

前沿面。一方面，数字经济的连接性模糊了市场的区域边界，使资本劳动等要素的跨区域流动不再单纯依赖实体连接，而是能够通过虚拟网络互联实现实时交互，从而加剧区域间的市场竞争。市场竞争将倒逼区域提升专业化生产水平，改善区域资源错配。另一方面，数字经济的连接性为各类生产要素的供需精准匹配、集聚、流动与应用提供了平台。资本、劳动与土地等传统生产要素的需求与供给信息能够借助互联网、物联网进行共享，推动要素向生产效率更高的地区或部门自由流动，逐渐逼近帕累托最优状态。

数据成为核心生产要素，能够以其渗透性与替代性赋能传统要素，带动技术效率提升。在物质资本要素方面，数据要素能够以其渗透性赋予传统物质资本数据化、智能化、网络化特征，提高物资资本的使用效率。数据本身可以实现数据资本化。数据资本蕴含了数字化的知识、信息与技术，具有边际收益递增、边际成本递减的特性，能够在投入要素不变的情况下，带动产出提升（徐翔等，2021）。在劳动要素方面，数据要素所具备的易复制、零边际成本等特征，能够克服传统要素的缺陷使数据要素实现对简单劳动的替代，减少重复性劳动的低技能岗位就业人数，减少对高中和初中学历劳动力的需求（Jeremy Rifkin，2014）。同时增加高技术密集型就业数量，增加对大学专科及以上学历劳动力的需求（Acemoglu 和 Restrepo，2019；孙早，2019）。这一替代过程将重塑劳动资源配置的形式，提高劳动生产效率与配置效率。

数字经济以融合催生的创新发展为内生动力，通过新业态、新模式带动技术效率提升。一是数字经济催生了一系列数字化产品和服务，包括大数据服务、云服务、移动应用程序等，创造了生产要素的分布式处理模式。分布式模式主体间呈现松散耦合、激励相容的协同共生关系，多方主体共享资源，共担风险，以共赢为目标实现发展，有利于技术效率的提升。二是数字经济与传统经济部门融合渗透，能够带动互联网医疗、融合化在线教育、线上办公、数字化治理等新业态创新发展，实现资源高效整合与再分配，不仅有利于矫正要素错配，更有利于推动人力资本、知识与技术等要素实现虚拟集聚，实现规模效率的提升。

②数字经济、技术进步与全要素生产率。数字经济的互联互通性，为分布式信息处理创造了条件，能够带动经济实现技术进步。在数字经济连接性赋能下，网络节点中的任意个体能够参与数据加工、处理过程，将提炼出的知识进行分享，实现数据效用的倍增。在信息共享的过程中，社会人力资本不断积累，进而推动社会整体实现技术进步（郭家堂和骆品亮，2016；Czernich 等，2011）。互联互通的数字平台改变了物与物、物与人、人与人之间的沟通方式，推动标准化、大规模生产模式转向定制化、服务化生产模式，倒逼传统行业采取创新行动以适应数字经济带来的改变。同时，在数字经济环境下，投资者能够利用数字技术的交互性与实时性，以低成本获取各类市场信息，畅通创新活动投资渠道，规避由信息不对称导致的道德风险和逆向选择，保证创新资源整合，加速技术进步（赵立斌和张莉莉，2020）。

数据成为核心生产要素，能够与算法与算力结合，创造现实世界的虚拟映射，实现技术进步。数据以非结构化的形式承载着人或物品的行为痕迹，通过算法与算力赋能数据，能够在赛博空间实现对物理世界的状态描述、原因分析、结果预测以及科学决策。有赖于数据要素的应用，物理空间与赛博空间交互映射实现数字孪生，各类创新主体能够借助数字孪生技术在赛博空间进行技术仿真模拟，实现反馈式设计与迭代式创新。例如，美国 SpaceX 公司利用数字空间模拟仿真技术进行产品研发。2020 年，SpaceX 公司进行的太空发射活动占美国太空发展总比重高达 68.3%①。创新环境由物理客观现实走向虚拟可控仿真，创新组织由封闭走向开放共享，为技术进步提供了新的创新生态环境。

数字经济以融合催生的创新发展为内生动力，成为技术进步强大的驱动力。数字经济本身涉及的领域属于高知识密度领域，例如第五代固网（F5G）、大数据、云计算、人工智能等。这些领域集聚着大量研发资金和人才优势，具备高研发强度和强创新性，能够带来颠覆式技术创新。同时，数字经济具备的强扩散性能够使传统产业不断与数字技术融合，激励传统行业采取创新行动以适应数字经济带来的物与物、物与人、人与人之间沟通方式的改变。因此，数字经济能够通过数字技术自身的创新属性以及通过扩散性赋予传统产业的创新能力促进技术进步。

3.4.2　数字经济对中观产业效率影响的作用机制

（1）数字经济对产业效率的直接影响

产业是经济高质量发展的“压舱石”，产业全要素生产率对促进经济高质量发展具有重要意义。数字技术—经济范式的变革不仅孕育了新的产业集群，而且以其渗透性广泛应用于其他经济部门，使不同产业领域融合碰撞，催生新业态。一方面，电子信息制造业、软件和信息技术服务业、互联网业等作为高新技术产业，其劳动生产率较高，产业体系规模不断扩大，成为推动经济高质量发展的新动能（任保平和李培伟，2022）；另一方面，数字技术的扩散应用加速了与传统产业的渗透融合，传统产业边界

① 数据来源：Bryce Space and Technology：《2020 卫星产业状况报告》。

逐渐消失，产业跨界重组形成新业态，产业从分立走向融合，产业组织模式不断更迭，带动产业效率提升（Heo 和 Lee，2018；郭美晨，2019）。

①数字经济促进了产业融合。从产业组织视角来看，产业融合是产业边界收缩或消失的新经济现象。产业融合遵循技术融合—业务融合—市场融合—产业融合的演化规律（Curran 和 Leker，2011）。在数字经济时代，数字技术在其他技术领域渗透，实现了技术融合。例如 3D 打印就是生物技术、信息技术和制造技术的融合。产业部门间的技术壁垒因技术融合而消失，由此产业部门开始重新整合要素资源，发展出适应融合技术的融合业务，如服务型制造、农业电子商务等。新产品、新服务等进一步催生市场需求、创造市场融合，使融合后的产业介入传统产业的市场空间。数字经济促使制造业产业形态逐渐从生产型制造向服务型制造转变，生活型服务业逐渐向生产性服务业发展，农业逐渐向服务化靠拢，原有产业边界逐渐消失，产业从分立走向融合。产业在融合发展的过程中，一方面能够促进人才、知识、技术等各类要素在产业间实现自由流动，推动要素高效配置，在产业间形成优势互补与价值链重构，增加产业产出；另一方面融合产业为了获得持续增长将不断进行研发创新，并在“干中学”中产生技术外溢效应，带动传统产业技术水平提升，提高产业效率。

从产业进化发展的视角来看，产业融合是产业（行业）之间突破彼此产业边界，实现互相渗透的结果。产业经过动态融合的过程实现进化发展，形成新的产业。数字经济从虚拟空间向实体空间拓展，形成了以产业融合为典型特征的技术经济范式，催生出了一系列新产品、新业态、新模式。相较于传统业态，数字经济新兴业态以数字技术应用为主，能够突破产业的要素禀赋局限，深化产业分工，进而实现产业间的内生比较优势，提升产业竞争能力，带动产业全要素生产率提升。

②数字经济优化了产业组织模式。产业组织模式是指产业体系的具体构成方式和运行方式的总和（蔡绍洪，2010）。在数字经济时代，消费者

需求呈现个性化与差异化，产业上下游之间由固定生产工序绑定所形成的生产合作关系转变为由异质性需求主导的任务型关系，生产方式由传统的“标准 + 集中”转变为“定制 + 分布”（任保平，2020）。相应地，产业组织模式由垂直一体化的大企业模式逐步演变为以网络平台为核心的模块化模式。该模式具备更高的生产柔性与组织柔性，能够更好地适应多变的市场需求，抵抗市场风险。同时，模块化产业组织模式有利于发挥组织成员间的比较优势，形成高度互补的专业化分工体系，发挥产业协同效应，从而带动产业 TFP 实现提升。

从产业空间组织模式来看，数字经济以其万物互联互通的特征打破了传统产业集聚对地理空间临近的依赖，以数据信息融合的方式在网络空间中建立了一种更加紧密耦合的关系，形成了线上与线下融合的产业集聚新形态——虚拟集聚（王如玉等，2018）。在虚拟集聚的产业空间组织方式下，各主体间数据和信息交换能够实现实时互通，产业链上下游不再需要依靠地理空间上的临近来规避成本，而是通过数字化手段主动筛选合作伙伴与消费服务对象，减少信息匹配与选择成本，避免地理集聚导致的拥塞效应，从而提高产业全要素生产率。

③数字经济提高了产业劳动生产率。数字经济有助于提高农业劳动生产率，具体表现为一是数字经济能够通过无线传感、远程定位、数据通信等技术赋能农业生产端，实现农业机械自动驾驶、自动收割、数字智能植保、产量智能预测等，推动农业育种、播种、培植、除草、收割等多环节实现机械化、规模化，从而推动土地—劳动比率与土地生产率提升（高帆，2015）。二是数字经济能够以其互联互通特征，以大数据和互联网络平台赋能农业销售端，打通农业销售“信息孤岛”，实现农产品市场价格动态检测，减少农业生产—售卖—购买—售后阶段的衔接疏漏，减少农业信息不对称，降低农业交易成本和社会成本。数字经济新业态、新模式，如“社区团购”“直播带货”等新零售模式能够拓宽农产品销售渠道与农

产品服务范围，提高农业产值转化率，从而为农业劳动生产率提升提供助力。

数字经济有助于提高制造业劳动生产率，具体表现为一是数字技术以其连接性赋能各制造环节高效沟通。随着数字技术的不断进步，互联网、物联网等技术以及传感器等设备在制造业各环节中渗透应用，实现机器与机器之间、机器与生产系统之间、生产企业上下游之间的实时交互，创造了具有智慧决策、产品生产全流程追踪特点的智能生产模式，以及由不同工业企业共同参与研发设计、生产、运行维护的网络化协同制造模式，优化了制造业行业的生产效率（Brynjolfsson 和 Mitchell，2017）。二是数据为智能生产提供了核心生产要素。在产业链各环节产生的海量数据能够提高智能制造的精准度，加深供需端的动态匹配。电子商务、社交网络等新业态、新模式层出不穷，推动消费者需求向个性化、特色化发展，消费结构向高端型，自我实现型转变（马香品，2020）。这一转变将倒逼制造产业建立“数据 + 算力 + 算法”的智能制造技术体系，形成以用户为中心、根据用户多样化需求生产的个性化定制模式，推动制造业在价值链、组织链和空间链发挥倍增效应、协同效应和聚合效应，进而提升制造业劳动生产率（高煜，2019）。三是数字经济倒逼中低端制造业转型升级。随着数字技术在各行业的渗透融合，高数字化水平制造业将形成强者恒强的“马太效应”，形成市场竞争优势，倒逼劳动密集型和资本密集型制造业转型升级，优化制造业劳动生产率。

数字经济有助于提高服务业劳动生产率，具体表现为一是数字技术为服务赋予了实体物品的属性（江小涓和罗立彬，2019）。在数字技术的赋能下，服务产品将克服自身难以储存和运输的属性，实现跨区域跨时空的交易。例如，网络教育信息资源服务，能够在权限被允许的情况下自由传递并多次使用。在这一过程中，服务的边际生产成本趋近于零。从需求方面来看，服务业的需求来源从实体近场延伸到了虚拟远端，服务业的需求类型从依赖供给拓展到了自主定制。从供给方面来看，服务业的供给对象从特定个体拓展到了广泛群体，供给数量从有限变为无限制且迅速的增长。从供给需求结合来看，数字经济能够赋予服务的供给端与需求端时空异步性，使服务产品能够借助机器进行生产与消费，为服务业形成规模经济创造了条件，也为有效克服“鲍莫尔”成本病问题（Baumol，1967）提供了途径，为实现服务业劳动生产率提升提供了契机。二是数字经济催生了平台经济、共享经济等新业态新模式，推动了服务行业间资源共享。数字技术赋能服务行业线下闲置资源，推动就业模式从企业雇员向自由连接体转型，劳动者借助网络平台与消费者直接相连。推动商业模式从少数参与的集中式向多方参与的分布式转型，闲置资源通过网络平台与需求端实时匹配。“平台+共享”的模式消减了市场信息不对称性，有效调节了服务业要素供需平衡，盘活了服务业闲置资源，从而降低了人力成本、生产成本、运营成本等各类成本，实现服务业劳动生产率提升。

（2）数字经济对产业效率的间接影响

与宏观层面全要素生产率的提升机制类似，数字经济同样能够通过连接—数据—融合的逻辑链条推动农业、制造业和服务业技术效率改善和技术进步，进而提高产业全要素生产率。与此同时，技术—经济范式理论与Aghion（2021）创造性破坏思想指出，由新技术引发新经济范式的过程中充斥着新技术对旧技术的淘汰，存在劳动者素质难以与新范式匹配，旧基础设施难以适应新范式发展等问题，从而诱发经济发展浪潮的衰退。已有研究同样发现数字经济的生产率红利释放需要具备与数字经济发展水平相匹配的关键性资源，否则将产生“生产率悖论”（Lee等，2005；Wamba等，2017）。因此，本书从人力资本结构和新型基础设施投资两方面互补要素出发，分析数字经济对产业全要素生产率的间接影响机制（见图3-3）。

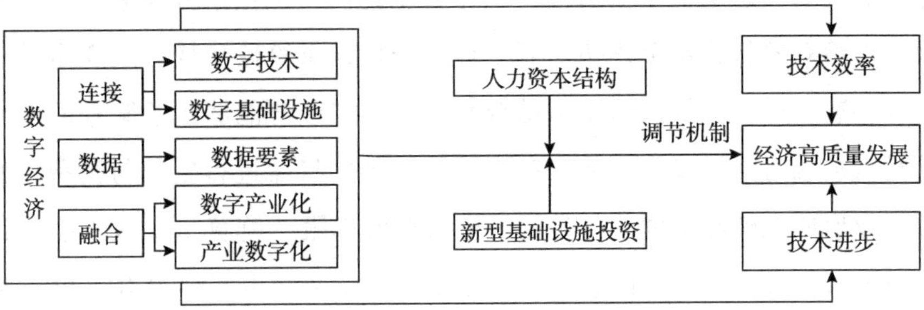

图3－3 数字经济对中观产业效率影响的作用机制

①人力资本结构对数字经济与产业全要素生产率的调节作用。人力资本结构能够正向调节数字经济对产业 TFP 的提升作用，主要体现在以下两方面。一是数字经济发展以数字技术为核心驱动力，而数字技术属于技能偏向型技术，在产业应用过程中需要与具备熟练使用数字技术、具备数据分析能力的劳动力相匹配。相应地，高素质或高技能型劳动力所具备的分析问题、组织协调能力，对数字技术应用进行了有益补充，能够提高数字技术的使用效率。同时，高技能劳动力通常被认为具有更高的认知能力和社交能力，能更好地完成非程序化任务（Autor 和 Dorn，2013）。在当前阶段，数字技术多应用于对程序化任务的替代，高技能劳动力由此可以充分利用自身比较优势进行更多创造性工作，提高产业全要素生产率。二是数字技术—经济范式的变革引发了产业生产流程、组织模式的改变。这种转变为劳动者赋予了更多自行选择行为方式的权利，也对劳动者分析解决问题的能力提出了更高的要求。高技能、高素质劳动力更容易适应新的产业生态环境，在产业组织模式的变革中实现协同创新（何小钢等，2019）。

②新型基础设施投资对数字经济与产业全要素生产率的调节作用。新型基础设施投资能够正向调节数字经济对产业全要素生产率的提升作用，主要体现在以下两方面。一是新型基础设施具有万物互联、人机交互等特征，能够赋予机器智能化属性，帮助机器设备实现自主识别、自

主操控、智能运算与分工协作。同时新型基础设施体现为资本扩展型技术，能够有效促进技术密集型产业对劳动密集型产业进行替代，从而带来产业全要素生产率的提升（郭凯明等，2020）。新型基础设施投资的增加，有利于降低行业的市场进入门槛，协助各行业实现数字化转型，发挥数字经济的生产率提升效能（Donaldson 和 Hornbeck，2016）。二是新型基础设施投资能够深化数字经济对产业全要素生产率提升的溢出效应。新型基础设施投资与大数据、云计算、5G 等技术的研发活动以及金融服务业、商贸服务业密切相关。这意味着数字经济能够通过建设新型基础设施增加服务业投资比重，增加服务产品的需求。同时，新型基础设施还为实现区域间高效便捷的互联互通提供了保障。产业（行业）有赖于新基建的普及实现跨区域的虚拟集聚，能够加深不同行业间的研发合作与资源共享，为实现更大范围的技术扩散创造新机遇，从而对各产业的生产率提升产生积极影响。

3.4.3　数字经济对微观企业效率影响的作用机制

（1）数字经济对企业效率的直接影响

企业是微观市场的主体，是社会生产力的基本载体，也是支撑经济实现高质量的基石。企业全要素生产率衡量了企业对生产要素的利用情况，企业生产有效率是指企业在给定投入集合约束条件下，按照要素边际生产力组织生产时达到了产出最大化。企业全要素生产率涵盖了技术进步、管理效率、规模效应等因素对产出的贡献。数字技术—经济范式通过连接—数据—融合的规律特征加深了消费者与消费者、企业与消费者、企业与企业之间的沟通互动，通过生产的规模经济和范围经济，为企业创造利润。通过精准的匹配机制减少交易不确定性，实现供求的动态均衡，降低企业交易成本。通过从人工化向智能化、数字化转型，从企业内部的纵向化向生产网络之间的扁平化与分布式转型，改善企业生产流程。通过推动组织环境从简单向复杂演进，从稳态向动态发展，提高企业竞争优势。随着数字经济的不断发展与数字化在企业中的全面应用，企业在盈利模式、交易成本、生产流程、组织环境等方面都进行了适应性调整与优化，进而不断提高价值创造的能力。

①数字经济颠覆了企业盈利模式。数字经济通过规模经济与范围经济为企业提供了新的盈利模式（任保平，2020）。企业盈利模式即企业获取利润的方式。在相同的生产要素投入条件下，企业利润越高，则企业生产率越高。企业利润 π 取决于总收益 TR 和总成本 TC 的相对大小，即 $\pi = TR - TC$ 。一方面，数字经济促进了规模经济。在工业经济背景下，传统产品边际成本的降低会受到要素的专业化分工、管理的低效率等因素限制，从而难以实现最优生产规模（裴长洪等，2018）。而在数字经济时代，企业边际成本呈现递减规律甚至达到零边际成本（Jeremy Rifkin，2014），因此企业倾向于采用无限扩大规模的生产方式来降低长期平均成本，达到规模经济的效果。另一方面，数字经济拓展了范围经济。在工业经济时代，企业通常借助产品生产技术的关联性，通过生产多种产品以降低总成本，实现生产上的范围经济（丁志帆，2020）。而在数字经济背景下，范围经济的实现条件从产品相关性变为市场占有率与用户数量（杨新铭，2017）。在高市场占有率与海量用户的基础上，企业不仅能够销售少品种大批量的产品，而且能够销售多品种少批量的产品，从而实现范围经济。

②数字经济降低了企业交易成本。交易成本是经济系统运转所要付出的全部时间或货币成本，包括交易双方进行信息搜寻、谈判、信任、缔约费用等（Williamson，2002）。数字经济以其跨时空互联互通的特性，减少了交易中的不确定性，提高了交易频率以及抑制了交易中的信息错位，从而降低了企业的交易成本，提升了企业效率（黄群慧等，2019；石大千

等，2020）。具体表现为一是数字经济降低了信息搜寻成本。数字经济使企业获取信息的渠道与方式发生了根本改变。在数字技术的引导下，实体世界和网络虚拟空间实现了互联，企业能够通过互联网络获取广泛信息（Acemoglu 和 Restrepo，2018）。二是数字经济降低了匹配成本。在数字经济背景下，消费者行为痕迹信息以数据的形式进行存储，企业据此能够对消费者的偏好进行追踪，以更好地为消费者提供定制化的产品及服务，实现供需的精准匹配（Dube 和 Misra，2017）。三是数字经济降低了信任成本。数字技术能够简化产品质量、企业资质信息等的验证，并由此创造“数字信誉”。在数字技术赋能下，数字信誉体系能够依据企业行为记录累计虚拟信用积分，使产品和服务变得透明化、可视化，增强消费者在交易过程中的信任程度，降低信任成本。

③数字经济改善了企业生产流程。生产是企业创造经济效益的核心环节。数字经济能够改善企业生产流程，带动企业全要素生产率提升。一方面，数字经济通过企业生产流程数字化与智能化提升企业效率。物联网、人工智能、工业互联网等数字技术的使用能够帮助企业实时观测并记录生产数据，再以大数据技术挖掘提炼出有价值的信息，据此实现对原材料采购、产品生产的预测，协助企业优化资源配置，支撑企业灵活应对市场的多样化需求，提高企业生产率（戚聿东和蔡呈伟，2020）。另一方面，数字经济背景下，企业生产流程由企业内部的纵向化演变为生产网络之间的扁平化与分布式（唐亚汇和李凌，2017）。在传统经济形态下，制造业企业生产活动并不是均匀连续的，通常存在生产线、生产工人的闲置问题。而数字经济下，生产活动不再以企业为中心，而是以产品为中心组织生产。产业互联网平台能够将所有企业生产设备、人员等汇聚在虚拟空间中，并根据市场需求将不同工序分配给闲置生产设备与剩余劳动力，从而提高资源的配置效率，提升企业生产率。

④数字经济改变了企业组织环境。组织环境是影响企业运行的全部潜

在影响的总和，涵盖内部环境和外部环境（Stephen 和 Coulter，2004）。在外部环境中，根据复杂适应系统理论，企业组织环境可以通过简单与复杂维度、稳定与动态维度进行排列组合，形成四种外部环境（Jarratt 和 Thompson，2012）。随着数字经济的兴起，数字技术的渗透应用导致市场周期与产品生命周期缩短，新产品不断更新，竞争力度加剧，组织环境从简单向复杂演进，从稳态向动态发展，“复杂—动态的环境”成为数字经济下企业组织环境的常态。“复杂—动态的环境”能够刺激企业发挥创新能动性，促使企业开展商业模式创新、组织架构创新、生产流程创新以及企业文化创新，帮助企业实现对环境的主动适应，提高企业全要素生产率（李辉，2019）。在内部环境中，企业内部组织结构在动态环境下更趋向于扁平化，企业内部信息沟通趋向便捷化，决策下达趋向精准化。因此，数字经济不仅为企业减少了信息沟通的成本，也缓解了管理者进行决策判断时的信息不对称问题，提高了企业决策的效率。

（2）数字经济对企业效率的间接影响

企业全要素生产率衡量了企业的投入与产出能力。企业 TFP 越高，代表该企业在生产要素投入既定情况下实现了产出最大化，或者在产出既定情况下控制投入成本实现了最小化。从长期来看，创新是企业全要素生产率持续提升的动力源泉。根据达夫特（Daft，1978）的“创新双核心理论”，企业创新主要包括技术创新和管理创新。技术创新强调与技术相关的产品和工艺创新、技术知识与技术资源等。管理创新关注组织结构、组织行为、管理制度等方面。企业是一个由技术体系和管理体系构成的复杂系统（韩晨等，2018）。数字技术—经济范式的变革将以连接—数据—融合为企业技术创新与管理创新赋能，带动企业全要素生产率提升。本书从技术创新和管理创新两个方面分别阐释数字经济影响企业全要素生产率的作用机制（见图 3 - 4）。

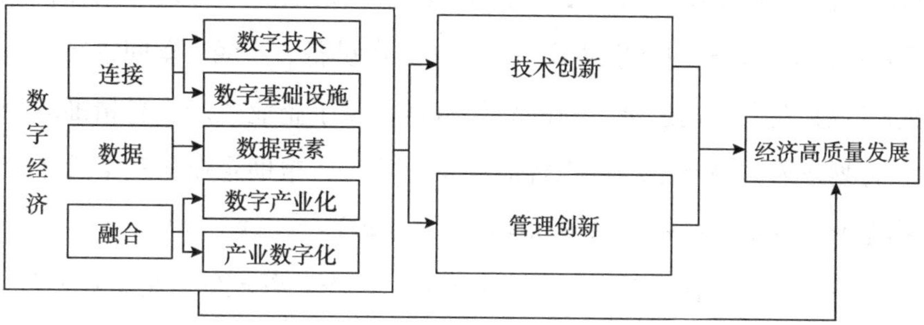

图 3-4　数字经济对微观企业效率影响的作用机制

①数字经济、技术创新与企业全要素生产率。技术创新是企业实现效率提升的源泉。技术创新是指开发新技术或应用已有技术来改进或创造新产品、新服务或生产过程，从而实现生产要素的重新组合并获得潜在利润的一系列经济活动。技术创新的内涵不仅包括技术系统本身的更新，更强调将科技成果引入生产过程所带来的生产要素重组，以及转化为商品或工艺的全过程（王桂荣等，2009）。在数字经济时代，在大数据、区块链、边缘计算等数字技术的赋能下，传感器、监控设备、工业机器人等的使用为产品与消费者、不同生产工序以及生产设备与上下游厂商进行实时联通与有效交流建立了平台，推动了人员、物料、资金等资源在研发、生产环节实现动态合理的配置，从而提高了企业的资源配置效率。

按照创新对象的差异来划分，技术创新包括了产品创新与过程创新。从产品创新来看，数字经济的发展推动了 3D 打印、虚拟现实技术、增强现实技术等在产品或服务中的应用，创造了 3D 打印器官、房屋以及无人驾驶汽车、太阳能无人机、智能穿戴设备等新产品，增强了企业市场竞争力，为企业拓宽了利润来源渠道；从过程创新来看，在研发过程中，人工智能、区块链、云计算、大数据等技术为企业在开源的生态系统中进行协同研发提供了空间。企业能够借助数字技术搭建内外部开放式的研发创新平台，凝聚多方技术、资源与能力开展虚拟实验、智能仿真、AI 辅助设计的研发活动。优化研发的速度与质量，降低研发的成本（戚聿东和肖旭，2020）；在生产过程中，借助数字技术对生产设备、产线、车间进行改造，能够实现企业生产制造全过程的数据流通，赋予企业生产物料精准取用、生产计划按需调整与生产流程智能决策等能力，帮助企业实现柔性生产，提高企业全要素生产率（徐鹏和徐向艺，2020）。

②数字经济、管理创新与企业全要素生产率。管理创新是企业实现效率提升的重要途径，具体包括企业组织结构、管理实践等方面的重新塑造与优化（Volberda 等，2013）。数字技术经济范式下，企业发展的驱动要素、关键资源、追求目标等均发生了变革。在传统经济范式中，物质资本与技术等是企业获得竞争优势的主要来源。但在数字经济背景下，人力资本与知识积累成为保证企业竞争优势的首要因素。这就需要企业进行组织结构创新，以保证核心生产要素的有效配置（刘培刚，2014）。同时，数字技术在经济社会中的广泛应用为企业与企业之间、企业与用户之间建立起了泛在互联的沟通网络，增加了用户参与生产活动的机会，提高了用户在市场中的地位，促使企业目标由利润最大化主导转向用户价值主导。为了应对这一变革，企业也势必需要对各项职能活动作出适应性创新，进而推动生产率的提升（Porter 和 Heppelmann，2014；戚聿东和徐凯歌，2021）。

数字经济驱动企业管理创新主要表现在企业组织结构创新与企业营销创新两方面。一是企业组织结构创新。传统经济范式下金字塔式的企业组织结构虽然有利于分工，但也存在管理成本过高、信息传递不畅等弊端，难以对数字经济时代复杂多变的市场需求作出及时响应。在数字经济下，个体以网络节点的形式通过数据建立实时的信息交互，促使分工呈现出网络化、协同化与实时化的特点，并由此驱动企业组织结构向着扁平化、网络化发展。扁平化与网络化的组织结构能够以用户为中心，实现业务流程之间的良好沟通与协调配合，有利于提高数据与信息的传递效率，降低沟通成本，加快资源整合速度，提高企业生产率（戚聿东等，2021）。二是企业营销创新。大数据、机器学习等技术的使用，使企业营销的 4P 理论向着产品快速迭代、定价策略“免费 + 体验”、促销信息对称且依赖口碑以及渠道跨界多样方向演进。数字化的营销方法的优势首先体现在便于企业充分了解消费者的需求信息。利用数字技术，企业能够根据消费者的行为数据了解其价值诉求，进而为消费者提供精准个性化的营销服务，实现营销资源的有效配置。其次是有利于降低企业经营成本。数字化营销以平台为载体，直接将企业与消费者进行联系，加速了商品流、资金流、信息流的流动，降低了企业搜寻、复制、运输、追踪及验证等多种成本（Goldfarb 和 Tucker，2019）。

3.5　本章小结

首先，本章对效率视角下经济高质量发展内涵进行界定；其次，基于技术—经济范式理论对数字经济的内涵与特征进行提炼概括；再次，在 Aghion 和 Howitt（2009）的多部门熊彼特内生增长模型基础上，将数字技术纳入研发部门生产厂商行为，对数字经济与经济高质量发展的关系进行模型化表述与推导；最后，以“连接—数据—融合”为逻辑主线，结合全要素生产率理论、产业组织理论、管理创新理论等，从宏观、产业和企业三个层面剖析数字经济对经济高质量发展的影响机制，回答数字经济为何能够影响经济高质量发展，数字经济如何影响经济高质量发展的问题。主要结论包括：

①从经济高质量发展的内涵来看，经济高质量发展的核心内容就在于从宏观经济、中观产业和微观企业三个层面实现全要素生产率的持续稳定提升。②从数字经济的内涵与特征上看，数字经济是具有技术经济范式特征的新型经济形态。数字技术经济范式的结构包括驱动力、新结构与新形

态、新价值、高质量发展四部分。这四部分构成了正反馈的闭环，从而使数字经济本身就符合经济高质量发展的目标与要求。数字经济的技术—经济特征可以概括为连接、数据与融合。连接构筑了数字经济发展的基本空间，数据是驱动数字经济发展的核心生产要素，融合是催生数字经济创新发展的内在动力。③从数理模型来看，数字经济发展能够通过促进技术进步增长率提升，推动全要素生产率，实现经济高质量发展。④从作用机制来看，数字经济对经济高质量发展的直接影响体现为：在宏观效率层面，通过提高劳动生产率、提升资本生产率、激发创新效率与优化资源配置效率助推经济实现高质量发展；在中观效率层面，通过促进产业融合、优化产业模式和提升产业劳动生产率推动经济实现高质量发展；在微观效率层面，通过颠覆企业盈利模式、降低企业交易成本、改善企业生产流程及改变企业组织环境推动经济实现高质量发展。数字经济对经济高质量发展的间接影响机制体现：一是从 TFP 的增长来源出发，数字经济能够通过改善技术效率和实现技术进步推动全要素生产率增长；二是高技能劳动力和新型基础设施投资能够增强数字经济对产业全要素生产率的推动作用；三是根据企业创新的双核心理论，数字经济能够通过技术创新和管理创新推动企业全要素生产率提升。

第4章　数字经济规模及其发展水平测度分析

随着数字经济的蓬勃发展，如何对数字经济进行测度成为研究的重点问题。目前学界和政府部门对数字经济的测度思路大体可分为两类。一是测算数字经济规模。目前，学者们集中于对中国整体层面以及国内省级层面数字经济规模进行测算，鲜有研究从国际比较的视角测算世界各国数字经济规模，从而难以客观反映中国数字经济发展在国际中的排位。本书提出了一种具有国际可比性的数字经济规模测算方法并对2005—2018年38个国家的数字经济规模进行了测算。二是通过多维指标测度数字经济发展水平。现有研究多从数字经济发展的基础条件、外部环境与融合应用等维度，选取统计数据对数字经济发展水平进行测度。虽然取得了一定的研究成果，但仍存在对数字经济指标的涵盖面不足，数据时效性与可获得性差等问题。本书基于数字经济的内涵，从数字技术、数字基础设施、数据价值化、数字产业化和产业数字化五个维度构建了中国数字经济发展水平测度指标体系，采用熵值—TOPSIS法从整体和地区两个方面测度2011—2019年中国数字经济发展水平，并对数字经济发展的时空演变与区域差异进行了分析。本章研究结果将为后续实证检验提供数据支撑。

4.1 数字经济规模测算与国际比较

4.1.1 数字经济规模测算方法

根据经济合作与发展组织（OECD，2018）对数字经济规模测算的指导意见，当前可采用数字经济相关产业的增加值来衡量数字经济的规模大小。本书在参考中国信通院（2017）、SNA（2018）、BEA（2019）等研究的基础上，认为数字经济规模既包括与数字技术直接相关产业的增加值（数字产业化部分增加值），也包括数字技术与传统产业融合所带来的产品和服务的增加值（产业数字化部分增加值）。

数字产业化增加值测算方法。数字产业化部分采用将国民经济统计体系中界定的数字行业增加值直接加总的方法进行测度。根据 OECD 发布的 ISIC Rev. 4 统计分类标准，选取其中的计算机、电子和光学产品制造业（26 Manufacture of computer，electronic and optical products）、电信业（61 Telecommunications）和计算机编程、咨询及相关活动业（62 Computer programming，consultancy and related activities）以及信息服务活动业（63 Information service activities）为数字行业。

产业数字化增加值测算方法。产业数字化增加值是数字经济规模测算的难点，现有研究主要考虑如何把传统产业产出中数字技术的贡献部分剥离出来。蔡跃洲（2018），提出了“先增量后总量、先贡献度后规模”的测算思路，采用生产函数法对数字经济融合部分进行测度。根据此思路对数字经济规模展开具体测算时，需要借助丰富的细分行业统计数据，但国际上对于相关基础数据的公布仍不充分。因此，本书采用基于投入产出关联的核算方法，通过投入产出表中各行业数字产品和服务的投入与行业产出的对应关系，测算数字技术应用对传统行业产出的带动，即

$$\text{产业数字化增加值} = \sum_{i=1}^{n}\left(\frac{\text{第}\,i\,\text{非数字行业的数字投入}}{\text{第}\,i\,\text{非数字行业的全部投入}} \times \text{第}\,i\,\text{非数字行业增加值}\right)$$

假设所有非数字行业的数字投入与非数字投入对行业增加值的贡献程度是无差异的。式中，第 i 非数字行业的数字投入与全部投入之比代表了该非数字行业中数字投入对总增加值的贡献程度，将其与该非数字行业增加值相乘即表示数字经济与该非数字行业融合带来的增加值。OECD 的 ISIC Rev. 4 标准下共统计了 36 个行业的投入产出数据，除去本书定义的数字行业外，非数字行业共有 32 个。

4.1.2　数据来源与样本说明

数字经济规模测算数据来源于经济合作与发展组织 STAN 数据库（OECD Structural Analysis Database）。研究样本为 38 个国家（具体见表 4－1），样本选取的原因：一是 2018 年这 38 个国家在阿里研究院《2018 全球数字经济发展指数报告》中数字消费和数字商业生态指数排名全球前 50，具有一定的代表性；二是这 38 个国家有连续完整、统一统计口径的行业投入产出及增加值数据。样本时间区间为 2005—2018 年，一是 2005 年全球网民首次突破 10 亿人，数字技术对经济社会的渗透开始起步，因此选取 2005 年为研究起点；二是测算时需采用各国投入产出表数据，该数据目前更新至 2018 年。

4.1.3　数字经济规模测算结果与国际比较

当前，世界主要国家纷纷将数字经济作为国家核心发展策略，通过制定系列数字经济发展政策与规划抢占新一轮经济进程的制高点。在中国，党和国家也始终将发展数字经济置于战略高度。准确把握中国在全球数字经济中的地位，寻找中国数字经济发展的薄弱环节至关重要。因此，本书根据前文提出的测算方法，计算得到全球38个国家的数字经济规模及其占GDP的比重。具体如表4－1所示。

表4－1　2018年38个国家数字经济规模及其占GDP的比重

排序	地区	数字经济规模（亿美元）	数字产业化规模（亿美元）	产业数字化规模（亿美元）	数字经济规模占GDP比重（%）
1	美国	18692.98	7959.39	10733.59	9.08
2	中国	8876.77	3253.50	5623.27	6.39
3	日本	5204.14	1905.18	3298.95	10.50
4	英国	3282.04	1793.66	1488.37	11.47
5	德国	3184.46	1464.84	1719.62	8.06
6	韩国	2241.22	838.47	1402.75	13.84
7	法国	2079.84	917.25	1162.59	7.46
8	印度	1600.14	446.83	1153.31	5.90
9	意大利	1398.09	719.88	678.21	6.70
10	巴西	1239.12	622.28	616.84	6.57
11	加拿大	1130.49	487.71	642.78	6.59
12	澳大利亚	1034.31	542.12	492.19	7.21
13	俄罗斯	1001.94	551.04	450.91	6.00
14	荷兰	775.19	378.19	397.00	8.48
15	西班牙	729.94	336.98	392.96	5.14
16	瑞士	729.31	226.44	502.87	10.34
17	墨西哥	630.10	330.37	299.73	5.16
18	新加坡	532.24	140.54	391.69	14.26
19	瑞典	507.34	198.14	309.19	9.13
20	以色列	499.44	133.43	366.01	13.48
21	爱尔兰	418.87	160.32	258.55	10.95
22	土耳其	412.17	168.14	244.03	5.34
23	波兰	384.50	192.28	192.22	6.55
24	芬兰	353.63	152.16	201.48	12.82
25	挪威	346.28	233.60	112.68	7.98
26	丹麦	288.27	161.37	126.90	8.10

续表

排序	地区	数字经济规模（亿美元）	数字产业化规模（亿美元）	产业数字化规模（亿美元）	数字经济规模占GDP比重（%）
27	奥地利	281.41	120.79	160.62	6.18
28	南非	267.80	164.49	103.32	7.27
29	捷克	209.65	82.85	126.80	8.56
30	罗马尼亚	190.38	76.34	114.04	7.88
31	智利	166.97	86.90	80.07	5.60
32	葡萄牙	165.42	87.43	77.99	6.86
33	匈牙利	130.18	56.09	74.09	8.25
34	新西兰	112.82	53.69	59.12	5.43
35	希腊	102.93	42.48	60.45	4.72
36	卢森堡	84.82	48.85	35.97	11.96
37	斯洛伐克	65.79	26.79	39.00	6.22
38	斯洛文尼亚	39.12	18.48	20.64	7.24

注：国家顺序按数字经济规模从大到小排列。

从表 4－1 可以看出，2018 年中国数字经济规模列全球第 2 位。可见中国数字经济发展在全球竞争中具有总量优势。中国近年来一直重视数字经济建设在经济高质量发展中的核心驱动作用，在新一代数字技术开发和应用上取得了斐然成效。数字经济规模排名前 10 位的国家中，发展中国家[①]有 3 个，分别为中国、印度和巴西。总体来看，发达国家的数字经济规模明显高于发展中国家，一定程度上反映出数字经济建设与经济发展水平之间具有良好的互动关系。从数字产业化和产业数字化来看，63% 的国家产业数字化增加值对数字经济总体规模的贡献都大于数字产业化。这意味着，产业数字化不仅在驱动数字经济发展中扮演了关键引擎，更在带动实体经济产出增长与效率提升中发挥了重要作用。从数字产业化和产业数

① 发达国家和发展中国家的划分依据为联合国教科文组织发布的《2021 年人类发展指数报告》。

字化增加值的排名来看，排名前3位的国家均依次为美国、中国和日本。但中国与美国在数字产业化与产业数字化规模上仍存在一定差距。2018年中国数字产业化增加值约为美国的40.88%，产业数字化增加值约为美国的52.39%。从数字经济增加值占GDP比重来看，占比排名前3位的分别为新加坡、韩国和以色列，说明数字经济在其国民经济中已占据重要地位。而2018年中国数字经济规模占GDP比重为6.39%，排名第28。由此可见，数字经济在中国国民经济增长中的贡献相对较小，这可能跟数字经济发展的时间较短有关，中国数字经济未来还有很大发展空间。

图4-1展示了2005—2018年中国数字经济规模及其占GDP的比重。从图4-1可以看出，2005—2015年中国数字经济规模逐年增加，2016年略有下降之后又迅速攀升，2018年中国数字经济规模较2005年增长了5.03倍。本书对数字经济的核算范围界定和测算方法借鉴了BEA等国际组织的经验，与中国信通院的计算口径有所不同。根据本书测算结果，2017年中国数字经济增加值为54231.6亿元，占GDP比重达6.53%。根据许宪春和张美慧（2020）的测算结果，2017年中国数字经济增加值为53028.85亿元，占GDP的比重达到6.46%。Barefoot等（2018）、ABS（2019）和BEA（2019）测算2016年美国数字经济增加值为120.92百亿

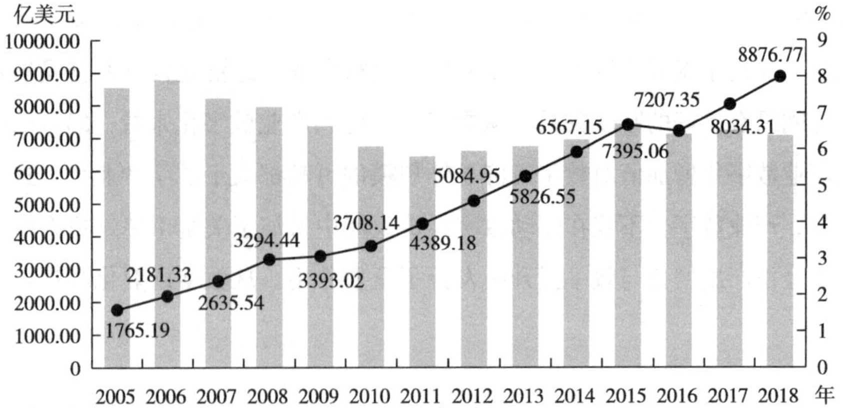

图4-1　2005—2018年中国数字经济规模及其占GDP的比重

美元，占 GDP 的比重达到 6.50%，澳大利亚数字经济规模为 9.35 百亿美元，占 GDP 的比重达到 5.70%。而本书测算的 2016 年美国数字增加值为 169.93 百亿美元，占 GDP 的 9.08%，澳大利亚数字经济增加值为 9.94 百亿美元，占 GDP 的 7.80%。可见本书测算结果具有一定信度。

4.2　中国数字经济发展水平测度分析

4.2.1　测度指标体系构建与数据说明

(1) 测度指标体系构建

数字经济是具有技术经济范式特征的新经济形态，其主要特征表现在连接、数据和融合三个方面。其中，数字技术和数字基础设施为数字经济形成互联互通的连接提供了基础支撑和保障；数据价值化体现了数据要素的经济作用；产业数字化和数字产业化是数字经济融合的具体表现。在借鉴现有研究相关指标选取的基础上，本书构建了由数字技术、数字基础设施、数据价值化、数字产业化和产业数字化 5 个一级指标和 22 个基础指标构成的数字经济测度指标体系，具体如表 4－2 所示。

表 4－2　　　中国数字经济发展水平测度指标体系

目标	一级指标	序号	基础指标（单位）
数字经济发展水平	数字技术	1	人工智能专利数（个）
		2	工业机器人专利数（个）
		3	数字技术相关百度指数（－）
	数字基础设施	4	互联网宽带接入端口数（万个）
		5	网页数（万个）
		6	数字电视用户数（万户）
		7	每百家企业拥有网站数（个）
		8	电子信息产业固定资产投资额（亿元）

续表

目标	一级指标	序号	基础指标（单位）
数字经济发展水平	数据价值化	9	数据交易所/数据交易平台数（个）
		10	云计算企业排名全球前10的企业数量（个）
		11	政府工作报告中“数据要素”相关词汇出现频率（-）
	数字产业化	12	手机、集成电路和微型计算机设备产量（万台）
		13	通信设备、计算机及其他电子设备制造业主营业务收入（亿元）
		14	电信业务总量（亿元）
		15	信息传输、软件和信息技术服务业就业人员（万人）
		16	软件业务收入（万元）
	产业数字化	17	农村宽带接入用户数（万户）
		18	开通互联网宽带业务的行政村比重（%）
		19	规模以上工业企业技术改造经费支出（万元）
		20	信息化与工业化融合发展指数（-）
		21	数字普惠金融指数（-）
		22	电子商务交易额（亿元）

在数字技术方面，数字技术的互联互通性是数字经济实现高效率发展的主要方式。本书共选取人工智能专利数、工业机器人专利数、数字技术相关百度指数3个基础指标来反映数字技术发展水平。其中，人工智能专利数和工业机器人专利数反映了数字技术的发展潜力。数字技术相关百度指数用于刻画数字技术的关注度。百度指数以海量网民搜索行为数据为基础，被广泛应用于高质量发展水平（刘家旗和茹少峰，2021）、旅游关注度水平（高楠等2020）等的测度研究中。本书参照中国信通院的研究，选取新兴数字技术关键词包括：“5G”“大数据”“人工智能”“移动互联”“云计算”“物联网”和“区块链”。

在数字基础设施方面，以互联网平台为依托的数字基础设施为数字经济发展提供了基础条件。本书共选取互联网宽带接入端口数、网页数、数字电视用户数、每百家企业拥有网站数和电子信息产业固定资产投资额5个基础指标来反映数字基础设施发展水平。其中，互联网宽带接入端口数、网页数、数字电视用户数、每百家企业拥有网站数反映了数字基础设施的普及程度与在企业中的应用状态。电子信息产业固定资产投资额刻画了对数字基础设施的投资力度。

在数据价值化方面，数据要素是数据成为核心生产要素创造经济价值的体现。本书在参考钞小静（2021）研究基础上，选取数据交易所/数据交易平台数、云计算企业排名全球前10的企业数量、政府工作报告中“数据要素”相关词汇出现频率3个基础指标来衡量数据价值化发展水平。其中，数据交易所/数据交易平台数、云计算企业排名全球前10的企业数量集中衡量数据价值化的应用水平。政府工作报告中“数据要素”相关词汇出现频率刻画了数据价值化发展的政府支持水平。

在数字产业化方面，数字产业化为数字经济发展提供了先导，是数字经济发展的产业落脚点。依据国家统计局公布的数字经济产业统计分类标准文件，本书共选取手机、集成电路和微型计算机设备产量，通信设备、计算机及其他电子设备制造业主营业务收入，电信业务总量，信息传输、软件和信息技术服务业就业人员，软件业务收入5个基础指标来反映数字产业化发展水平。其中，手机、集成电路和微型计算机设备产量与通信设备、计算机及其他电子设备制造业主营业务收入衡量了计算机通信和其他电子设备制造业发展水平；电信业务总量衡量了电信广播电视和卫星传输服务业发展水平；信息传输、软件和信息技术服务业就业人员和软件业务收入衡量了软件和信息技术服务业发展水平。

在产业数字化方面，产业数字化体现了数字经济与传统产业的融合，是数字经济发展的核心。本书选取农村宽带接入用户数、开通互联网宽带业务的行政村比重、规模以上工业企业技术改造经费支出、信息化与工业化融合发展指数、数字普惠金融指数、电子商务交易额6个基础指标来衡量产业数字化发展水平。其中，农村宽带接入用户数和开通互联网宽带业务的行政村比重反映了第一产业数字化发展水平；规模以上工业企业技术改造经费支出、信息化与工业化融合发展指数反映了第二产业数字化发展水平；数字普惠金融指数和电子商务交易额反映了第三产业数字化发展水平。

（2）数据说明

样本数据来源于2012—2020年中国各省统计年鉴、《中国电子信息产业统计年鉴》《中国工业经济统计年鉴》《中国科技统计年鉴》、中国云计算企业百强榜以及Patent hub数据库、中国电子信息产业发展研究院、中商产业研究院数据库、国泰安数据库、北京大学数字金融研究中心、中华人民共和国工信部、中国政府网。百度指数及政府工作报告词频数采用Python软件进行爬虫抓取。文中缺失数据采用平均增长率进行了补全处理。鉴于数据可得性，未包含西藏及港澳台地区。

4.2.2 数字经济发展水平的测度方法

本书采用熵值—TOPSIS方法对中国数字经济发展水平进行测度，计算数字经济指数（Digital Economy Development Index，DEDI）。首先，使用熵值法对标准化处理后的指标进行赋权。熵值法是通过指标的固有信息量来判定各个指标的效用价值从而确定权重的方法，能够规避主观因素对判定结果的影响，所计算出的权重值具有更高的客观性与可信度。其次，利用TOPSIS方法对各地区数字经济发展水平进行量化排序。TOPSIS法被广泛应用于经济发展水平、互联网资源丰裕程度以及科技创新能力等的测度评价研究中，其计算方法简单且结果合理（魏敏和李书昊，2018）。熵值—TOPSIS法有效结合了两种方法的优点，避免了由于赋予权重的主观化造成指数计算出现误差等缺陷，使测量结果更加客观、合理和准确。具体操作步骤如下：

①标准化处理。为了消除不同指标的量纲与数量级的差异，采用极差

法对数字经济发展水平测度体系中各基础指标进行标准化处理。本书选取的基础指标均为正向指标，标准化处理公式为

$$Y_{ij} = \frac{X_{ij} - \min(X_{ij})}{\max X_{ij} - \min(X_{ij})} \tag{4-1}$$

其中，X_{ij}和 Y_{ij}分别为原始的和标准化处理后的数字经济发展水平测度基础指标。

②计算信息熵。计算数字经济发展水平中各基础指标 Y_{ij}的信息熵 E_j：

$$E_j = \ln\frac{1}{n}\sum_{i=1}^{n}\left[\left(Y_{ij}/\sum_{i=1}^{n}Y_{ij}\right)\ln\left(Y_{ij}/\sum_{i=1}^{n}Y_{ij}\right)\right] \tag{4-2}$$

③计算权重。计算数字经济发展水平中各基础指标 Y_{ij}的权重 W_j：

$$W_j = (1 - E_j)/\sum_{j=1}^{m}(1 - E_j) \tag{4-3}$$

④构建加权矩阵。构建数字经济发展水平测度指标的加权矩阵 R：

$$R = (r_{ij})_{n\times m} \quad 其中, r_{ij} = W_j \times Y_{ij} \tag{4-4}$$

⑤计算欧式距离。计算各测度方案与最优方案 Q_j^+ 和最差方案 Q_j^- 的欧氏距离 d_i^+ 和 d_i^-：

$$\begin{aligned} d_i^+ &= \sqrt{\sum_{j=1}^{m}(Q_j^+ - r_{ij})^2} \\ d_i^- &= \sqrt{\sum_{j=1}^{m}(Q_j^- - r_{ij})^2} \end{aligned} \tag{4-5}$$

⑥计算数字经济发展指数 $DEDI_i$：

$$DEDI_i = \frac{d_i^-}{d_i^+ + d_i^-} \tag{4-6}$$

$DEDI_i$ 的取值介于 0 ~ 1 之间。

4.2.3　中国数字经济发展水平的测度结果分析

基于数字经济发展水平测度指标体系，采用熵值—TOPSIS 方法对测算

出2011—2019年中国数字经济发展指数，具体如表4-3所示。

（1）整体层面的测算结果分析

从整体来看，中国数字经济发展水平呈现明显上升趋势，DEDI从2011年的0.3354增长到2019年的0.4639，年均增长率高达4.29%。尤其在2018年之后，DEDI呈现出明显的增长态势。可见，2018年政府工作报告明确提出"数字中国"建设目标，对国家数字经济发展起到了良好的推动作用。分区域来看，全国三大地区的DEDI从高到低呈现东—中—西态势。其中，2019年东部地区DEDI均值到达0.5853，超过全国平均水平。其次是中部地区，DEDI均值为0.4399。最后是西部地区，均值为0.3747。从各区域年均增长率来看，西部地区增速最快，为7.17%。其次为中部地区，为5.48%。东部地区年均增长率达2.23%，为最末。可见，西部和中部地区数字经济发展的追赶效应明显，DEDI发展水平较低的地区存在较大发展空间。但总体上，由于资源禀赋差异以及"虹吸效应"的存在，东部地区DEDI始终高于其他两大区域。数字经济发展的区域不平衡不仅难以为我们更好地解决不平衡不充分发展问题提供助力，相反却可能成为扩大地区发展差距的诱因，对新时代区域协调发展造成阻碍。因此，如何制定差异化的区域数字经济发展政策，缩小区域数字经济发展差异至关重要。

表4-3　2011—2019年数字经济发展水平测度结果

地区		2011年	2012年	2013年	2014年	2015年	2016年	2017年	2018年	2019年	年均增长率（%）	2019年排名
东部地区	北京	0.5746	0.5812	0.5855	0.5962	0.6066	0.6069	0.6082	0.6203	0.6320	1.20	5
	天津	0.3255	0.3311	0.3330	0.3332	0.3397	0.3405	0.3437	0.3444	0.3469	0.80	22
	河北	0.3473	0.4272	0.4511	0.4568	0.4613	0.4677	0.4715	0.4751	0.5156	5.06	10
	辽宁	0.3908	0.4231	0.4291	0.4377	0.4467	0.4504	0.4584	0.4723	0.4801	2.61	14
	上海	0.5243	0.5353	0.5385	0.5406	0.5475	0.5507	0.5508	0.5591	0.5623	0.88	6

续表

地区		2011 年	2012 年	2013 年	2014 年	2015 年	2016 年	2017 年	2018 年	2019 年	年均增长率（%）	2019 年排名
东部地区	江苏	0. 7373	0. 7759	0. 7827	0. 7960	0. 7973	0. 7980	0. 8113	0. 8115	0. 8132	1. 23	2
	浙江	0. 5680	0. 5920	0. 6043	0. 6230	0. 6304	0. 6368	0. 6377	0. 6576	0. 6629	1. 95	3
	福建	0. 4080	0. 4517	0. 4584	0. 4720	0. 4821	0. 4864	0. 4883	0. 4961	0. 5158	2. 97	9
	山东	0. 5008	0. 5693	0. 6011	0. 6194	0. 6233	0. 6269	0. 6323	0. 6412	0. 6499	3. 31	4
	广东	0. 8056	0. 8065	0. 8161	0. 8165	0. 8541	0. 8817	0. 9060	0. 9315	0. 9387	1. 93	1
	海南	0. 2132	0. 2337	0. 2412	0. 2513	0. 2654	0. 2683	0. 2701	0. 2775	0. 3208	5. 24	27
	平均值	0. 4905	0. 5207	0. 5310	0. 5402	0. 5504	0. 5558	0. 5617	0. 5715	0. 5853	2. 23	—
中部地区	山西	0. 2278	0. 2900	0. 3008	0. 3033	0. 3035	0. 3048	0. 3057	0. 3108	0. 3360	4. 98	24
	安徽	0. 3001	0. 3607	0. 3955	0. 4213	0. 4366	0. 4398	0. 4502	0. 4725	0. 5062	6. 75	12
	江西	0. 2354	0. 3188	0. 3418	0. 3621	0. 3630	0. 3636	0. 3638	0. 3713	0. 4062	7. 06	19
	河南	0. 3506	0. 4250	0. 4567	0. 4766	0. 4922	0. 5043	0. 5123	0. 5185	0. 5318	5. 35	8
	湖北	0. 3401	0. 4096	0. 4299	0. 4426	0. 4654	0. 4674	0. 4698	0. 4744	0. 5102	5. 20	11
	湖南	0. 3448	0. 4171	0. 4346	0. 4404	0. 4424	0. 4469	0. 4484	0. 4549	0. 4840	4. 33	13
	吉林	0. 2300	0. 2891	0. 3012	0. 3185	0. 3192	0. 3241	0. 3256	0. 3272	0. 3357	4. 84	25
	黑龙江	0. 2683	0. 3336	0. 3510	0. 3658	0. 3732	0. 3742	0. 3759	0. 3794	0. 4094	5. 43	18
	平均值	0. 2871	0. 3555	0. 3764	0. 3913	0. 3995	0. 4031	0. 4065	0. 4136	0. 4399	5. 48	—
西部地区	内蒙古	0. 2192	0. 2798	0. 2937	0. 3041	0. 3099	0. 3104	0. 3113	0. 3166	0. 3397	5. 63	23
	广西	0. 2549	0. 3399	0. 3562	0. 3680	0. 3778	0. 3887	0. 3905	0. 4071	0. 4367	6. 96	15
	重庆	0. 2696	0. 3236	0. 3549	0. 3713	0. 3721	0. 3725	0. 3778	0. 3842	0. 4114	5. 43	17
	四川	0. 3857	0. 4496	0. 4799	0. 4994	0. 5164	0. 5181	0. 5304	0. 5379	0. 5554	4. 67	7
	贵州	0. 1596	0. 2382	0. 269	0. 2971	0. 3258	0. 3395	0. 3538	0. 3666	0. 4051	12. 34	20
	云南	0. 1985	0. 2646	0. 2817	0. 2862	0. 3097	0. 3266	0. 3347	0. 3432	0. 3742	8. 25	21
	陕西	0. 3045	0. 3458	0. 3546	0. 3716	0. 3784	0. 3852	0. 3887	0. 3921	0. 4144	3. 92	16
	甘肃	0. 1378	0. 226	0. 2438	0. 2588	0. 2687	0. 2695	0. 2771	0. 2775	0. 3137	10. 83	28
	青海	0. 1125	0. 1641	0. 1839	0. 2016	0. 2153	0. 2217	0. 2248	0. 2324	0. 2625	11. 17	30
	宁夏	0. 1498	0. 1990	0. 2077	0. 2307	0. 2378	0. 2413	0. 2415	0. 248	0. 2731	7. 79	29
	新疆	0. 1769	0. 2686	0. 2887	0. 2962	0. 2965	0. 2982	0. 3008	0. 3042	0. 3353	8. 32	26
	平均值	0. 2154	0. 2817	0. 3013	0. 3168	0. 3280	0. 3338	0. 3392	0. 3463	0. 3747	7. 17	—
全国	平均值	0. 3354	0. 3890	0. 4056	0. 4186	0. 4286	0. 4337	0. 4387	0. 4468	0. 4693	4. 29	—

(2) 省级层面的测算结果分析

从各省来看，2019 年数字经济发展水平排名前 3 的省份依次为：广东、江苏和浙江。2014 年上述地区就出台了《广东省“互联网 +”行动计划（2015—2020 年）》《浙江省信息经济发展规划（2014—2020 年）》等系列规划，催生出了华为、阿里巴巴、腾讯、东方电子等高新技术企业，以及海尔卡奥斯、用友精智等工业互联网平台，为数字经济发展打下了坚实的基础。在增速方面，贵州 DEDI 的年均增长率达 12.34%，列第 1 位。2016 年，贵州成立国家首个大数据综合试验区，形成了以大数据交易平台与公共数据开发的“双轮驱动”模式，为数字经济发展提供了强劲动能。DEDI 落后地区多集中在青海、宁夏等西北内陆地区。受制于科技创新转化能力与制度约束，该类地区对数字技术的应用水平较低，尚未建立起完善的数字基础设施。2019 年广东 DEDI（0.9387）为青海（0.2625）的 3.57 倍，说明省际间差距依旧悬殊。如何缩小区域间数字经济发展差距以避免“数字鸿沟”问题有待重视。为判断以上测度指标体系的可靠性，本书将 2018 年各省数字经济综合指数排名情况与腾讯研究院、中国电子信息产业发展研究院和中国信息通讯研究院测度排名进行了对比（见表 4－4），结果无显著差异。可见，本书构建的数字经济发展水平测度指标体系是科学合理的。

表 4－4　本书与研究机构测算结果对比（2018 年省份排名）

省份	本书	腾讯研究院	中国电子信息产业发展研究院	中国信息通讯研究院	省份	本书	腾讯研究院	中国电子信息产业发展研究院	中国信息通讯研究院
北京	5	4	2	6	河南	8	8	9	10
天津	21	25	20	14	湖北	11	11	10	8
河北	10	12	16	11	湖南	13	9	12	12
山西	25	19	21	25	广东	1	1	1	1

续表

省份	本书	腾讯研究院	中国电子信息产业发展研究院	中国信息通讯研究院	省份	本书	腾讯研究院	中国电子信息产业发展研究院	中国信息通讯研究院
内蒙古	24	21	26	24	广西	15	13	18	18
辽宁	14	16	13	15	海南	27	28	25	-
吉林	23	24	23	22	重庆	17	15	14	16
黑龙江	18	22	22	21	四川	7	6	8	9
上海	6	10	4	5	贵州	20	23	17	23
江苏	2	2	3	2	云南	22	20	24	20
浙江	3	3	5	4	陕西	16	14	19	18
安徽	12	17	11	13	甘肃	28	27	27	27
福建	9	7	7	7	青海	30	30	30	29
江西	19	18	15	17	宁夏	29	29	28	28
山东	4	5	6	3	新疆	26	26	29	26

注：数据来源于腾讯研究院《中国“互联网+”指数报告（2018）》，中国电子信息产业发展研究院《2019 中国数字经济发展指数白皮书》和中国信息通讯研究院《中国数字经济发展与就业白皮书（2019 年）》。其中，信通院公布数据未包括海南。

4.2.4　中国数字经济发展水平的时空演变分析

在中国数字经济发展水平综合指数（DEDI）测度结果基础上，本书进一步采用核密度估计、自然间断点分级法、Moran's I 指数法分析数字经济发展水平的时空演变特征。

（1）核密度估计分析

为了分析全国数字经济的动态演变规律，本书使用 Matlab 软件对 2011—2019 年中国 30 个省份（未包括西藏）的数字经济发展水平进行了核密度估计（见图 4-2）。结果显示，中国各省份数字经济发展呈现出以下特征：第一，从核密度曲线分布位置变动来看，全国数字经济发展水平分布呈现明显的右移趋势，说明数字经济发展水平随时间的推移在不断提升。第二，从核密度曲线的峰度来看，波峰最低、宽度最窄时出现在2011年，表明2011年各省数字经济发展水平差距最小。随着时间的推移，波峰宽度逐渐增大，这意味着各省数字经济发展水平开始拉开差距。第三，从核密度曲线的形状来看，每一个主峰旁都存在多个侧峰，但侧峰的位置均位于主峰右侧且侧峰均低于主峰。这说明中国各省数字经济发展水平存在梯度效应，且具有多级分化趋势。

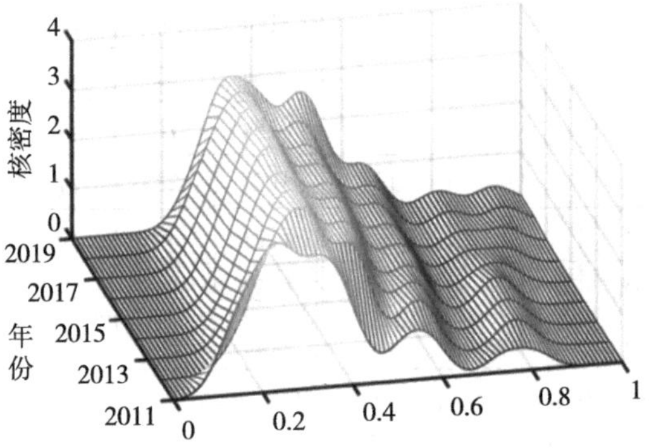

图4-2　中国数字经济发展水平核密度估计结果

（2）自然断点分级结果分析

数字经济发展水平除在时间上存在时序特征外，在空间上也表现出一定的差异性和相关性。分析数字经济在不同区域空间分布特征有利于因地施策，实现区域数字经济的协调发展。本书借助Arcgis软件中的自然间断点分级法将中国省域数字经济发展水平分成了5个梯队，以分析数字经济发展的空间差异性。

我国数字经济发展呈现出从东南沿海向西部内陆梯度递减的趋势，基本符合“胡焕庸”线格局。2011年中国数字经济发展水平处于第一梯队的包括广东、江苏、北京、浙江；位于第二梯队的有上海、山东、福建；位于第三梯队的有辽宁、四川、河南、河北、湖南、湖北、天津、陕西、安徽、重庆；位于第四梯队的有黑龙江、广西、江西、吉林、山西、内蒙古、海南、云南、新疆；位于第五梯队的有贵州、宁夏、甘肃、青海。2019年数字经济发展水平处于第一梯队的包括：广东、江苏、浙江；位于第二梯队的有山东、北京、上海、四川、河南、福建、河北、湖北、安徽、湖南；位于第三梯队的有辽宁、广西、陕西、重庆、黑龙江、江西、贵州、云南；位于第四梯队的有天津、内蒙古、山西、吉林、新疆、海南、甘肃；位于第五梯队的有宁夏和青海。其中贵州数字经济发展速度较快，从2011年到2019年跃升了两个梯队。四川、河南、河北、湖北、安徽和湖南也呈现出良好的发展趋势，从第三梯队跃升至第二梯队。但宁夏和青海始终位于第五梯队，数字经济发展水平有待提升。

（3）局部莫兰指数结果分析

本书采用局部莫兰指数（Moran's I）对中国30个省份数字经济发展水平的空间相关性进行分析。局部计算公式如下：

$$I_i = \frac{y_i - \bar{y}}{\frac{1}{n}\sum (y_i - \bar{y})^2} \sum_{j \neq i}^{n} \omega_{ij}(y_i - \bar{y}) \quad (n = 30) \qquad (4-7)$$

其中，I_i 为局部 Moran's I，y_i 为地区 DEDI，$\bar{y}$ 为 DEDI 平均值，ω_{ij} 为空间权重，本书选取空间邻接矩阵作为权重。通过测算，将数字经济发展划分为四种空间关联模式：一是观测省份自身 DEDI 较高且相邻省份的 DEDI 也较高的空间组合（*HighDEDI—HighDEDI*）；二是观测省份自身的 DEDI 较低但相邻省份的 DEDI 较高的空间组合（*LowDEDI—HighDEDI*）；三是观测省份自身的 DEDI 较低并且相邻省份的 DEDI 也低的空间组合（*LowDEDI—LowDEDI*）；四是观测省份自身的 DEDI 较高但是相邻省份的 DEDI 较低的空间组合（*HighDEDI—LowDEDI*）。

图4-3呈现了2011年和2019年局部 Moran's I 分布情况。从图中可以看出，中国省域数字经济发展水平呈现显著的空间相关性。其中，东部沿

海地区主要集中在 *HighDEDI—HighDEDI* 区，而西部的内蒙古、贵州、云南、陕西、甘肃、青海、宁夏、新疆则持续处于 *LowDEDI—LowDEDI* 区，形成了“数字经济贫困集群”。广东、四川、湖北、辽宁处于 *HighDEDI—LowDEDI* 区，即自身数字经济发展水平较高，但周围地区数字经济发展水平低下。而江西、广西、海南等地则处于 *LowDEDI—HighDEDI* 区，即自身数字经济发展水平较差，但周围地区数字经济发展较好。可见，东部沿海地区已经建立起了数字经济发展生态圈，形成了良好的促进关系。而西部地区受到科技创新能力匮乏、数字基础设施建设薄弱等因素的制约，数字经济发展水平始终滞后。如何发挥数字经济发达地区对落后地区的带动作用，缩小地区间数字经济鸿沟，是摆在中国经济高质量发展面前的重要命题。

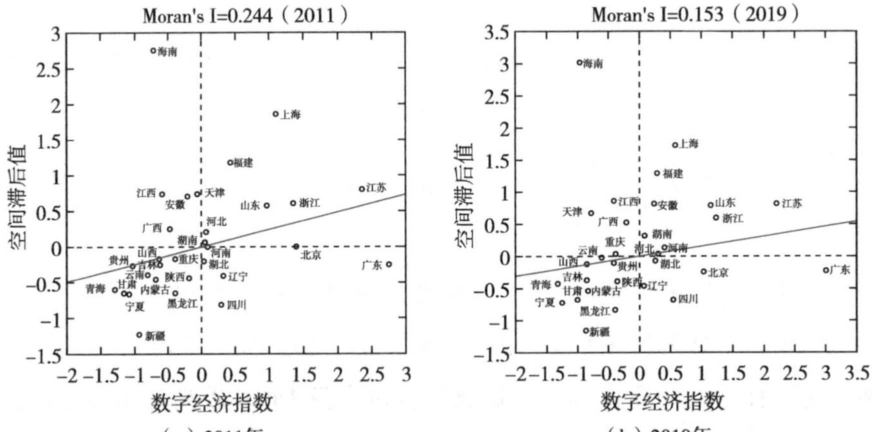

（a）2011年　　（b）2019年

图4－3　中国数字经济发展水平空间分布 Moran's I 散点图

4.2.5　中国数字经济发展水平的区域差异分析

（1）泰尔指数结果分析

为了分析数字经济发展水平的差异，本书采用泰尔指数对数字经济发

展地区不平衡程度及来源进行测算。泰尔指数是衡量地区间不平衡程度较为成熟的指标，具体计算公式为

$$DEDI_{theil} = \frac{1}{n}\sum_{i=1}^{n}\frac{y_i}{\bar{y}}\ln\left(\frac{y_i}{\bar{y}}\right) \tag{4-8}$$

其中，n 为地区数，y_i表示第 i 地区的数字经济发展水平，$\bar{y}$ 表示所有区域数字经济发展水平的平均值。为了识别总体差距的来源，本书将 DEDI 分解为组间差异 T_b和组内差异 T_w分别进行研究。将 n 个地区划分为 K 个群组，每组记为 g_k（$k=1, 2, \cdots, K$），第 k 组 g_k中所包含的地区个数为 n_k，y_k代表某群组的数字经济发展水平。

$$T_b = \sum_{k=1}^{K} y_k \ln\left(\frac{y_k}{n_k/n}\right) \tag{4-9}$$

$$T_w = \sum_{k=1}^{K} y_k \sum_{i\in g_k}\frac{y_i}{y_k}\ln\left(\frac{y_i/y_k}{1/n_k}\right) \tag{4-10}$$

通过以上公式计算出 2011—2019 年中国数字经济发展水平的泰尔指数及其分解情况，具体结果如表 4-5 所示。

表 4-5　　2011—2019 年中国数字经济发展水平的泰尔指数及其结构分解

年	总体差异	区域间差异及贡献率	区域内差异及贡献率			
			总体	东部	中部	西部
2011	0.2148	0.1199 (55.84%)	0.0958 (44.16%)	0.0702 (28.12%)	0.0253 (3.04%)	0.0732 (12.96%)
2012	0.1728	0.0840 (48.64%)	0.0888 (51.36%)	0.0615 (34.72%)	0.0209 (3.65%)	0.0556 (12.98%)
2013	0.1661	0.0754 (45.39%)	0.0907 (54.61%)	0.0503 (36.53%)	0.0217 (4.38%)	0.0532 (13.68%)
2014	0.1670	0.0728 (43.61%)	0.0942 (56.39%)	0.0592 (34.75%)	0.0215 (4.38%)	0.0577 (12.30%)
2015	0.1592	0.0678 (42.58%)	0.0914 (57.42%)	0.0585 (38.58%)	0.0234 (5.63%)	0.0578 (13.18%)

续表

年	总体差异	区域间差异及贡献率	区域内差异及贡献率			
			总体	东部	中部	西部
2016	0.1589	0.0663 (41.74%)	0.0926 (58.26%)	0.0595 (39.49%)	0.0240 (5.89%)	0.0569 (12.89%)
2017	0.1595	0.0648 (40.66%)	0.0946 (59.34%)	0.0509 (40.16%)	0.0246 (6.06%)	0.0575 (13.10%)
2018	0.1594	0.0642 (40.30%)	0.0952 (59.71%)	0.0511 (40.35%)	0.0251 (6.28%)	0.0573 (13.06%)
2019	0.1494	0.0572 (38.32%)	0.0921 (61.68%)	0.0546 (41.29%)	0.0243 (7.24%)	0.0520 (13.04%)

从表4-5中可以看出，从2011年到2019年，中国数字经济发展水平的泰尔指数从0.2148降低到了0.1494，可见数字经济发展的区域差异程度在逐年缓解。但参考王军等（2021）对数字经济泰尔指数的测算标准可以看出，当前中国数字经济发展水平仍有较大的区域差异，存在数字经济发展区域不平衡问题。从数字经济发展差异来源来看，2011年DEDI总体差异大多来源于区域间差异，区域内差异较少。2012年及以后，数字经济总体差异多来自于区域内差异。可能的原因为部分省份出现了集中建设某一城市的情况，如陕西省着重打造以西安为中心的数字经济发展示范区。区域内发展不平衡问题需要进一步重视。对区域内差异进一步分解后发现，自2012年以后，东部区域内数字经济发展差异较中部地区和西部地区较大，三大区域内数字经济发展呈现非平衡增长趋势，对实现区域协调发展可能会造成一定阻碍。

（2）收敛性结果分析

进一步对数字经济的收敛性进行测算，以探究数字经济发展的区域差异在发展速度上的变化情况。

①σ收敛检验。σ收敛是不同地区数字经济发展水平的离散程度随时

间推移持续下降的过程。本书参考聂长飞和简新华（2020）的做法，通过中国数字经济发展指数（DEDI）对数标准差来判断数字经济发展指数是否存在 σ 收敛。具体模型如下：

$$\sigma_t = \sqrt{\frac{1}{n}\sum_{i=1}^{n}\left(\ln DEDI_{it} - \frac{1}{n}\sum_{i=1}^{n}\ln DEDI_{it}\right)^2} \tag{4-11}$$

其中，$\ln DEDI_{it}$ 表示第 i 个省份在第 t 年的数字经济发展指数对数值，σ_t 为数字经济发展指数的 σ 系数。如果 $\sigma_{t+1} < \sigma_t$，则表明各省份数字经济发展指数差异随时间的推移而减小，即存在 σ 收敛。

2011—2019 年全国及东中西部地区数字经济发展水平 σ 收敛结果如图 4-4 所示。从图中可以看出，全国数字经济发展水平的 σ 系数值呈现逐年下降趋势，说明中国数字经济发展指数存在 σ 收敛特征。分地区来看，中部地区数字经济发展指数在的 σ 系数值较为稳定，在［0.149，0.177］范围内波动，从 2018 年开始呈现 σ 收敛趋势。而东部地区和西部地区数字经济发展指数的 σ 系数稳定下降，表明东部地区和西部地区存在 σ 收敛。其中东部地区的系数总体高于西部地区，可见东部地区数字经济发展指数的区域差异较大，与前文分析结论基本一致。

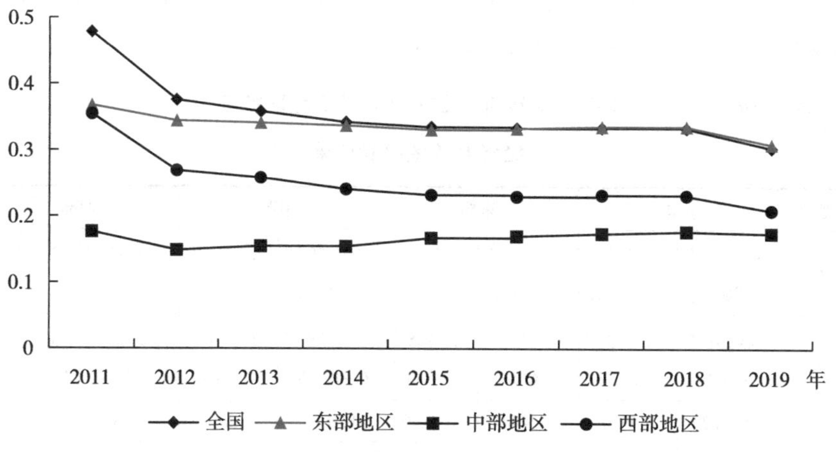

图 4-4　2011—2019 年中国及东中西部地区数字经济发展水平 σ 收敛趋势

②β收敛检验。β收敛是指随时间推移，数字经济发展落后地区因具有较高的增长速度从而能够逐步赶上数字经济发达地区，使得区域间差距日益减弱并在某一时点达到稳定状态，具体包括绝对β收敛和条件β收敛。绝对β收敛的具体模型如下：

$$\ln(DEDI_{i,t+1}/DEDI_{i,t}) = \alpha + \beta\ln DEDI_{i,t} + \mu_i + \eta_t + \varepsilon_{i,t} \quad (4-12)$$

其中，β为待估参数，α为常数项，μ_i，η_t，$\varepsilon_{i,t}$分别为地区效应、时间效应和随机扰动项。

条件β收敛是在绝对β收敛模型基础上加入控制变量，具体模型如下：

$$\ln(DEDI_{i,t+1}/DEDI_{i,t}) = \alpha + \beta\ln DEDI_{i,t} + \lambda\sum_{j=1}^{n}\ln control_{it}^{j} + \mu_i + \eta_t + \varepsilon_{i,t} \quad (4-13)$$

其中，*control*为控制变量，λ为控制变量待估参数。

根据β收敛的估计系数，能够进一步推算出DEDI在样本期内的收敛速度s和半生命周期τ，计算公式为

$$s = -\ln(1-|\beta|)/t \quad (4-14)$$

$$\tau = \ln(2)/s \quad (4-15)$$

采用固定效应OLS面板回归模型对数字经济发展差异进行绝对β收敛和条件β收敛检验，结果如表4-6所示。

表4-6　2011—2019年全国及东中西部地区数字经济β收敛检验结果

变量	全国		东部		中部		西部	
β	-0.4963*** (-26.05)	-0.7336*** (-31.16)	-0.3319*** (-7.19)	-0.6079*** (-9.93)	-0.5279*** (-15.08)	-0.7722*** (-7.19)	-0.5045*** (-17.21)	-0.7878*** (-21.83)
α	-0.4251*** (-23.10)	-2.7652*** (-14.97)	-0.1986*** (-6.38)	-1.8995*** (-6.46)	-0.4688*** (-13.45)	-2.5504*** (-8.03)	-0.5421*** (-14.99)	-3.7539*** (-10.98)
s	0.0762	0.1470	0.0448	0.1040	0.0834	0.1644	0.0780	0.1722
τ(年)	9.0968	4.7162	15.4675	6.6632	8.3115	4.2171	8.8841	4.0241

续表

变量	全国		东部		中部		西部	
控制变量	否	是	否	是	否	是	否	是
时间效应	是	是	是	是	是	是	是	是
地区效应	是	是	是	是	是	是	是	是
R^2	0.7645	0.8674	0.4050	0.5895	0.8053	0.8919	0.7958	0.9065

注：括号中为 t 值，*** 表示在 1% 水平下显著。β 为考察系数，α 为常数项。

绝对 β 收敛分析。从表 4－6 中可以看出，全国以及东中西部地区绝对 β 收敛的系数均显著为负，说明中国总体及东中西地区发展差异均存在绝对 β 收敛，即各区域在经济发展水平、高技术产业发展水平、金融发展水平等因素相似的条件下，数字经济发展水平落后地区具有更快的增长速度，各区域数字经济发展水平差异在未来将实现收敛。从全国及三大地区数字经济的收敛速度（s）及半生命周期（τ）来看，全国收敛速度为 0.0762，半生命周期为 9.0968 年。东中西部地区收敛速度分别为 0.0448、0.0834、0.0780，半生命周期分别为 15.4675、8.3115、8.8841。可见，中部地区数字经济发展差异的收敛速度最快，在假定现状条件维持不变的情况下，预计将在 8.3115 年后对东部地区 DEDI 实现追平。

条件 β 收敛分析。条件 β 收敛认为外界因素会对不同地区产生不同作用，在具体分析时需要设置相关的控制变量（马玉林和马运鹏，2021）。参考王彬燕等（2018）以及焦帅涛和孙秋碧（2021）等的研究，本书选取控制变量为：经济发展水平，用人均 GDP 表示；科技创新水平，用高技术产业主营业务收入表示；金融发展水平，用金融业增加值表示。从表 4－6 的估计结果来看，全国总体及东中西三大地区 β 收敛系数均显著为负，表明全国总体及东中西三大地区均存在条件 β 收敛。从收敛速度和半生命周期来看，西部地区收敛速度在三大地区中最快，半生命周期仅为 4.0241 年。与绝对 β 收敛的系数的绝对值相比，各地区条件 β 收敛系数的绝对值均有所增加，说明经济发展水平、高技术产业发展水平、金融发展水平等因素，对数字经济发展差异的收敛产生了促进作用。

4.3 本章小结

本章首先基于国际投入产出表数据对2005—2018年全球38个国家的数字经济规模进行了测算与国际比较。其次基于数字经济的内涵，从数字技术、数字基础设施、数据价值化、数字产业化和产业数字化五个方面构建了数字经济发展水平测度指标体系，选取中国2011—2019年30个省（市、自治区）的相关数据，运用熵值—TOPSIS方法对中国数字经济发展水平进行了测度，采用核密度估计、Moran's I以及自然间断点分级法等方法对中国数字经济的时空演变趋势进行了分析，进一步利用泰尔指数刻画了数字经济发展的区域差异及其来源，采用σ收敛、绝对β收敛和条件β收敛方法对中国数字经济的收敛特征进行了分析。

第一，从数字经济的规模来看，中国数字经济发展具有总量优势，但在国民经济增长中的贡献仍有待提升。2018年中国数字经济增加值规模达8876.77亿美元，较2005年增长了5.03倍，排名第2位，在世界数字经济发展中处于领跑地位。这意味着近年来中国在数字经济建设方面取得了良好成效。但2018年中国数字经济规模占GDP比重为6.39%，国际排位仅为第28位，表明中国数字经济在国民经济增长中的贡献相对薄弱。从数字产业化和产业数字化增加值规模来看，63%的国家产业数字化增加值对数字经济总体规模的贡献都大于数字产业化。可见，产业数字化在驱动数字经济发展中扮演了关键引擎，如何深化产业数字化对实体经济产出增长与效率提升的带动作用效果至关重要。

第二，从中国数字经济发展的整体水平来看，2011—2019年中国DEDI呈现逐年上升趋势；从三大区域来看，数字经济发展水平呈现从东部地区到中部地区再到西部地区依次递减的态势；从省级层面来看，数字经济发展水平较好的区域集中在广东、江苏、浙江、山东、北京等地，而青海、宁夏、甘肃等西北内陆地区的数字经济发展较为落后。贵州数字经济发展指数年均增长率高达12.34%，列全国第1位。

第三，从中国数字经济发展的时空演变特征来看，中国数字经济指数核密度函数中心值随时间变化出现明显的右移趋势且波峰宽度逐渐增大，可见各地区数字经济发展水平逐年递增并呈现多级分化趋势。与此同时，中国省域DEDI呈现出从东南沿海向西部内陆梯度递减的趋势，基本符合“胡焕庸”线格局。其中，西部地区大部分省份长期处于低发展水平，数字经济发展的区域不平衡问题依然严峻。

第四，从中国数字经济发展的区域差异来看，虽然数字经济发展的不平衡性呈逐年递减趋势，但区域差异仍较为明显，“数字鸿沟”问题有待解决。造成数字经济发展差异的主要来源在于区域内的差异，尤其是东部地区区域内差异日益凸显；从区域差异发展速度的变化情况来看，全国及东中西三大地区均存在σ收敛、绝对β收敛和条件β收敛。就绝对β收敛而言，中部地区收敛速度最快，半生命周期最短。东部地区收敛速度最慢，半生命周期最长；就条件β收敛而言，西部地区收敛速度最快，半生命周期最短。经济发展水平、科技创新水平与金融发展水平对弥合区域数字经济发展差异起到了助推作用。

第5章　宏观效率视角下数字经济影响经济高质量发展的实证检验

数字经济能否以及如何提高全要素生产率，是效率视角下数字经济影响经济高质量发展关注的核心问题。当前，数字经济正加速与经济社会各领域深度融合，被视为驱动经济高质量发展的新引擎。然而数字经济究竟能否提高全要素生产率一直是学者们争论的焦点问题。20世纪80年代末，美国计算机、芯片等飞速发展并在各行业得到广泛应用，社会各界普遍认为信息技术投资对经济增长的促进作用毋庸置疑。然而，Solow（1987）却观察到信息技术投资的狂热扩张与实际生产率低迷的相悖关系，提出了著名的“索洛悖论”。这一论断提出后，学者们利用不同国家样本数据对此进行了检验，但至今尚未得到统一定论。其中，以Mokyr（2014）、Alloway（2015）、Hatzius和Kris（2015）等为代表的学者认为，造成悖论的可能原因在于全要素生产率测算方法的缺陷。全要素生产率刻画了投入与产出之间的关系，在测算时通常延用Jorgenson和Griliches提出的增长核算框架。增长核算框架与国民经济核算体系对接，虽然能够有效识别经济增长的来源，但数字经济对宏观经济的贡献更多表现为人民福利水平提升、生态环境改善等方面（Brynjolfsson等，2019）。而这部分内容在测算中难以得到体现，因而造成了结果的低估与结论的误判。

本章构建了“拓展的全要素生产率”指标，对全要素生产率进行重新测度，并进一步利用国际面板及中国省级面板数据实证检验数字经济对全要素生产率的影响效应与作用机制，旨在回答以下问题：一是数字经济能否促进全要素生产率；二是数字经济对全要素生产率的影响效应是否存在区域差异；三是数字经济对拓展的 TFP 的影响机制属于技术进步驱动型还是技术效率改善型。

5.1 拓展的全要素生产率测度

5.1.1 测度逻辑

以往研究对 TFP 的测度大多建立在新古典经济增长模型的基础上，自然得出经济增长主要是要素投入驱动，而非技术进步驱动的结论。然而，这样的分析逻辑并未全面考虑投入要素的质量和投资的结构性问题。产出也仅从经济增长的速度来衡量，忽略了经济发展中涉及的环境代价、收入分配、成果共享等问题。因此，本书构建“拓展的全要素生产率”指标，以综合考量涵盖要素质量与结构的生产要素投入，与考虑了经济增长、创新产出、协调发展、开放效果、共享实现以及环境代价的经济活动总成果产出的比例关系。

从投入方面来看，经济发展质量的判断要考虑投资的质量与投资的结构。在内生经济增长理论中，一方面，罗默（Romer，1986）在对新古典增长理论重新思考的基础上将知识看作是经济增长的内生变量，认为对知识生产部门的投资能带动实现经济的长期增长；另一方面，卢卡斯（Lucas，1988）吸纳了舒尔茨（Schultz，1960）的人力资本理论，提出了以人力资本为核心的内生增长模型。该模型认为人力资本具有正外部性，能产生递增收益，推动经济持续增长。因此，对 TFP 的测度不仅要考虑要素投入的数量，更应扩大到要素投入的质量层面，考虑知识生产部门和人力资本的积累。同时，经济发展质量应考虑投资的结构性。按照资本积累的黄金率，过高或过低的投资都会导致资源配置的低效率。因此投资规模并不是越大越好，而是要考虑其结构性问题。如果教育、医疗卫生、安全等方面的投资缺位，经济增长的速度不仅难以保证，经济发展的质量也无法得到满足。

从产出方面来看，经济实现高质量发展应全面考量经济增长的速度以及创新、协调、绿色、开放、共享的效果。一是经济增长的速度。只追求经济增长速度可能导致有增长而无发展，但这并不意味着高质量发展需要放弃追求经济增长速度，而是在保持经济增速稳定的前提下，实现经济效率的持续稳定提升（逄锦聚等，2019）。因此对经济增长速度的考量必不可少。二是经济发展的创新性。创新是实现经济高质量发展的不竭动力，体现在创新能力的不断提升与科技成果的转化应用。三是经济发展的协调性。协调是实现经济高质量发展的内在要求，体现在产业结构协调、城乡协调与区域协调等方面。四是经济发展的绿色性。绿色是实现经济高质量发展的基本遵循，强调环境污染的减少与资源能耗的降低。五是经济发展的开放性。开放是实现经济高质量发展的必由之路，要求引进来和走出去并重，增强贸易往来。六是经济发展的共享性。共享是实现经济高质量发展的价值导向，强调人民生活水平和福利水平的提高。

5.1.2 测度指标体系构建与数据说明

（1）国际可比的全要素生产率测度指标体系构建与数据说明

基于拓展的 TFP 测度逻辑，同时兼顾国际数据的可获取性，在国际可比标准下构建拓展的全要素生产率测度指标体系，具体如表 5 - 1 所示。

表5-1　拓展的全要素生产率测度指标体系：基于国际可比标准

	指标	定义
投入	物质资本投入	物质资本存量（亿美元）
	劳动投入	年末社会从业人员总量（万人）
	人力资本投入	教育支出/国家财政支出（%）
	医疗卫生投入	医疗卫生支出/国家财政支出（%）
	社会安全投入	公共安全支出/国家财政支出（%）
期望产出	经济增长	名义GDP/GDP平减指数（亿美元，2005年为基期）
	创新产出	人均专利占有量（个）
	协调发展	产业结构高级化水平（-）
	开放效果	进出口总额占GDP比重（%）
	共享实现	居民人均可支配收入（美元）
非期望产出	环境污染	单位GDP二氧化碳排放量（万吨/亿美元）

①投入方面的指标：根据经济增长的要素投入理论，选取资本和劳动数量作为投入指标。本书将投资结构细分为人力资本投入、医疗卫生投入和社会安全投入。其中，人力资本投入衡量了劳动力的质量，高质量的人力资本关系到国家国民整体素质水平，具体用教育支出占财政支出的比重来衡量；医疗卫生投入关乎人民群众的身体健康素质与生活质量的改善，是满足人民群众美好生活需要的保障，用医疗卫生支出占财政支出的比重来衡量；社会安全投入是保证经济健康稳定增长的前提。社会不安全因素不仅会使人民群众的福利受损，而且会导致投资成本上涨，降低资本利用效率。社会安全投入用公共安全支出占财政支出的比重来衡量。

②产出方面的指标：产出包括经济增长，创新产出、协调发展、开放效果、共享实现和环境污染六个方面。其中，经济增长数量用实际GDP来衡量；创新产出具体用人均专利占有量来衡量；协调发展解决发展不平衡问题，主要体现在城乡协调、区域协调和产业协调与三个方面（陈景华等，2020）。但结合国际实际情况来看，城乡二元经济结构是发展中国家

存在的社会经济问题，因此城乡协调发展并不适合纳入世界国家全要素生产率水平测度体系中。而区域协调发展程度不局限于一国内部，如亚太经合组织、“一带一路”共建国家等都是跨国的区域协调发展。因此，本书最终选取产业结构高级化指数来衡量协调发展效果，开放效果维度以进出口总额占 GDP 比重来衡量。共享实现维度，经济高质量发展的目的是实现人民生活水平的提升与共享发展，让人民群众生活更有获得感，应以提高人民收入水平，为人民生活创造有利条件为重要内容。因此，本书选取居民人均可支配收入来衡量，环境污染维度以单位 GDP 二氧化碳排放量作为非合意产出来衡量。

具体指标中，各国历年物质资本投入测算采用永续盘存法。其中，对于涉及价格的变量均调整为 2005 年不变价美元标准；对于经济折旧率，本书参考 Hall 和 Jones（1999）计算世界各国资本存量的做法，将折旧率取值为 6%。对于产业结构高级化指数的测算，参照干春晖等（2011）的做法。其余指标按照表 5－1 具体说明进行计算。数据来源于世界银行 WDI 数据库，OECD 数据库、Wind 数据库。缺失数据采用平均增长率进行了补全处理。

（2）中国全要素生产率测度指标体系构建与数据说明

基于拓展的 TFP 测度逻辑，构建中国全要素生产率测度指标体系如表 5－2 所示。从中国的发展实际来看，不平衡发展问题主要表现在城乡发展方面（范恒山，2020）。因此，本书在协调发展的产出中主要衡量了城乡协调的效果，用城镇化率表示，其余指标选取与表 5－1 相同。数据来源于 2012—2020 年中国各省统计年鉴、《中国环境统计年鉴》《中国高技术产业统计年鉴》《中国能源统计年鉴》和中国碳核算数据库（CEADs）。并对缺失数据采用平均增长率进行了补全处理。

表 5-2　　中国拓展的全要素生产率测度指标体系

	指标	指标衡量方式
投入指标	物质资本投入	物质资本存量（亿元）
	劳动投入	年末社会从业人员总量（万人）
	人力资本投入	教育支出/地方财政支出（%）
	医疗卫生投入	医疗卫生支出/地方财政支出（%）
	社会安全投入	公共安全支出/地方财政支出（%）
期望产出	经济增长	名义 GDP/GDP 平减指数（亿元）
	创新产出	人均专利占有量（个）
	协调发展	城镇化率（%）
	开放效果	进出口总额占 GDP 比重（%）
	共享实现	居民人均可支配收入（亿元）
非期望产出	环境污染	单位 GDP 二氧化碳排放量（万吨/亿元）

5.1.3　Global Malmquist - Luenberger 指数模型

Färe 等（1994）率先采用 DEA 方法计算 Malmquist 指数，以测度生产率的变动情况。之后该方法在生产效率、环境效率、创新效率等动态效率变化趋势研究中得到了广泛应用（屈小娥，2009；成力为和孙玮，2012；杨先明等 2016）。Chung 等（1997）考虑到现实中存在的非期望产出情况，在 Malmquist 模型基础上提出了包含非期望产出的 Malmquist - Luenberger（ML）指数模型。ML 指数模型存在线性规划无解、不具有循环性或传递性以及无法观测技术进步效率的长期趋势等缺陷（Ru 等，2020）。Oh（2010）对此进行了改进，构建了 Global Malmquist Luenberger（GML）指数方法。该方法不仅能够解决包含非期望产出的多投入多产出问题，而且避免了 ML 指数模型的缺陷，具有传递性和可循环累乘性。因此本书选取 GML 指数模型构建拓展的全要素生产率。具体步骤如下：

（1）构建生产可能性集。假设每个国家或中国每个省（市、自治区）为一个决策单元，记为 DMU_K。每个 DMU 使用 N 种投入：$x = (x_1, x_2, \cdots,$

$x_N) \in R_+^N$，得到 M 种期望产出：$y=(y_1,y_2,\cdots y_M) \in R_+^M$ 和 J 种非期望产出：$b=(b_1,b_2,\cdots b_J) \in R_+^J$。每个时期 t 的投入可以表示为 $x^{k,t}$，合意产出可以表示为 $y^{k,t}$，非合意产出可以表示为 $b^{k,t}$。其中，k 为省份，$K=1,2,\cdots,30$。在此基础上进一步构造当期生产可行性集：$P^t(x^t)$。$P^t(x^t)$ 为凸的有界闭集。每个决策单元 *DMU* 在每个时期 t 的投入和期望产出均符合强可处置性。即若 $(x^t,y^t,b^t) \in P^t(x^t)$，且 $x'^t \geqslant x^t$ 或者 $y'^t \leqslant y^t$，则 $(x'^t,y^t,b^t) \in P^t(x^t)$ 或者 $(x^t,y'^t,b^t) \in P^t(x^t)$。非期望产出满足两条公理。一是弱处置公理，即若 $(y^t,b^t) \in P^t(x^t)$，且 $0 \leqslant \theta \leqslant 1$，则 $(\theta y^t,\theta b^t) \in P^t(x^t)$。二是零结合公理，即若 $(y^t,b^t) \in P^t(x^t)$，且 $b^t=0$，则 $y^t=0$。这两条公理意味着，期望产出和非期望产出同时存在且呈现同比例变动特征，从而将环境非合意产出纳入到分析框架中。

$$P^t(x^t)=\left\{\begin{array}{l}(y^t,b^t):\ \sum_{k=1}^{K} z_k^t y_{km}^t \geqslant y_m^t, \quad m=1,\cdots,M;\\ \sum_{k=1}^{K} z_k^t b_{kj}^t = b_j^t, \quad j=1,\cdots,J;\\ \sum_{k=1}^{K} z_k^t x_{kn}^t \leqslant x_n^t, \quad n=1,\cdots,N;\\ \sum_{k=1}^{K} z_k^t = 1, \quad z_k^t \geqslant 0, \quad k=1,\cdots,K\end{array}\right\} \tag{5-1}$$

在模型（5－1）中，z_k^t 为截面数据的权重，如果 $z_k^t \geqslant 0$ 则规模报酬不变。$\sum_{k=1}^{K} z_k^t=1, z_k^t \geqslant 0$ 则规模报酬可变。然而，$P^t(x^t)$ 是运用当期数据来确定当期的生产前沿，会导致技术倒退的情况。为此，Oh（2010）等学者构建了全局生产可能集，即 $P^G(x)=P^1(x^1) \cup P^2(x^2) \cup \cdots \cup P^T(x^T)$，增强了 *DMU* 技术效率间的可比性。

$$P^G(x)=\left\{\begin{array}{ll}(y^t,b^t):\sum_{t=1}^{T}\sum_{k=1}^{K}z_k^t y_{km}^t \geqslant y_m^t, & m=1,\cdots,M;\\ \sum_{t=1}^{T}\sum_{k=1}^{K}z_k^t b_{kj}^t = b_j^t, & j=1,\cdots,J;\\ \sum_{t=1}^{T}\sum_{k=1}^{K}z_k^t x_{kn}^t \leqslant x_n^t, & n=1,\cdots,N;\\ \sum_{t=1}^{T}\sum_{k=1}^{K}z_k^t = 1, \quad z_k^t \geqslant 0, & k=1,\cdots,K\end{array}\right\} \quad (5-2)$$

（2）求解方向距离函数。以 t 期为例，*DMU* 全局方向性距离函数求解模型如 5－3 所示。

$$D_0^G(x^t,y^t,b^t;y^t,-b^t)=\max\beta$$

$$\begin{aligned} s.t.\ &\sum_{t=1}^{T}\sum_{k=1}^{K}z_k^t y_m^{k,t} \geqslant (1+\beta)y_m^{r,t}, \quad m=1,\cdots,M\\ &\sum_{t=1}^{T}\sum_{k=1}^{K}z_k^t b_j^{k,t} = (1-\beta)b_j^{r,t}, \quad j=1,\cdots,J\\ &\sum_{t=1}^{T}\sum_{k=1}^{K}z_k^t x_n^{k,t} \leqslant (1-\beta)x_n^{r,t}, n=1,\cdots,N\\ &z_k^t \geqslant 0, \qquad k=1,\cdots,K \end{aligned} \quad (5-3)$$

（3）构建 GML 指数。全局方向距离函数：$\vec{D}_o^G(x^\tau,y^\tau,b^\tau;g^\tau)=\max\{\beta:(y^\tau,b^\tau)+\beta g^\tau\in P^G(x^\tau)\}$，其中 $\tau=t,t+1$，$P^G(x^\tau)$ 表示全局生产可能集，$g=(y,-b)$ 为方向向量。规模报酬不变下，*GML* 可表示为

$$GML_t^{t+1}=\frac{1+\vec{D}_o^G(x^t,y^t,b^t;y^t,-b^t)}{1+\vec{D}_o^G(x^{t+1},y^{t+1},b^{t+1};y^{t+1},-b^{t+1})} \quad (5-4)$$

GML 指数可以进一步分解为技术效率（*Geffch*）与技术进步（*Gtech*），具体模型如式（5－5）所示。*GML* 及其分解指数值大于 1 代表当年全要素生产率水平较基年有所提高，指数值小于 1 代表当年全要素生产率水平较基年有所下降，指数值等于 1 代表当年全要素生产率水平与基年持平。

$$GML_t^{t+1} = Geffch_t^{t+1} \times Gtech_t^{t+1}$$

$$= \frac{1 + \overrightarrow{D_0^t}(x^t, y^t, b^t; y^t, -b^t)}{1 + \overrightarrow{D_0^{t+1}}(x^{t+1}, y^{t+1}, b^{t+1}; y^{t+1}, -b^{t+1})}$$

$$\times \frac{[1 + \overrightarrow{D_0^G}(x^t, y^t, b^t; y^t, -b^t)]/[1 + \overrightarrow{D_0^t}(x^t, y^t, b^t; y^t, -b^t)]}{[1 + \overrightarrow{D_0^G}(x^{t+1}, y^{t+1}, b^{t+1}; y^{t+1}, -b^{t+1})]/[1 + \overrightarrow{D_0^{t+1}}(x^{t+1}, y^{t+1}, b^{t+1}; y^{t+1}, -b^{t+1})]} \tag{5-5}$$

5.1.4 测度结果分析

(1) 世界38个国家全要素生产率测算结果

利用Matlab软件编程测算世界38个国家2005—2018年GML指数变动及其分解结果。Global Malmquist - Luenberger指数模型测算所得的全要素生产率数值具有循环可加性。因此，本书对原始数据进行了累乘处理，具体如表5-3所示。表中GML指数数据为各国在2005—2018年的累积变化值，反映了14年来各国拓展的全要素生产率及其分解的总体变动程度。

表5-3　2005—2018年38个国家GML指数变动及其分解

国家	GML	技术效率	技术进步	国家	GML	技术效率	技术进步
美国	1.0250	1.0224	1.0025	以色列	1.0001	1.0001	1.0000
中国	1.0001	1.0000	1.0001	爱尔兰	1.0059	1.0032	1.0027
日本	1.0000	1.0000	1.0000	土耳其	0.9998	1.0000	0.9998
英国	1.0010	1.0000	1.0010	波兰	1.0000	1.0000	1.0000
德国	1.0043	1.0000	1.0043	芬兰	1.0002	1.0000	1.0002
韩国	1.0081	1.0000	1.0081	挪威	0.9999	0.9998	1.0001
法国	0.9996	1.0010	0.9986	丹麦	1.0003	1.0002	1.0001
印度	0.9991	0.9990	1.0001	奥地利	1.0002	1.0000	1.0002
意大利	0.9956	1.0000	0.9956	南非	1.0000	1.0000	1.0000
巴西	1.0001	0.9995	1.0006	捷克	1.0001	1.0000	1.0001

续表

国家	GML	技术效率	技术进步	国家	GML	技术效率	技术进步
加拿大	1.0000	1.0000	1.0000	罗马尼亚	0.9998	1.0000	0.9998
澳大利亚	1.0000	1.0000	1.0000	智利	1.0000	1.0000	1.0000
俄罗斯	1.0023	1.0000	1.0023	葡萄牙	1.0000	1.0000	1.0000
荷兰	1.0083	1.0000	1.0083	匈牙利	0.9996	0.9998	0.9998
西班牙	1.0006	1.0002	1.0004	新西兰	1.0000	1.0000	1.0000
瑞士	1.0013	1.0000	1.0013	希腊	0.9976	1.0000	0.9976
墨西哥	0.9983	0.9990	0.9993	卢森堡	1.0004	1.0000	1.0004
新加坡	1.0109	1.0002	1.0107	斯洛伐克	0.9982	1.0000	0.9982
瑞典	1.0000	1.0000	1.0000	斯洛文尼亚	0.9994	1.0000	0.9994
均值	1.0015	1.0006	1.0008	标准差	0.0048	0.0028	0.0036
发达国家均值	1.0018	1.0008	1.0010	发展中国家均值	0.9995	0.9995	1.0000

表5－3 显示，世界 38 个国家的 GML 指数均值为 1.0015，表明 2005—2018 年全要素生产率水平提升了 0.15%。从 GML 指数的分解情况来看，对全要素生产率贡献最大的是技术进步，其次是技术效率。14 年间，技术效率和技术进步指数分别提升了 0.06% 和 0.08%。从地区差异来看，技术进步的地区差异程度较大，技术效率的地区差异较小。反映出当前要素在世界国家间的效率已趋同，而国家间技术发展水平仍存在较大差距。

从区域变化来看，2005—2018 年发达国家的 GML 指数均值为 1.0018，表明其全要素生产率水平提升了 0.18%，而发展中国家 GML 指数均值为 0.9995，拓展的全要素生产率下降了 0.05%。从 GML 指数的分解来看，在研究期内，发达国家技术进步提升幅度为 0.1%，而技术效率增长幅度为 0.08%。对比来看，技术进步对拓展的 TFP 的提升效果大于技术效率。这意味着，科技创新在推动发达国家拓展的 TFP 中发挥着重要作用。发展中国家技术进步水平维持不变，但技术效率下降了 0.05%。这说明，发展中国家全要素生产率的倒退主要受技术效率下降的影响。

(2) 中国省域全要素生产率测算结果

中国30个省份（缺西藏）2011—2019年的全要素生产率及其分解结果如表5－4所示。从表5－4中可以看出，2011—2019年全国GML指数均值为1.108，表示全要素生产率水平整体提升了10.8%。为了考察全要素生产率的增长动力及其演变规律，本书将GML指数分解为技术进步和技术效率两部分，其时间演变具体如图5－1所示。从图中可以看出，以2014年为分界点，中国全要素生产率的驱动力发生了转换。2014年以前，技术效率增长高于技术进步增长。这意味着，在这一阶段TFP提升的主要驱动力量源自技术效率，这一结论与田友春等（2021）的研究结论一致。自2014年起，技术进步增长超过了技术效率增长，并持续至2019年。表明近年来中国全要素生产率由技术效率改善型转向了技术进步驱动型。这可能是由于2011—2014年，中国一般性产品的技术水平已接近世界前沿水平，技术模仿空间收窄，同时自主创新能力薄弱导致的。2014年之后，国家自主创新能力不断增强，技术前沿面得到推升，由此实现了技术进步。然而从长期来看，2011—2019年技术进步虽然也对全要素生产率起到了提升作用，但技术效率对于中国全要素生产率水平提升贡献更大。在地区差异方面，区域间TFP的差距主要是由技术进步效率的提升差异造成的。

从区域变化来看，东部地区拓展的TFP水平均值为1.103。这意味着，2011—2019年东部地区拓展的TFP水平提升了10.3%。中部地区全要素生产率水平均值略高于东部地区，为1.209，整体提升了20.9%。西部地区全要素生产率水平均值为1.032，增长了3.2%。区域全要素生产率水平从高到低呈现出中—东—西的态势。从指数分解来看，技术效率从高到低呈现出中—西—东的态势，可能的原因在于，近年来东部地区要素集聚程度过高，但并未因此带来与之相匹配的效率提高，反而造成了资源的浪费，导致了技术效率的下滑。技术进步从高到低呈现出东—中—西的态势，可能原因在于，2011—2019 年中部与西部地区的经济发展仍主要依赖投资规模的优势。未来应加强创新投入，提高创新能力，以实现对东部地区的“追赶超越”。

表 5 -4　　2011—2019 年中国省域拓展的全要素生产率及其分解

地区	全要素生产率									技术效率	技术进步
	2011—2012 年	2012—2013 年	2013—2014 年	2014—2015 年	2015—2016 年	2016—2017 年	2017—2018 年	2018—2019 年	2011—2019 年	2011—2019 年	2011—2019 年
北京	1.000	0.990	0.979	1.004	1.029	1.000	1.000	1.007	1.007	1.000	1.007
天津	0.975	0.992	1.061	1.049	1.092	1.086	1.049	1.068	1.429	1.139	1.254
河北	0.825	0.895	0.975	1.014	1.075	1.205	1.022	1.113	1.074	1.000	1.074
山西	0.872	0.919	0.974	0.992	1.014	1.148	1.047	1.098	1.036	1.374	0.754
内蒙古	1.000	1.000	1.000	1.000	0.934	0.905	1.126	1.115	1.062	1.000	1.062
辽宁	0.983	0.973	0.994	1.037	0.868	1.172	1.036	1.104	1.147	1.065	1.077
吉林	1.000	0.960	1.041	1.026	1.040	1.025	1.100	1.062	1.277	1.040	1.229
黑龙江	0.886	0.977	0.996	0.973	0.982	0.996	1.033	1.044	0.884	0.847	1.044
上海	0.980	0.987	1.008	1.003	1.052	1.015	1.000	1.007	1.053	1.000	1.053
江苏	1.000	0.907	0.979	1.036	1.030	1.056	1.000	1.028	1.028	1.000	1.028
浙江	1.000	0.991	0.977	1.008	1.061	1.053	1.067	1.070	1.242	1.144	1.086
安徽	0.966	0.953	1.013	0.997	1.050	1.041	1.006	1.023	1.046	1.070	0.977
福建	0.980	0.995	0.991	0.980	1.036	1.008	1.036	1.032	1.057	1.013	1.044
江西	0.941	0.956	1.012	0.992	1.077	1.014	1.071	1.083	1.144	1.229	0.931
山东	0.933	1.071	1.000	1.000	1.000	1.000	1.000	1.003	1.003	1.000	1.003
河南	0.985	0.932	0.991	0.990	1.035	1.150	1.227	1.288	1.693	1.274	1.329
湖北	1.002	0.977	1.017	0.997	1.046	1.033	1.125	1.079	1.301	1.205	1.079
湖南	0.985	1.002	1.019	1.013	1.057	1.053	1.074	1.063	1.294	1.217	1.064
广东	1.000	1.000	1.000	0.989	0.994	1.018	1.000	1.009	1.009	1.000	1.009
广西	0.980	0.984	1.010	1.018	1.077	1.026	1.105	1.066	1.289	1.137	1.134
海南	0.961	0.957	0.935	0.992	1.028	1.061	1.078	1.079	1.082	0.952	1.137
重庆	0.972	0.980	1.031	1.035	1.070	1.054	1.011	1.033	1.196	1.160	1.031
四川	0.979	0.924	1.040	1.013	1.051	1.075	1.049	1.062	1.199	1.172	1.024

续表

地区	全要素生产率									技术效率	技术进步
	2011—2012 年	2012—2013 年	2013—2014 年	2014—2015 年	2015—2016 年	2016—2017 年	2017—2018 年	2018—2019 年	2011—2019 年	2011—2019 年	2011—2019 年
贵州	0. 772	0. 907	0. 980	0. 988	0. 981	1. 067	1. 038	1. 052	0. 775	1. 000	0. 775
云南	0. 958	0. 987	0. 986	0. 994	0. 976	1. 063	1. 041	1. 052	1. 054	1. 002	1. 052
陕西	0. 974	0. 949	1. 011	0. 973	1. 048	1. 065	1. 091	1. 098	1. 215	1. 107	1. 098
甘肃	0. 837	0. 887	0. 944	0. 961	1. 020	1. 027	1. 124	1. 086	0. 861	0. 911	0. 945
青海	0. 994	0. 969	0. 978	1. 014	1. 023	0. 980	1. 100	1. 040	1. 095	1. 061	1. 033
宁夏	0. 638	0. 883	1. 025	1. 060	1. 073	1. 038	1. 136	1. 107	0. 858	1. 000	0. 858
新疆	0. 832	0. 934	0. 984	0. 942	0. 975	1. 031	1. 116	1. 041	0. 840	0. 807	1. 041
总体均值	0. 940	0. 961	0. 998	1. 003	1. 026	1. 049	1. 064	1. 067	1. 108	1. 064	1. 041
标准差	0. 083	0. 041	0. 027	0. 025	0. 047	0. 059	0. 053	0. 052	0. 186	0. 112	0. 117
东部均值	0. 967	0. 978	0. 991	1. 010	1. 024	1. 061	1. 026	1. 047	1. 103	1. 028	1. 070
中部均值	0. 954	0. 959	1. 008	0. 998	1. 038	1. 058	1. 085	1. 093	1. 209	1. 157	1. 051
西部均值	0. 903	0. 946	0. 999	1. 000	1. 021	1. 030	1. 085	1. 068	1. 040	1. 032	1. 005

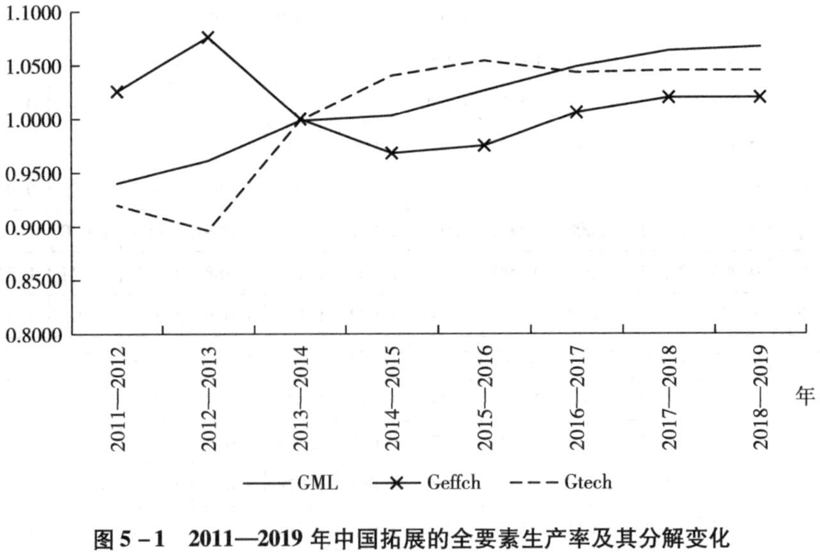

图 5 – 1　2011—2019 年中国拓展的全要素生产率及其分解变化

5.2　研究设计

5.2.1　计量模型设定

本书在参考郭家堂和骆品亮（2016）关于互联网与全要素生产率关系实证研究思路基础上，构建了如下静态面板模型作为基准模型来检验数字经济对全要素生产率的影响效应。

$$GML_{i,t} = \alpha_0 + \alpha_1 DE_{i,t} + \alpha_c CV_{i,t} + \mu_i + \varepsilon_{i,t} \tag{5-6}$$

其中，i 为时间，t 为地区，$GML_{i,t}$表示全要素生产率，$DE_{i,t}$表示数字经济，$CV_{i,t}$为影响全要素生产率的其他控制变量。μ_i 表示非观测的个体固定效应。$\varepsilon_{i,t}$ 为随机误差项，服从独立同分布。

为了考察数字经济对全要素生产率的影响效应在发达国家和发展中国家是否存在显著差异，本书在模型（5－6）基础上加入了数字经济规模与是否为发达国家的交互项，并对其系数进行参数估计。同时，考虑到一国全要素生产率提升中数字经济作用发挥的滞后性，以及 TFP 与数字经济之间存在的反向因果关系，本书对数字经济规模 DE 变量进行滞后处理。同样地，所有与国际层面样本数相关的控制变量也取滞后一期。

$$\begin{aligned} GML_{i,t} =& \alpha_0 + \alpha_1 DE_{i,t-1} + \alpha_2 devdum + \alpha_3 DE_{i,t-1} \times devdum \\ &+ \alpha_c CV_{i,t-1} + \mu_i + \varepsilon_{i,t} \end{aligned} \tag{5-7}$$

其中，$devdum$ 为虚拟变量。如果样本为发达国家，则 $devdum$ 取值为 1，其余样本取值为 0。

为了进　步探究数字经济究竟是通过何种途径影响全要素生产率。本书将全要素生产率分解为技术效率 $Geffch_{i,t}$和技术进步 $Gtech_{i,t}$，并分别将二者作为被解释变量进行回归。参考谢莉娟等（2020）的研究，构建模型如下：

$$Geffch_{i,t} = \alpha_0 + \alpha_1 DE_{i,t} + \alpha_c CV_{i,t} + \mu_i + \varepsilon_{i,t} \tag{5-8}$$

$$Gtech_{i,t} = \alpha_0 + \alpha_1 DE_{i,t} + \alpha_c CV_{i,t} + \mu_i + \varepsilon_{i,t} \quad (5-9)$$

5.2.2 变量选取

①被解释变量：拓展的全要素生产率（*GML*）及其分解指标。依据表5-1和表5-2的投入产出指标，采用Global Malmquist - Luenberger（GML）指数方法对38个国家及中国30个省份全要素生产率进行测度，进一步将其分解为技术效率（*Geffch*）和技术进步（*Gtech*）。由于GML指数方法测得的全要素生产率是相对与上一年的变化率。因此本书将各研究期基期*GML*指数值设为1，将*GML*增长率进行累乘得到历年全要素生产率绝对值。技术效率（*Geffch*）和技术进步（*Gtech*）也做相同处理。

②核心解释变量：数字经济（*DE*）。在以跨国数据为样本的实证检验中，选取数字经济规模为核心解释变量，并根据数字经济规模的主要构成，将其细分为数字产业化（*DE Digin*）和产业数字化（*DE Indig*），具体数据由第4章测算所得[①]。为了消除经济周期成分干扰，采用HP滤波法对数字经济规模进行了预处理。同时为了缓解异方差性问题，对数字经济规模进行了对数化处理。在以中国省域数据为样本的实证检验中，选取数字经济发展水平为核心解释变量，具体数据由第4章测算所得。

③控制变量：为了缓解遗漏变量造成的估计偏误问题，本书控制了可能影响全要素生产率的其他因素。包括：交通基础设施（*Transport*）：交通基础设施能够加速要素流动，增加地区的就业人数，是推动区域TFP提升的重要因素之一。本书选取道路面积的对数值来表示；金融发展水平（*Finance*）：金融发展有助于释放创新活力，从而对全要素生产率产生积极影响（Buera等，2011）。本书选取金融机构年末存贷款余额占GDP比重来

① 严格意义上来说，数字经济增加值规模与数字经济发展水平是量化数字经济的两种视角。但由于受到国际数据可获得性的限制，目前较难对世界各国数字经济发展水平进行统一标准下的多维测度。因此，本书采用第4章测算的数字经济规模来对世界国家的数字经济进行量化。

表示；城镇化水平（*Urban*）：城镇化过程伴随着劳动力从生产率较低的部门向生产率更高的部门流动。因此，城镇化对全要素生产率提升的作用不容忽视。本书选取年末城镇人口占年末总人口的比重来表示；消费水平（*Consume*）：消费是拉动经济增长的“三驾马车”之一，也是拉动全要素生产率不可或缺的外部力量。本书用居民人均消费支出的对数值来表示；外商投资（*FDI*）：外商投资能够通过技术引进、技术外溢以及人员流动等途径促进全要素生产率提升。本书用当年实际使用外资占 GDP 的比重来表示；人口年龄结构（*Stru*）：人口结构变化会通过劳动力供给效应以及消费效应影响全要素生产率（熊永莲等，2016）。本书用老年抚养比来表示。具体变量的解释说明见表 5 –5 所示。

表 5 –5　　主要变量的解释说明

变量类型	变量符号	变量名称	变量指标测度方法
被解释变量	*GML1*	世界国家全要素生产率	Global Malmquist – Luenberger 指数法
	GML2	中国省级全要素生产率	Global Malmquist – Luenberger 指数法
核心解释变量	*DE1*	数字经济增加值规模	增加值核算法
	DE Digin	数字产业化增加值规模	增加值核算法
	DE Indig	产业数字化增加值规模	增加值核算法
	DE2	数字经济发展水平	熵值—TOPSIS 法
控制变量	*Transport*	交通基础设施	道路面积取对数
	Finance	金融发展水平	金融机构年末存贷款余额/GDP
	Urban	城镇化水平	年末城镇人口/年末总人口
	Consume	消费水平	居民人均消费支出取对数
	FDI	外商投资	当年实际使用外资/GDP
	Stru	人口年龄结构	老年抚养比

5.2.3　数据来源与描述性统计

（1）跨国面板数据

2005—2018 年 38 个国家数据来源于世界银行数据库、联合国贸易和发展会议数据库和 CNKI 数据库。变量描述性统计结果如表 5－6 所示。

表 5－6　　描述性统计：基于国际面板数据

变量	样本	均值	标准差	最小值	最大值
*GML*1	532	0.9824	0.0541	0.9130	1.1398
*DE*1	532	126109.6	255360.2	2756.82	1800000
DE Digin	532	71941.45	148520.7	1303.40	1073359
DE Indig	532	54219.89	108606.4	1018.49	823615.9
FDI	532	3.7333	8.4801	－58.3259	75.9677
Stru	532	21.6216	7.5558	7.1494	46.1709
Urban	532	74.5544	14.0884	29.2350	100

（2）中国省域面板数据

由于可获得的数字普惠金融指数等数据从 2011 年开始，因此本书将样本区间设定为 2011—2018 年。原始数据来自国家统计局和国泰安数据库。表 5－7 展示了全国及三大地区各变量的描述性统计结果。在全国总体样本中，全要素生产率的均值和标准差分别为 1.012 和 0.064，其标准差小于均值，表明全要素生产率变量分布不存在过度分散问题。数字经济发展水平最大值和最小值分别为 0.939 和 0.113，说明本书样本选择在数字经济发展方面有较大差异。在地区分样本中，全要素生产率水平均值从高到低依次为中—东—西。其中西部地区间全要素生产率发展水平差异最大，其次是中部、东部地区全要素生产率发展最为均衡。数字经济发展水平均值从高到低依次为东—中—西。东部地区间数字经济发展水平差异最大，其次是西部，中部地区数字经济发展最为均衡。本书还计算了变量的方差膨胀因子，所有解释变量方差膨胀因子远小于 10，符合检验标准，说明回归模型不存在严重的多重共线性。

表 5－7　　描述性统计：基于中国省级面板数据

地区		*GML2*	*DE2*	*Transport*	*Finance*	*Consume*	*FDI*
全国	均值	1.012	0.418	23342.590	3.075	16623.960	0.262
	标准差	0.064	0.161	19286.750	1.050	6402.224	0.330
	最小值	0.638	0.113	1430.000	1.520	8288.000	0.003
	最大值	1.288	0.939	93397.000	7.570	43351.000	2.224
东部	均值	1.011	0.545	34456.050	3.490	21490.700	0.479
	标准差	0.051	0.175	26314.440	1.409	7622.098	0.343
	最小值	0.825	0.213	4133.000	1.800	9081.680	0.040
	最大值	1.205	0.939	93397.000	7.570	43351.000	1.457
中部	均值	1.021	0.386	22441.610	2.420	13738.700	0.179
	标准差	0.064	0.076	7333.534	0.520	2935.577	0.366
	最小值	0.872	0.228	11349.000	1.530	9135.690	0.024
	最大值	1.228	0.532	38831.000	3.880	20821.600	2.224
西部	均值	1.006	0.315	12884.390	3.065	13855.600	0.106
	标准差	0.073	0.090	7370.335	0.645	3229.642	0.087
	最小值	0.638	0.113	1430.000	1.520	8288.000	0.003
	最大值	1.136	0.555	37968.000	4.700	21579.700	0.474

5.3　实证结果分析

5.3.1　基于国际面板数据的回归结果分析

采用2005—2018年38个国家的平衡面板数据对数字经济的效率提升效应进行检验。在Hausman检验结果中，*P*值为0.0224，说明拒绝了随机效应模型。但本书固定效应模型的总体拟合度未通过显著性检验，而固定效应模型F检验结果表明，混合回归是可以接受的。因此，本书选用混合普通最小二乘法（POLS）估计系数，结果如表5－8所示。

表5－8中列（1）展示了数字经济对全要素生产率的影响。可以看

出，*DE* 的回归系数在 1% 的显著性水平下为正，其系数达到了 0.412，说明数字经济增加值规模每提高 1 个百分点，将带动全要生产率提高 0.412 个单位，证实了数字经济在推动全要素生产率提升中的重要作用。列（3）和列（5）展示了数字产业化 *DE Digin* 和产业数字化 *DE Indig* 的作用效果，其系数均显著为正，但产业数字化的弹性系数相比于数字产业化更大。由此可见，扩大数字经济基础产业规模和加强数字经济融合对于促进全要素生产率都有重要意义，数字技术与传统产业融合对全要素生产率带来的作用效果更为凸显。列（2）进一步展示了数字经济对全要素生产率提升作用在发展中国家与发达国家的差异。可以看出，*DE* × *devdum* 的估计系数显著为正值，说明数字经济对 TFP 的提升效应在发达国家更为明显。列（4）中 *DE Digin* × *devdum* 和列（6）中 *DE Indig* × *devdum* 的估计系数也显著为正。这意味着，数字产业化与产业数字化对发达国家 TFP 的推动作用也更为明显。通过这一结论可以推断出，发达国家全要素生产率提升与其庞大的数字经济规模密切相关。对于发展中国家而言，实现经济高质量发展需要发挥数字经济的引擎力量。

表 5－8　数字经济对拓展的 TFP 影响的回归结果：基于国际面板数据

	(1)	(2)	(3)	(4)	(5)	(6)
DE	0.412** (2.09)	0.016* (1.65)				
FDI	0.040*** (2.79)	0.042*** (2.94)	0.039*** (2.71)	0.041*** (2.86)	0.043*** (3.12)	0.041*** (2.92)
Stru	−0.276*** (−3.88)	−0.272*** (−4.25)	−0.279*** (−3.92)	−0.274*** (−4.29)	−0.292*** (−4.66)	−0.293*** (−4.25)
Urban	−0.071* (−1.68)	−0.072* (−1.64)	−0.076* (−1.71)	−0.078 (−1.54)	−0.065* (−1.72)	−0.065 (−1.28)
DE × *devdum*		0.418** (2.14)				
DE Digin			0.310** (2.04)	0.014* (1.75)		

续表

	(1)	(2)	(3)	(4)	(5)	(6)
DE Digin × devdum				0.317** (2.16)		
DE Indig					0.342** (2.51)	0.025* (1.71)
DE Indig × devdum						0.343** (2.48)
devdum	0.140* (1.87)	0.150** (2.43)	0.108 (1.26)	0.117* (1.68)	0.205*** (3.68)	0.188*** (2.89)
_ *cons*	7.61*** (5.69)	7.466*** (5.82)	8.489*** (6.78)	8.312*** (6.82)	7.313*** (5.72)	7.408*** (5.58)
N	532	532	532	532	532	532

注：***、**、* 分别表示在1%、5%、10%的置信水平上显著，括号中为 *t* 值或 *z* 值，下表同。

5.3.2　基于中国省级面板数据的回归结果分析

表5-9是数字经济对全要素生产率影响的静态面板回归估计结果。根据Hausman检验，列（1）~列（8）均选择了固定效应模型（FE），使本书能够更好的观察各地区不随时间变化特征所起的作用，符合理论预期。

表5-9　　数字经济对拓展的TFP影响的回归结果：基于中国省级面板数据

变量	全国总体		东部地区		中西部地区		高发展水平地区		低发展水平地区	
	(1)	(2)	(3)	(4)	(5)	(6)	(7)	(8)	(9)	(10)
DE	1.459*** (7.77)	0.780*** (2.85)	0.533* (1.85)	0.526*** (2.97)	1.898*** (8.48)	0.799*** (18.71)	1.260*** (5.39)	0.347*** (3.53)	1.505*** (6.29)	0.348*** (3.75)
Transport		0.013*** (4.02)		0.054** (2.30)		0.027** (1.98)		0.028* (1.91)		0.026* (1.90)
Finance		0.039** (2.00)		0.057*** (3.08)		0.028* (1.77)		0.030* (1.84)		0.027* (1.84)

续表

变量	全国总体		东部地区		中西部地区		高发展水平地区		低发展水平地区	
	(1)	(2)	(3)	(4)	(5)	(6)	(7)	(8)	(9)	(10)
Consume		0.037 (1.61)		0.081 (0.27)		0.013 (0.63)		0.034* (1.70)		0.034* (1.70)
FDI		0.042* (1.84)		0.015*** (4.61)		0.011*** (3.48)		0.002* (1.93)		0.002* (1.93)
Constant	0.388*** (4.88)	−0.075 (−0.39)	0.680*** (3.89)	−0.797 (−1.43)	0.417*** (6.02)	−0.531* (−1.78)	0.487*** (4.75)	−0.715 (−1.41)	0.357*** (3.66)	−0.489 (−0.71)
N	270	270	99	99	171	171	153	153	117	117
R^2	0.2522	0.4318	0.0424	0.4106	0.3889	0.4106	0.2765	0.4189	0.3512	0.4252
Chi^2	6.89***					5.37**				
P 值	0.007					0.017				

采用全样本数据检验数字经济对拓展的 TFP 的影响效应，回归结果如列（1）～列（2）所示。列（1）展示了在不考虑控制变量的情况下的基准回归结果。可以看出，数字经济在 1% 的显著性水平下显著为正。这意味着数字经济对于全要素生产率具有显著的助推效果。列（2）展示了纳入控制变量后的回归结果。结果表明数字经济对全要素生产率影响作用的系数符号未发生改变，且同样在 1% 的显著性水平下显著。数字经济发展水平每提高 1 个百分点，将带动地区全要素生产率水平提升 0.780 个百分点，进一步证实了数字经济在 TFP 提升中的关键作用。

数字经济对拓展的 TFP 的作用是否会受到地区发展差异的影响有待进一步验证。本书主要考虑了区域异质性和 TFP 水平异质性带来的影响作用。区域异质性方面，将样本划分为东部地区和中西部地区，若样本为东部地区，则虚拟变量 ZoneID 取值为 1，否则取值为 0①；全要素生产率异质

① 考虑到本书研究采用的是省级面板数据，如果将区域样本分为东、中、西、东北，可能产生因样本量过小导致的结果偏误。因此，本书参考刘守英等（2020）的研究将样本划分为东部与中西部地区进行区域异质性分析。

性方面，若地区拓展的TFP水平大于该年的中位数数值，则设定为高发展水平地区，设置虚拟变量LevelID取值为1；反之，则为低发展水平地区，取值为0。回归结果如列（3）~列（10）所示。本书进一步对分组样本进行了组间差异检验，结果表明SUR-test检验的P值均通过了显著性检验，说明组间存在显著差异。

从列（3）~列（6）的回归结果可以看出，数字经济对全要素生产率的影响存在区域异质性。虽然在东部地区和中西部地区，数字经济对拓展的TFP的影响都至少在10%的显著性水平下显著为正。但与东部地区相比，数字经济对拓展的TFP的提升效果在中西部地区更为强烈。这一结果与杨慧梅和江璐（2021）的研究结论一致。可能的解释是东部地区经济发展水平较高，区域内数字基础设施建设更为完善，人力资本水平也更高，经济增长的潜力已经得到了充分开发，数字经济能够起到的边际作用较小。而中西部地区经济发展水平相对落后，TFP具有更大的提升潜力。数字经济的强扩散性、高创新性和数字金融的普惠性为提升中西部全要素生产率提升提供了新的途径，因此对于中西部地区，数字经济发展无异于“雪中送炭”。从列（7）~列（10）的回归结果中可以看出，数字经济对拓展的TFP的影响也存在地区TFP发展水平的异质性。数字经济对拓展的TFP的影响在高发展水平地区和低发展水平地区均至少在1%的显著性水平下显著为正。但相较于高发展水平地区，数字经济对拓展的TFP的提升效果在低发展水平地区更为强烈。这一结论也佐证了东中西部区域异质性分析的结果，数字经济对全要素生产率水平较低的地区存有更大的提升潜力。

在控制变量方面。交通基础设施在列（1）~列（8）中均通过了显著性检验，且影响方向均为正。表明加强交通基础设施建设确实能够显著促进全要素生产率提升，这可能源于交通基础设施的设立，加速了要素在地区间的流动，促使要素从低生产率地区向高生产率地区的转移，同时带动了地方就业。这也论证了当前中国开通高铁，铺设城际轨道交通的合理性与重要性。金融发展水平回归系数在列（1）~列（8）均显著为正，金融发展水平的改善显著促进了全要素生产率水平，表明金融体系为服务实体经济提供资金支持已成为推动中国实现经济高质量发展的重要支撑。消费水平的估计系数为正，但在统计上并不显著。这表明消费水平提升能够提升经济增长的数量，但在推动全要素生产率提升方面，可能仍需实施供给侧结构性改革，助推消费升级。对外开放对全要素生产率的助推作用在列（1）~列（8）中均显著成立，表明对外开放对全要素生产率具有重要的推动意义。对外开放既是商品进行进出口贸易的过程，更是技术引进、信息交流的过程，能够促进经济要素自由流动，实现市场深度融合。

5.3.3 内生性处理

本书采用工具变量法来缓解数字经济与全要素生产率之间由于反向因果及遗漏变量等导致的内生性问题。借鉴 Nunn 和 Qian（2014）、黄群慧（2019）、李宗显和杨千帆（2021）等的方法，选择 1998 年固定电话年末用户数与信息传输服务和软件业全社会固定资产投资额的一阶滞后项（与时间有关）的交互项作为数字经济的工具变量。理由如下：第一，数字经济是在互联网普及的基础上发展起来的，而互联网应用的扩大是从拨号电话使用开始的。这样历史上固定电话用户数较多的地区也极有可能是数字经济发展程度较高的地区，由此符合相关性的要求。第二，在移动 4G 覆盖率达到 98% 的今天，历史固定电话用户数并不会对全要素生产率水平产生直接影响，从而符合“外生性”的条件。

表 5 – 10 报告了数字经济对全要素生产率的 2SLS 回归结果。Kleibergen – Paap rk LM 统计量在 1% 的置信水平下显著，说明模型中不存在工具变量不可识别问题。Kleibergen – Paap rk Wald F 统计量也远大于 Stock – Yogo 弱识别检验在 10% 水平上的临界值 16. 38，说明可以排除弱工具变量

问题，选取的工具变量有效。第二阶段回归结果表明，数字经济发展对全要素生产率有正向作用。可见，数字经济发展能够促进全要素生产率这一结论是稳健的。

表5-10　　工具变量法的估计结果

2SLS		
	第一阶段	第二阶段
IV	0.0342*** (11.12)	
DE		0.195** (2.12)
Transport	0.181*** (11.47)	0.004** (2.50)
Finance	0.388*** (7.52)	0.012*** (2.66)
Consume	0.001*** (16.28)	0.003** (2.53)
FDI	0.004*** (4.45)	0.055* (1.87)
Constant	-0.156*** (-3.48)	0.771*** (18.48)
控制变量	是	是
地区固定	是	是
年份固定	是	是
Kleibergen-Paap rk Wald F 统计量	123.602	

注：Kleibergen-Paap rk LM 统计量括号内为 *P* 值。

5.3.4 稳健性检验

(1) 基于国际面板数据回归的稳健性检验

本书从如下三个方面对基于国际面板数据的实证结果进行稳健性检

验。①改变变量衡量方式，使用不考虑非期望产出的 Malmquist 指数衡量全要素生产率，重新估计模型；②改变核心解释变量衡量方式，使用人均数字经济增加值代替总量值重新进行回归；③考虑到研究样本在数字经济和拓展的 TFP 方面的差异性，为了避免数据异常值导致的估计偏误问题，本书对连续型变量进行了 5% 的缩尾处理。从三种稳健性检验的结果可以看出，数字经济均在至少 10% 的显著性水平下显著为正。可见本书研究结论具有一定的稳健性（见表 5－11）。

表 5－11　　稳健性检验：基于国际面板数据

	被解释变量为 Malmquist 指数	数字经济变量为人均值	对变量做 5% 水平的 winsorize 处理
DE	0.328* (1.73)	0.338** (2.21)	0.256* (1.83)
FDI	0.009 (0.89)	0.005* (1.65)	0.012* (1.67)
Stru	−0.279*** (−5.48)	−0.275*** (−5.32)	−0.293*** (−5.75)
Urban	−0.171** (−2.17)	−0.179** (−2.11)	−0.258*** (−3.44)
_ *cons*	5.745*** (4.82)	6.120*** (5.28)	5.755*** (4.87)

（2）基于中国省级面板数据回归的稳健性检验

本书从如下三个方面对基于中国省级面板数据的实证结果进行稳健性检验。①动态面板回归。考虑到 TFP 的增长具有累积效应，前期的 TFP 水平对后期的 TFP 会带来一定影响，而且在影响全要素生产率的诸多因素中，存在许多难以定量的特征，如文化、经验习惯等。但要对这些因素进行界定与具体度量非常困难。本书通过引入全要素生产率水平滞后项 $GML_{i,t-1}$ 来综合这些因素，从而消除未引入全要素生产率水平滞后项时解释变量与误差项之间存在的相关性，并采用GMM方法进行回归估计。GMM方法主要有Difference GMM和System GMM，与System GMM方法相比，Difference GMM会损失一部分样本信息，尤其对于小样本而言，将降低模型估计的有效性。因此，本书采用System GMM方法进行动态面板估计。②改变被解释变量衡量方式。使用不考虑非期望产出的Malmquist指数测度全要素生产率水平，重新估计模型。③改变核心解释变量衡量方式。使用纵横向拉开档次法测度数字经济发展水平，并据此进行计量回归。从表5-12中可以看出，三种稳健性检验的估计结果均与基准回归一致。可见，本书研究结果具有稳健性。

表5-12　　稳健性检验：基于中国省级面板数据

变量	动态面板回归	Malmquist指数法	纵横向拉开档次法
L. GML	0.288 * (1.73)	—	—
DE	0.813 ** (2.51)	0.976 *** (4.81)	1.339 *** (3.50)
Constant	0.542 *** (2.75)	0.023 (0.14)	11.105 *** (36.10)
Control	是	是	是
N	270	270	270
Wald	7.23e+05 ***	—	—
AR (2)	0.68	—	—
sargan	80.25	—	—

5.4　影响机制检验

前文已证实，数字经济对全要素生产率有显著的正向提升效应，但这种提升效应的作用机制仍不明确。为此，本书将GML效率指数分解为技术效率（*Geffch*）和技术进步（*Gtech*），进一步检验数字经济驱动全要素生产率提升的作用机制。

5.4.1 数字经济对技术效率的影响检验

从表5-13的列（1）中可以看出，*DE*×*devdum*系数显著为负，表明发达国家数字经济对技术效率的推动作用要劣于发展中国家。这可能是由于发展中国家技术水平离生产前沿面较远，技术效率提升潜力较大引起的。但总体来看，数字经济对发达国家和发展中国家的技术效率均有显著的正向推动作用。从列（3）中可以看出，数字经济对技术效率的回归系数在1%的水平上显著为正。这意味着数字经济对中国技术效率起到了显著的提升作用。数字经济的连接性为消减经济往来障碍，实现供需的精准匹配，优化传统要素的配置结构提供了重要保障。同时通过数据要素的渗透性、替代性与传统生产要素不断融合，有效减缓了传统生产要素边际收益递减的负效应，从而保证在投入不变的情况下，产出尽可能的逼近生产前沿面，实现总体技术效率的改善（王开科等，2020；郭吉涛和梁爽，2021）。

5.4.2 数字经济对技术进步的影响检验

从表5-13列（2）中可以看出，*DE*的系数为正且通过显著性检验，表明数字经济显著提高了发展中国家的技术进步。*DE*×*devdum*系数显著为正，表明在发达国家，数字经济对技术进步作用效果要优于发展中国家。这可能是因为发展中国家的技术进步主要依赖技术扩散、技术转移等途径，自主创新能力较为匮乏。从列（4）中可以看出，数字经济对中国技术进步的回归系数并不显著，且表现为负向影响。这意味着数字经济目前并未带来技术进步。这一实证结果与范合君和吴婷（2021）的研究结论一致。可能的原因是：第一，国内数字经济创新发展多集中在产品、服务以及商业模式创新，其创造效应主要体现在社交软件、娱乐服务等消费领域，本质只是将线下的业态搬到了线上。例如，网络购物平台将传统街店进行数字化，共享出行模式将出传统交通服务进行数字化，社区团购将农贸市场进行数字化等。这些新业态、新模式的产生虽然在一定加速了要素的流动，优化了要素的匹配，但并未带来生产前沿面的推升。第二，中国数字技术创新能力存在短板。虽然中国数字产业化发展规模走在全球前列，但数字经济发展所必备的芯片、传感器等核心元器件在技术水平上与发达国家存在差距，在芯片设计、工业控制等领域仍依赖从发达经济体进口或授权使用，缺乏颠覆性的技术创新与理论基础，从而阻碍了技术进步（邓洲，2020）。第三，数字经济人才紧缺。人才是提高自主创新能力，推动前沿技术进步的主要发力者。中国人才储备规模虽然目前处于全球领先地位，但仍难以满足数字经济发展的需求。根据中国信通院统计数据显示，2020 年中国数字化人才缺口近 1100 万人①。数字经济人才的紧缺制约了数字经济的技术进步效应实现。

表 5－13　数字经济对拓展的全要素生产率的影响机制检验

	国际面板数据		中国省级面板数据	
	Geffch (1)	*Gtech* (2)	*Geffch* (3)	*Gtech* (4)
DE	0.398 *** (5.19)	0.163 ** (2.04)	1.036 *** (3.66)	−0.089 (−1.49)
DE × *devdum*	−0.028 ** (−1.99)	0.365 ** (2.52)	—	—
控制变量	是	是	是	是
时间效应	是	是	是	是
N	532	532	270	270
R^2	0.4257	0.4189	0.4578	0.3020

① 数据来源：中国信通院 2021 年《数字经济就业影响研究报告》。

5.5 本章小结

本章首先将创新发展、福利水平、资源环境等因素纳入全要素生产率测度体系，构建了“拓展的全要素生产率”指标，并采用 Global Malmquist – Luenberger 指数模型对 2005—2018 年 38 个国家拓展的全要素生产率水平以及 2011—2019 年中国拓展的全要素生产率水平进行了测度分析。其次，构建了数字经济影响全要素生产率的面板数据模型，结合第 5 章数字经济测算数据，实证检验了数字经济对全要素生产率的影响效应，并从地区异质性和全要素生产率发展水平异质性等方面进行了异质性分析。同时，参照 Nunn 和 Qian（2014）、黄群慧（2019）等的研究，采用工具变量法解决潜在内生性问题。从更换关键变量的衡量方式，考虑全要素生产率的累积效应，对样本进行缩尾处理等方式对回归结果进行了稳健性检验。最后，本章对数字经济通过何种机制影响全要素生产率的问题进行了实证检验。主要结论如下：

第一，从全要素生产率水平测度结果来看：（1）在国际层面，2005—2018 年世界 38 个国家的全要素生产率平均水平显著提升，对拓展的 TFP 提升贡献最大的是技术进步，其次为技术效率。分地区来看，发达国家拓展的 TFP 平均水平提升了 0.18%，其主要原因在于技术进步的提升。但发展中国家拓展的 TFP 平均水平下降了 0.05%，其原因在于技术效率的下降。（2）在中国层面，2011—2019 年中国拓展的 TFP 水平整体呈现上升趋势。2011—2014 年，拓展的 TFP 的主要驱动力量源自于技术效率的提升。自 2014 年起，中国拓展的 TFP 由技术效率改善型转向了技术进步驱动型。三大地区拓展的 TFP 水平从高到低呈现出中—东—西的态势，技术进步是导致区域间拓展的 TFP 差距的主要原因。因此，为持续提高全要素生产率水平，还需进一步强化技术创新能力，以此增强中国经济高质量发展的内生动力。

第二，从数字经济对全要素生产率影响的实证检验结果来看：（1）无论是基于国际面板数据还是中国省级面板数据，数字经济对全要素生产率都有显著的正向提升作用，并且这一结论在稳健性检验和内生性处理后依然成立。据此，本书对“索洛悖论”给出了一个新的解释，认为索洛忽视了数字经济对人民福利水平提升、生态环境改善等方面的影响，从而给出了“ICT 对生产率无效”的误判。（2）从数字经济分项来看，产业数字化对全要素生产率的提升作用大于数字产业化。可见，产业数字化是提升经济效率的主引擎，未来应着力推进数字经济与实体经济融合建设，实现数字产业化与产业数字化“双轮驱动”。（3）异质性分析结果表明，数字经济对全要素生产率的促进作用具有区域异质性。从国际范围来看，发达国家数字经济的作用效果要优于发展中国家。在中国区域层面，相比于东部地区和高生产率地区，中西部地区和低生产率地区所享受到的数字经济发展红利更加明显。

第三，从数字经济对全要素生产率影响的作用机制实证结果来看：（1）发达国家和发展中国家数字经济均能够通过改善技术效率和技术进步促进全要素生产率，但发展中国家数字经济的技术进步效果明显劣于发达国家。（2）在国内，数字经济对技术效率具有显著的改善效果，但并未带来技术进步的提升。究其原因，除了中国数字经济技术创新能力存在短板以及人才短缺外，国内数字经济创新发展多集中在产品、服务以及商业模式创新，其创造效应主要体现在社交软件、娱乐服务等消费领域。未来中国数字经济发展亟须在数字技术创新能力建设、数字经济人才培育等方面发力，将数字经济发展的着力点聚焦于生产领域，释放数字经济潜能。

第6章 产业效率视角下数字经济影响经济高质量发展的实证检验

数字经济作为一种新的技术经济范式，不仅能够以数据为核心生产要素实现新的价值创造，通过新技术、新业态、新模式实现不断“出新”，还能够以其连接性、替代性与渗透性在促进产业融合、优化产业组织模式、提高产业劳动生产率方面产生深刻影响，赋能传统产业“焕新”。无论“出新”还是“焕新”，数字经济都对产业发展产生了深远影响，实现了“机器换人”“智能服务”等繁荣景象。经济高质量发展的核心内涵体现为全要素生产率的持续稳定提升。在中观产业层面，数字经济究竟能否突破“生产率悖论”，推动产业全要素生产率提升，实现经济高质量发展仍有待回答。数字经济对农业、制造业和服务业全要素生产率的作用效果是否存在差异。数字经济对产业全要素生产率的影响是否存在区域异质性与行业异质性。数字经济主要通过何种机制影响产业全要素生产率等问题亦待进行验证。

本章采用Global Malmquist - Luenberger指数模型对2011—2019年中国30个省份的农业、服务业与制造业绿色TFP水平进行测度。在此基础上实证检验数字经济对各产业全要素生产率的影响效应，并对区域及行业异质性进行检验。进一步地，从技术效率和技术进步角度分析数字经济对产业全要素生产率的影响机制，以及人力资本结构和新型基础设施投资对数字经济与产业全要素生产率关系的调节作用。

6.1　研究设计

6.1.1　计量模型设定

构建计量模型检验数字经济对产业全要素生产率的影响效应，设定基准回归模型如式（6－1）所示。

$$TFP_{i,t} = \alpha_0 + \alpha_1 DEDI_{i,t} + \alpha_c CV_{i,t} + \mu_i + \delta_t + \varepsilon_{i,t} \quad (6-1)$$

其中，$TFP_{i,t}$为产业全要素生产率，$DEDI_{i,t}$为地区数字经济发展水平，$CV_{i,t}$为影响产业全要素生产率的控制变量，μ_i 为个体固定效应，δ_t 为时间固定效应，$\varepsilon_{i,t}$ 为随机误差项，服从独立同分布。

为了探究数字经济究竟是通过何种途径影响产业全要素生产率。本书将产业全要素生产率分解为技术效率 $Geffch_{i,t}$和技术进步 $Gtech_{i,t}$，并分别将二者作为被解释变量进行回归，构建模型如下：

$$Geffch_{i,t} = \alpha_0 + \alpha_1 DEDI_{i,t} + \alpha_c CV_{i,t} + \mu_i + \delta_t + \varepsilon_{i,t} \quad (6-2)$$

$$Gtech_{i,t} = \alpha_0 + \alpha_1 DEDI_{i,t} + \alpha_c CV_{i,t} + \mu_i + \delta_t + \varepsilon_{i,t} \quad (6-3)$$

由前文理论分析可知，人力资本结构、新型基础设施投资对数字经济与产业全要素生产率间关系存在调节作用。因此，本书在模型（6－1）基础上加入数字经济发展水平与人力资本结构以及新型基础设施投资的交乘项，构建模型如下：

$$TFP_{i,t} = \alpha_0 + \alpha_1 DEDI_{i,t} + \alpha_1 EDU_{i,t} + \alpha_2 EDU \times DEDI_{i,t} + \alpha_c CV_{i,t} + \mu_i + \delta_t + \varepsilon_{i,t} \quad (6-4)$$

$$TFP_{i,t} = \alpha_0 + \alpha_1 DEDI_{i,t} + \alpha_1 Digfra_{i,t} + \alpha_2 Digfra \times DEDI_{i,t} + \alpha_c CV_{i,t} + \mu_i + \delta_t + \varepsilon_{i,t} \quad (6-5)$$

6.1.2　变量选取

（1）被解释变量。被解释变量为产业全要素生产率（*TFP*）及其分解指标。本书采用 GML（Global Malmquist – Luenberger）指数方法对中国 30 个省份农业全要素生产率（*TFP_ agri*）、制造业全要素生产率（*TFP_ manu*）和服务业全要素生产率（*TFP_ serv*）进行测度，进一步将其分解为技术效率（*Geffch*）和技术进步（*Gtech*）。由于 GML 指数方法测得的全要素生产率是相对与上一年的变化率。因此本书将其转化为以 2011 年为基期的累乘形式进行后续回归估计，技术效率（*Geffch*）和技术进步（*Gtech*）也做相同处理。农业、制造业和服务业全要素生产率测算指标说明如下：

①农业全要素生产率（*TFP_ agri*）。农业投入指标包括：a. 农业劳动力投入，以第一产业就业人数来衡量；b. 土地投入，以农作物播种面积来衡量；c. 农业机械投入，以农业机械总动力来衡量；d. 化肥投入，以农用化肥施用折纯量来衡量；e. 农药投入，以农药使用量来衡量。农业产出指标包括：a. 农业合意产出，以第一产业增加值来衡量，并按 2011 年不变价格进行平减处理；b. 农业非合意产出，以农业碳排放总量来衡量，具体参考刘亦文等（2021）的估算方法对农业碳排放总量进行计算。

②制造业全要素生产率（*TFP_ manu*）。制造业投入指标包括：a. 制造业资本投入，以制造业资本存量来衡量。制造业资本存量测算采用永续盘存法。其中，折旧率的取值参考黄勇峰等（2002）的研究结果，设定为 9.6%；b. 制造业劳动投入，用制造业全部从业人员平均人数表示。制造业产出指标包括：a. 制造业合意产出，以制造业及各细分行业总产值来衡量，并以工业生产者出厂价格指数进行平减；b. 制造业非合意产出，以制造业污染排放量来衡量。借鉴王泽宇等（2021）的做法，以工业废气、废水、废物排放量的加权平均值来衡量。

③服务业全要素生产率（*TFP_ serv*）。借鉴李帅娜（2021）的方法，服务业投入指标包括：a. 服务业劳动投入，以服务业及分行业年末就业人员数来衡量；b. 服务业资本投入，以服务业资本存量来衡量。服务业资本存量测算采用永续盘存法。对于折旧率的选择，本书参考王恕立和胡宗彪

（2012）的研究结果，取值为 4%。服务业产出指标包括：a. 服务业合意产出，以服务业及各细分行业增加值来衡量；b. 服务业非合意产出，用服务业污染排放量来衡量。借鉴庞瑞芝和邓忠奇（2014）对服务业污染排放量的估算方法，服务业污染排放量 = 0.5 × 生活化学需氧量排放量 × 服务业从业人员数/总人口数 + 0.5 × 生活二氧化硫排放量 × 服务业从业人员数/总人口数。

（2）解释变量。解释变量为数字经济发展水平（*DEDI*）。由第 4 章测算所得的数字经济指数来衡量。

（3）调节变量。本书选取的调节变量包括：人力资本结构（*EDU*），以高技能劳动力占比来衡量。借鉴 Acemoglu（2002）的方法，将大学及以上学历劳动力定义为高技能劳动力。新型基础设施投资（*Digfra*）。新型基础设施投资由信息基础设施投资、融合基础设施投资和创新基础设施投资三部分构成。其中，信息基础设施投资额以信息传输、软件和信息技术服务业固定资产投资额来衡量。融合基础设施投资额具体借鉴刘涛和周白雨（2021）的方法来进行计算。其中，融合系数为新基建与传统基建的耦合度。创新基础设施投资额 = 科学研究和技术服务业固定资产投资额 + 卫生和社会工作固定资产投资额。

（4）控制变量。为了缓解遗漏变量造成的估计偏误问题，本书控制了可能影响产业全要素生产率的其他因素。包括：经济发展水平（*Pgdp*）：经济发展水平的提高不仅会为技术进步提供条件，也将增大对技术创新的需求，从而带动产业全要素生产率提升。本书选取人均 GDP 的对数值来表示；财政自主权（*FD*）：产业全要素生产率的影响因素还包括制度因素。财政自主权越高的地区，政府对财政支出调节的灵活性越高，有利于要素向技术进步方向流动。本书用一般预算内财政收入与一般预算内财政支出的比值来表示；金融发展水平（*Finance*）：金融发展水平能够为产业全要素生产率提供融资支持，同时缓解产业技术进步中的融资约束。本书选取金融机构年末存贷款余额占GDP比重来表示；对外开放（*FDI*）：对外开放能够通过促进行业就业增长，加深物资资本积累，引入先进生产技术与管理经验，推动产业全要素生产率提升。本书用外商直接投资额占GDP比重来衡量，并对其进行了平减与价格折算处理。

6.1.3 数据来源与描述性统计

本书以中国30个省份（缺西藏）2011—2019年省级层面数据为研究样本。原始数据来源于2012—2020年中国及各省统计年鉴、《中国固定资产投资统计年鉴》、《中国农村统计年鉴》、《中国工业统计年鉴》、《中国第三产业统计年鉴》、《中国环境统计年鉴》、《中国劳动统计年鉴》、中国经济信息网、国研网数据库、Wind数据库。为了剔除价格因素干扰，各类货币量指标以2011年为基期进行了平减。对于原始数据存在的部分缺失值，采用线性插值法进行了填补处理。本章主要变量的描述性统计结果见表6－1。

表6－1　　变量描述性统计

变量类型	变量名	变量符号	样本量	标准差	最小值	最大值	全国均值	东部均值	中西部均值
被解释变量	农业全要素生产率	*TFP_ agri*	270	0.075	0.865	1.391	1.079	1.071	1.084
	制造业全要素生产率	*TFP_ manu*	270	0.118	0.860	1.886	1.013	1.024	0.994
	服务业全要素生产率	*TFP_ serv*	270	0.181	0.754	1.351	0.966	0.992	0.951
解释变量	数字经济指数	*DEDI*	270	0.161	0.113	0.939	0.418	0.545	0.345
控制变量	经济发展水平	*LnPgdp*	270	0.442	9.691	12.011	10.757	11.120	10.547
	财政自主权	*FD*	270	0.189	0.151	0.931	0.504	0.697	0.391
	金融发展水平	*Finance*	270	1.050	1.520	7.570	3.075	3.490	2.835
	对外开放	*FDI*	270	0.169	0.000	0.944	0.119	0.263	0.035
调节变量	人力资本结构	*EDU*	270	9.870	7.99	62.2	18.824	24.907	15.303
	新型基础设施投资	*LnDigfra*	270	0.767	5.074	8.918	7.373	7.445	7.332

从表 6－1 中可以看出，产业全要素生产率与数字经济指数等核心变量样本数据均有较大的变动范围。其中，农业全要素生产率在全国范围内的均值为 1.079，变动范围为 0.865～1.391。东部地区农业绿色 TFP 的均值为 1.071，小于中西部地区的均值 1.084。可见 2011—2019 年，中西部地区农业全要素生产率得到了较大幅度的增长。制造业全要素生产率在全国范围内的均值为 1.013，变动范围为 0.860～1.886。东部地区制造业绿色 TFP 的均值为 1.024，大于中西部地区的 0.994。可见 2011—2019 年，东部地区制造业绿色 TFP 提升了 2.4%，而中西部地区制造业绿色 TFP 则下降了 0.6%。服务业绿色 TFP 全国均值为 0.966，变动范围为 0.754～1.351。东部地区服务业 TFP 的均值为 0.992，大于中西部地区的均值 0.951。但总体来看，无论是东部地区还是中西部地区，服务业绿色 TFP 均有所下降，下降幅度分别为 0.8% 和 4.9%。数字经济指数全国均值为 0.418，东部均值为 0.545，明显高于中西部地区的 0.345。控制变量和调节变量均有较大的区域差异，符合计量分析要求。

6.2　实证结果分析

6.2.1　基准回归结果分析

表 6－2 报告了数字经济对产业 TFP 直接影响的估计结果。从表 6－2 中可以看出，数字经济对农业全要素生产率、制造业全要素生产率和服务业全要素生产率均有显著的正向促进效果。列（1）和列（2）汇报了数字经济对农业全要素生产率的估计结果。由表可知，*DEDI* 的估计系数均在 5% 的水平下显著为正。在纳入控制变量后，数字经济发展水平每提高 1 个单位，农业绿色 TFP 提高 0.599 个单位。可见，数字经济能够显著带动农业绿色 TFP 提升。列（3）和列（4）汇报了数字经济对制造业全要素生产

率的估计结果。可以发现，数字经济能够显著促进制造业全要素生产率提升，且这一结论在加入控制变量后依旧显著。列（5）和列（6）汇报了数字经济对服务业全要素生产率的估计结果。结果表明，无论是否加入控制变量，数字经济的回归系数均显著为正。这意味着，数字经济能够有效推动服务业全要素生产率提升。通过比较列（2）、列（4）、列（6）可以看出，数字经济对产业 TFP 的促进作用存在差异。数字经济对服务业 TFP 的促进强度最大，其次是制造业全要素生产率，数字经济对农业全要素生产率的提升作用最弱。可见，当前数字经济主要在服务业领域发力。数字经济突破了时空障碍、信息有限的障碍、精准传播的障碍、知晓市场需求端的障碍，可能将打破“服务业时代是低增长时代”的规律（江小涓，2020）。在传统服务业中，服务生产和消费必须同时同地进行，不能储存和运输。而数字经济颠覆了传统服务业的固有特性，服务商品如艺术表演、教育、医疗等能够以数据的形式通过数字连接平台实现跨时空的交换，使原本难以贸易的服务和需求借助数字技术得以实现。数字技术、数字基础设施等的发展也推动了电子商务、直播带货等商业模式的兴起，服务业规模经济、范围经济和长尾效应显著（江小涓，2017）。数字经济对制造业和农业 TFP 的作用还有待进一步提升。未来需加快推动数字经济与制造业深度融合，推动“中国制造”向“中国智造”转型。推动数字技术在农业领域的赋能，推动农业实现优质高效的可持续发展。

表 6-2　　数字经济对产业全要素生产率影响的回归结果

	农业全要素生产率 *TFP_ agri*		制造业全要素生产率 *TFP_ manu*		服务业全要素生产率 *TFP_ serv*	
	(1)	(2)	(3)	(4)	(5)	(6)
DEDI	0.604* (1.79)	0.599** (2.14)	1.734*** (9.80)	0.939*** (3.16)	4.222*** (25.03)	1.352*** (3.88)
LnPgdp		0.163* (1.79)		0.175** (2.47)		0.411*** (4.12)

续表

	农业全要素生产率 TFP_agri		制造业全要素生产率 TFP_manu		服务业全要素生产率 TFP_serv	
	(1)	(2)	(3)	(4)	(5)	(6)
FD		-0.104* (-1.66)		-0.478*** (-7.05)		-0.162** (-2.07)
Finance		0.1014* (1.83)		0.0063 (1.25)		0.220*** (3.28)
FDI		-0.057 (-1.59)		0.553*** (8.06)		0.188*** (2.63)
Constant	0.837*** (4.52)	0.820*** (5.54)	0.294*** (4.10)	-1.168** (-1.99)	-0.785*** (-11.25)	-0.120 (-0.65)
地区固定	是	是	是	是	是	是
年份固定	是	是	是	是	是	是
N	270	270	270	270	270	270
R^2	0.7151	0.8659	0.8178	0.8500	0.7499	0.8290

注：***、**、*分别表示在1%、5%、10%的置信水平上显著。括号内为t值或z值，下表同。

在控制变量方面。经济发展水平在列（2）、列（4）、列（6）中均通过了显著性检验，且影响方向均为正。表明经济发展水平对产业全要素生产率提升起到了显著的正向推动作用。经济发展水平能够通过影响人力资本的集聚、研发创新能力等促进产业全要素生产率。财政自主权系数在列（2）、列（4）、列（6）均显著为负。可能的原因在于，政府借助财政自主权干预地区经济发展的过程中，导致重复基建、信贷资源错配等，从而产生拥挤效应（余泳泽等，2020）；金融发展水平回归系数在列（2）、列（6）均显著为正。可见，金融体系为服务实体经济提供资金支持已成为推动中国农业和服务业发展的重要支撑。金融发展水平在列（4）中为正但不显著，这意味着应优化金融在制造业领域的政策扶持方式，加大对制造业的金融支持力度；对外开放对制造业和服务业全要素生产率的作用显著为正，对农业全要素生产率影响虽然不显著，但呈现负向影响。外商直接投资多集中于制造业和服务业领域，由于农业劳动力素质、农业生产方式等的限制，外商直接投资的作用难以发挥。

6.2.2 内生性处理

前文估计结果可能存在内生性问题。一方面，产业全要素生产率离不开数字经济的快速发展，同时数字经济也依赖产业发展水平的提升。因此，数字经济与产业 TFP 间存在因果内生关系。另一方面，影响产业全要素生产率的因素众多，存在遗漏变量问题。因此，本书采用工具变量法来减缓数字经济与产业全要素生产率之间由于反向因果及遗漏变量等导致的内生性。参考黄群慧等（2019）构建工具变量的思路。本书采用 1998 年各省份固定电话年末用户数作为数字经济发展水平的工具变量。理由如下：第一，数字经济是在互联网普及的基础上发展起来的，而在互联网使用的初始阶段，网络接入需要依靠固定电话拨号。由此，历史上固定电话用户数较多的地区也极有可能是数字经济发展程度较高的地区，符合相关性的要求。第二，在移动 4G 覆盖率达到 98% 的今天，历史固定电话用户数并不会对产业效率产生直接影响，从而符合“外生性”的条件。

由于本书使用样本为平衡面板数据，只采用 1998 年省级层面固定电话年末用户数作为工具变量会导致模型难以度量。进一步地，借鉴 Nunn 和 Qian（2014）的做法，将固定电话年末用户数截面数据与全国层面互联网普及率的一阶滞后项相乘，构造面板工具变量。选择全国层面互联网普及率的原因：一是全国层面互联网普及率由全国所有省份共同决定，对具体某个省份是相对外生的；二是某地区当期产业全要素生产率对上一期全国互联网普及率几乎没有影响（李宗显和杨千帆，2021）。

表 6 – 3 报告了数字经济发展水平对产业全要素生产率的二阶段最小二乘回归结果。从表 6 – 3 可以看出，本书所选的工具变量通过了识别不足及

弱工具变量检验。第一阶段回归结果表明，1998 年固定电话年末用户数与上一年全国互联网普及率的交互项（*IV_ DEDI*）和数字经济发展水平有显著的正相关性。第二阶段回归结果表明，数字经济发展水平对产业全要素生产率有正向作用，与基准回归结果一致。

表 6－3　　工具变量法的估计结果

	农业全要素生产率 *TFP_ agri*		制造业全要素生产率 *TFP_ manu*		服务业全要素生产率 *TFP_ serv*	
	第一阶段	第二阶段	第一阶段	第二阶段	第一阶段	第二阶段
IV_ DEDI	0.001*** (37.15)		0.084*** (8.82)		0.084*** (8.82)	
DEDI		0.478** (2.56)		0.862*** (5.74)		1.301** (2.04)
控制变量	是	是	是	是	是	是
地区固定	是	是	是	是	是	是
年份固定	是	是	是	是	是	是
N	270	270	270	270	270	270
R^2		0.9958		0.9851		0.9651
F	79.95	2.43	77.85	16.47	77.85	45.8
Kleibergen－Paap rk LM 统计量	53.06 (0.0000)					
Cragg－Donald Wald F 统计量	1379.95					
Kleibergen－Paap rk Wald F 统计量	241.03					

注：Kleibergen－Paap rk LM 统计量括号内为 P 值。

6.2.3　稳健性检验

①动态面板模型回归。考虑到产业全要素生产率在时间上的累积性，本书在模型（6－1）的基础上加入了产业全要素生产率的一阶滞后项 $TFP_{i,t-1}$，设定模型（6－6），并采用广义矩估计方法进行模型估计。

$$TFP_{i,t} = \alpha_0 + \alpha_1 DEDI_{i,t} + \alpha_c CV_{i,t} + \beta TFP_{i,t-1} + \mu_i + \delta_t + \varepsilon_{i,t} \tag{6-6}$$

为了保证估计结果的稳健性，本书选取数字经济指数的一阶和二阶滞后项为工具变量进行 GMM 估计，以考察数字经济对产业全要素生产率的影响。估计结果如表 6 – 4 中 GMM 列所示。可以看出，数字经济依旧显著正向促进产业全要素生产率。

②替换核心解释变量。为了避免因核心变量估计方法导致的估计偏误，本书采用纵横向拉开档次法对数字经济发展水平进行了重新测算，然后以此为基础考察数字经济对产业全要素生产率的影响。由表 6 – 4 可知，数字经济对产业 TFP 的作用效果同样显著为正。

③增加控制变量。除上文所选控制变量外，可能还有其他影响产业全要素生产率的因素。因此，为了缓解遗漏变量对主要结果的影响，本书进一步控制了技术创新水平、市场化水平、基础设施水平对产业全要素生产率的影响。其中，技术创新水平用地区人均专利申请数量的对数值表示（*Lninno*）；市场化水平用樊纲等编写的《中国市场化指数报告》中的市场化指数来表示（*Market*）；基础设施水平用人均公里程数表示（*Infra*）。估计结果如表 6 – 4 控制变量列所示。结果表明，数字经济对产业全要素生产率的影响依然与基准回归结果一致。

表 6 – 4　　　　稳健性检验结果

	农业全要素生产率 *TFP_ agri*			制造业全要素生产率 *TFP_ manu*			服务业全要素生产率 *TFP_ serv*		
	GMM	替换变量	控制变量	GMM	替换变量	控制变量	GMM	替换变量	控制变量
DEDI	0.411** (2.09)	0.552*** (3.07)	0.395*** (4.66)	0.894** (2.41)	0.947* (1.65)	0.868*** (3.35)	1.139*** (4.01)	1.480*** (2.75)	1.083*** (4.22)
L. TFP_ agri	1.152*** (8.98)								
L. TFP_ manu				0.939*** (10.33)					

续表

	农业全要素生产率 TFP_ agri			制造业全要素生产率 TFP_ manu			服务业全要素生产率 TFP_ serv		
	GMM	替换变量	控制变量	GMM	替换变量	控制变量	GMM	替换变量	控制变量
L. TFP_ serv							0. 809 *** (5. 14)		
控制变量	是	是	是	是	是	是	是	是	是
地区固定	是	是	是	是	是	是	是	是	是
年份固定	是	是	是	是	是	是	是	是	是
AR（1）	0. 019			0. 036			0. 033		
AR（2）	0. 396			0. 861			0. 218		
Sargan 检验	0. 997			0. 998			1. 000		
N	210	270	270	210	270	270	210	270	270

注：AR（1）、AR（2）和 Sargan 检验结果为 P 值。

6.3　异质性检验

6.3.1　区域异质性检验

基准回归中对数字经济与产业 TFP 关系的检验，是建立在平均影响效应基础上的。由于各地区经济发展水平、产业发展能力等的差异，数字经济指数在区域分布上呈现明显的空间差异。因此，数字经济对产业全要素生产率的影响是否会受到地区发展差异的影响有待验证。基于此，本书将样本划分为东部地区和中西部地区进行异质性检验。本书进一步对分组样本进行了组间差异检验，结果表明 SUR－test 检验的 P 值均通过了显著性检验，说明组间存在显著差异。区域异质性检验结果（见表 6－5）表明，数字经济对中西部地区农业绿色 TFP 产生了显著的助推作用，但对东部地区农业绿色 TFP 的促进效果却不明显。可能的原因是东部地区经济发达，区域内数字基础设施建设更为完善，人力资本水平也更高，数字经济对产业效率带来的边际效用相对较小。而中西部地区农业发展水平相对落后。数字经济的强扩散性、高创新性有效优化了资源配置。尤其是“电商助农”计划的实施为中西部地区农产品销售提供了新的渠道。因此，数字经济更有利于推动中西部地区农业 TFP 提升。

表 6－5　　区域异质性分析的回归结果

	农业全要素生产率 *TFP_ agri*		制造业全要素生产率 *TFP_ manu*		服务业全要素生产率 *TFP_ serv*	
	东部	中西部	东部	中西部	东部	中西部
DEDI	0.431 (0.81)	0.815* (1.70)	1.244*** (2.87)	0.998*** (2.63)	1.018** (2.23)	1.427** (2.27)
Constant	0.913*** (3.12)	0.911*** (10.72)	－3.877*** (－4.15)	－0.854 (－1.13)	0.065 (0.26)	0.319*** (2.60)
控制变量	是	是	是	是	是	是
地区固定	是	是	是	是	是	是
年份固定	是	是	是	是	是	是
N	99	171	99	171	99	171
R^2	0.9712	0.7867	0.5878	0.3910	0.8658	0.8297
Chi^2	5.69***		6.42**		5.31***	
P 值	0.005		0.015		0.002	

数字经济对东部地区和中西部地区制造业全要素生产率均具有显著提升作用。从系数大小来看，数字经济对东部地区制造业 TFP 的推动效果优于中西部地区。可能的原因是东部地区人工智能、5G 等新一代数字技术相对成熟，数字基础设施、数据价值化、数字基础产业及数字经济与实体经济融合程度均更为完善，吸引了更多的优质人力资本、金融资本以及新兴产业与高新技术产业集聚，数字技术在制造业领域的渗透作用由此得到更有效地发挥。而中西部地区主导产业仍以传统制造业为主，数字技术与制造业领域的融合相对滞后。

数字经济对东部地区和中西部地区服务业全要素生产率均具有显著提

升作用。从系数大小来看，数字经济对中西部地区服务业TFP的推动效果优于东部地区。可能的原因是数字经济优化了产业空间组织模式，形成了线上与线下融合的虚拟集聚模式。在虚拟集聚模式下，服务业产品的开发、生产和销售均可借助虚拟平台实现。例如，淘宝平台实现了批发和零售业的虚拟集聚，携程、美团实现了住宿和餐饮业的虚拟集聚，支付宝推动了金融业的虚拟集聚，滴滴出行实现了交通运输业的虚拟集聚，慕课平台实现了教育业的虚拟集聚，网易云音乐、腾讯视频等推动了文化、体育和娱乐业的虚拟集聚等。中西部地区服务行业正是得益于数字经济虚拟集聚的“空间溢出”红利，获得了更大程度的服务业生产率提升效应。

6.3.2　制造业行业异质性检验

基准回归结果讨论了数字经济对产业全要素生产率的总体影响，数字经济对各细分行业的影响是否存在差异，还有待进一步验证。因此，本书在数据可获得性原则下，检验了数字经济对制造业细分行业的影响，结果如表6-6所示。《中国工业统计年鉴》只报告了22个制造业细分行业完整省级面板数据，因此，为了保证实证结果的准确性，本书使用22个制造业细分行业的数据分别进行模型估计。同时为了在统一数据口径时减少偏误，将“汽车制造业”和“铁路、船舶、航空航天和其他运输设备制造业”合并为“交通运输设备制造业”，并按照制造业细分行业就业人员平均受教育程度将制造业行业划分为低技能制造业、中等技能制造业和高技能制造业三类。

表6-6　　　　制造业行业异质性回归结果

行业	低技能制造业						
	农副食品加工业	食品制造业	酒、饮料和精茶制造业	纺织业	纺织服装、服饰业	造纸和纸制品业	非金属矿物制品业
DEDI	0.726**	0.701**	0.103	1.368***	1.277***	0.974***	0.934***
	(2.14)	(2.06)	(1.29)	(6.74)	(4.80)	(4.31)	(4.01)
R^2	0.8506	0.9019	0.9750	0.8275	0.8923	0.8356	0.8435

续表

行业	中等技能制造业						
行业	化学原料和化学制品制造业	化学纤维制造业	橡胶和塑料制品业	黑色金属冶炼和压延加工业	有色金属冶炼和压延加工业	金属制品业	电气机械和器材制造业
DEDI	0.663 (1.14)	0.705** (2.36)	0.702** (2.29)	0.609*** (3.24)	0.746*** (4.82)	0.624*** (4.61)	0.699*** (4.79)
R^2	0.8345	0.7467	0.6346	0.8555	0.9453	0.8254	0.8353
	高技能制造业						
行业	烟草制品业	石油煤炭和其他燃料加工业	医药制品业	通用设备制造业	专用设备制造业	交通运输设备制造业	计算机、通信和其他电子设备制造业
DEDI	-0.463** (-2.08)	-0.305 (-1.56)	0.602 (1.12)	0.814* (1.78)	0.957** (2.03)	0.724*** (4.01)	0.860 (1.22)
R^2	0.9567	0.6577	0.8736	0.9456	0.4987	0.8323	0.7960
	高技能制造业						
行业	仪器仪表制造业						
DEDI	0.689 (0.99)						
R^2	0.7855						
控制变量	是	是	是	是	是	是	是
地区固定	是	是	是	是	是	是	是
年份固定	是	是	是	是	是	是	是
N	270	270	270	270	270	270	270

从表6-6中可以看出，数字经济对制造业TFP的影响存在行业异质性。在低技能制造业行业中，数字经济对农副食品加工业，食品制造业，纺织业，纺织服装、服饰业，造纸和纸制品业，非金属矿物制品业TFP均有显著正向影响。从回归系数大小来看，数字经济对纺织业，纺织服装、服饰业，造纸和纸制品业，非金属矿物制品业TFP的影响较大。这些制造业均属于劳动密集型行业，人口红利逐渐弱化、用工成本上涨迫等因素迫

使制造厂商增加智能化设备的应用。正是由于“机器换人”的举措，该类劳动密集型行业的全要素生产率得到了提升。相较而言，农副食品加工业，食品制造业的回归系数较小。可能原因是农副食品加工业与食品制造业生产厂商以中小企业为主，而中小企业在高端技术人才引进、智能设备投入方面往往缺少战略规划与资金扶持，只能对部分生产环节进行智能化改造。数字经济对酒、饮料和精茶制造业TFP的影响不显著。可能的原因是酒和茶叶的制造技术通常为传统技艺传承，工艺复杂。数字经济对该行业的影响更多体现在销售环节而非制造技术或生产流程改进。

在中技能制造业行业中，除化学原料和化学制品制造业外，数字经济对其他中技能制造业TFP均有显著提升作用。中等技能制造业多为资本密集型，偏向粗放式和流程化的生产方式，且规模经济效应明显（王卫和綦良群，2017）。资本密集型制造厂商具有一定的资金实力来支持自动化、数字化、智能化转型应用落地。同时，供给侧结构性改革的政策要求给予了该类制造业行业从粗放型转向集约型转型的激励，加速了生产流程数字化提质增效的步伐。而化学原料和化学制品制造业缺乏数字化改造的激励机制与管理模式，在行业发展中也更倾向于进行新材料的研发，从而分散了对数字化发展的投入，导致数字经济的效率提升效应不显著。

在高技能制造业行业中，数字经济显著提升了通用设备制造业，专用设备制造业，交通运输设备制造业的TFP。此类行业具有资本密集型特征，企业数字化改造程度较高。以交通运输设备制造业为例，全自动驾驶、智能网联等技术赋能传统汽车制造业数字化升级，为行业营收增长开辟了新渠道。数字经济对医药制品业，计算机、通信和其他电子设备制造业，仪器仪表制造业TFP并未带来显著作用。这与孙早和侯玉琳（2021）研究人工智能对产业全要素生产率影响的结论一致。可能的原因是该类产业属于技术密集型产业，需要大量高技能劳动力。但目前中国数字经济在制造业中的应用仍处在简单的“机器换人”阶段，缺乏对数字核心技术的掌握。

整个制造流程中，尤其是研发端的数字化程度较低。数字经济对烟草制品业 TFP 产生了显著的负向影响。可能的原因是烟草制品业为国有垄断性行业，国有企业的管理模式、分配机制相比于非国有企业较为固化。在面对数字经济的“创造性破坏”时，烟草制品企业可能存在管理与决策的滞后，从而对技术创新产生阻碍，导致烟草制品业 TFP 下降。

6.3.3 服务业行业异质性检验

在服务业方面，由于《中国第三产业统计年鉴》仅报告了五个服务业细分行业完整省级面板数据。因此，为了保证实证结果的准确性，本书只分析数字经济对批发和零售业，交通运输、仓储和邮政业，住宿和餐饮业，金融业以及房地产业全要素生产率的影响。从表6－7 中可以看出，数字经济对服务业 TFP 的影响存在行业异质性。从系数大小来看，数字经济对服务业细分行业 TFP 的影响程度从大到小依次为批发和零售业，交通运输、仓储和邮政业，金融业，住宿和餐饮业。而数字经济对房地产业的效率提升并未产生显著影响。具体来看：（1）在批发和零售业方面，数字经济发展水平每提高 1 个单位，批发和零售业全要素生产率提高 1.273 个单位。数字经济的连接性提高了批发零售服务供需匹配的精准度与有效性，催生了 B2C、C2C、B2B、M2C 等商业模式。（2）在交通运输、仓储和邮政业方面，数字经济发展水平每提高 1 个单位，交通运输、仓储和邮政业全要素生产率提高 1.104 个单位。一方面，数字经济商业模式创新催生了大量的物流需求，并且数字技术赋能物流传输、仓储入库、物品分发等过程，将市场上分散的运输资源有效对接与优化重组，推动了物流、仓储的标准化、规模化与集约化。另一方面，滴滴出行等 O2O 商业模式实现了出行方式的数字化，推动了交通资源的高效精准匹配。（3）在住宿和餐饮业方面，数字经济发展水平每提高 1 个单位，批发和零售业全要素生产率提高 0.905 个单位。在数字经济下，住宿与餐饮信息以数据形式在网络平台中实现共享。以餐饮服务为例，餐饮网络平台包括餐饮配送服务平台与餐饮信息推荐平台。其中餐饮配送服务平台能够让用户足不出户享受餐饮服务，节约时间成本。而餐饮信息推荐平台能够为消费者提供个性化的餐饮信息推荐，提高餐饮服务匹配度。（4）在金融业方面，数字经济发展水平每提高 1 个单位，批发和零售业全要素生产率提高 1.004 个单位。一方面，数字交易技术的普及应用能够使交易活动在数字平台实时进行，降低金融业的信息搜寻成本；另一方面，数字技术赋能传统银行业、投资业、保险业，能够优化业务办理流程、用户信用评级、投资风险评估等，提升金融交易效率。（5）在房地产方面，数字经济目前对房地产业效率提升的作用效果并不显著。可能原因是当前房地产业对数据要素的依赖程度较低，在房地产开发、建设、经营、装饰等方面的数字技术应用相对较弱。消费者虽然能够通过房地产交易平台获取房产信息，但实际交易活动受地域、市场政策等的影响较大。

表 6-7　　服务业行业异质性回归结果

行业	批发和零售业	交通运输、仓储和邮政业	住宿和餐饮业	金融业	房地产业
DEDI	1.273*** (3.14)	1.104*** (4.82)	0.905** (2.26)	1.004*** (3.24)	0.702 (1.52)
控制变量	是	是	是	是	是
地区固定	是	是	是	是	是
年份固定	是	是	是	是	是
N	270	270	270	270	270
R^2	0.3319	0.3629	0.3053	0.3230	0.3336

6.4　影响机制检验

6.4.1　产业技术效率与技术进步效应检验

前文已证实，数字经济对农业、服务业和制造业 TFP 均有显著的正向提升效应，但这种提升效应的作用机制仍不明确。为此，本书将各产业全要素生产率指数分解为技术效率（*Geffch*）和技术进步（*Gtech*），进一步检验数字经济驱动产业全要素生产率提升的作用机制，回归结果如表6－8所示。

表6－8　数字经济对产业全要素生产率的技术效率与技术进步机制检验

	农业		制造业		服务业	
	Geffch (1)	*Gtech* (2)	*Geffch* (3)	*Gtech* (4)	*Geffch* (5)	*Gtech* (6)
DEDI	0.607** (2.23)	−0.041 (−0.25)	0.279 (0.86)	1.483*** (5.70)	1.087*** (7.39)	0.454 (1.34)
控制变量	是	是	是	是	是	是
地区固定	是	是	是	是	是	是
年份固定	是	是	是	是	是	是
N	270	270	270	270	270	270
R^2	0.4148	0.5073	0.3193	0.4765	0.9542	0.8522

在农业方面，从列（1）中可以看出，数字经济对农业技术效率的回归系数显著为正。可见，数字经济对农业技术效率起到了显著的提升作用。数字经济发展对加快农村地区信息流通，推动农业生产各环节要素合理配置，提高农业交易匹配度等方面产生了积极影响。2020年农村网络零售额达17900亿元，较2014年增长了8.4倍①。可见数字经济加快了农业信息互联互通，拓宽了农产品销售渠道，推动了农业技术效率的提升。从列（2）中可以看出，数字经济对农业技术进步的回归系数并不显著，且表现为负向影响，这意味着数字经济目前并未带来农业的技术进步。这一实证结果与朱秋博等（2019）的研究结论一致。可能的原因是中国农业发展正处在向农业现代化转型的进程中，虽然农业数字技术层出不穷，但在

① 数据来源：农业农村部管理干部学院和阿里研究院《2021年阿里农产品电商报告》。

实际应用中主要集中在农产品交易等方面，对于生产端的应用相对薄弱。同时，中国农业发展存在优质劳动力外流，农村人力资本滞后等问题，致使农业发展尚未体现数字经济带来的技术红利。总体来看，数字经济对农业 TFP 的提升作用属于技术效率改善型而非技术进步驱动型。

在制造业方面，从列（3）中可以看出，数字经济对制造业技术效率的回归系数为正，但并不显著。可能原因是数字技术与制造业完全实现融合必须经历 GVC 扁平化、制造和产品创新能力提升与平台包络三重跃迁（吴义爽等，2016）。而当前，中国数字经济与制造业融合仍处于初级阶段，能够满足定制化制造的数字技术远未达到普及水平，全社会 5G 基站、大数据中心、工业互联网等基础设施的建设程度仍较为薄弱。但数字经济的发展不断拓宽着消费场景，助推消费需求结构升级，形成了的个性化、定制化的消费需求（任保平和豆渊博，2021）。制造厂商为了迎合消费端的市场变革，获得市场竞争优势，而不得不以工业经济时代的大规模标准化生产设备生产多样化产品，从而造成了规模效率的低下。同时，数字经济也要求制造业行业管理者具备合作协同能力，利用信息和数据进行决策优化分析的能力和价值共享思维。但大多数制造行业决策者难以在较短时间内从工业经济的制造思维转换为“数字思维”，造成了管理与决策的滞后甚至错位，进而导致技术效率的作用难以发挥。从列（4）中可以看出，数字经济对制造业技术进步的回归系数在 1% 的水平上显著为正。这意味着数字经济对制造业技术进步起到了显著的提升作用。数字经济的互联互通性加速了世界范围的沟通与联系，也加深了前沿技术的溢出效应，推动了人力资本的积累，进而带动了技术进步。总体来看，数字经济对制造业全要素生产率的提升作用属于技术进步驱动型而非技术效率改善型。

在服务业方面，从列（5）中可以看出，数字经济对服务业技术效率的回归系数在 1% 的水平上显著为正，这意味着数字经济对服务业技术效率起到了显著的提升作用。传统服务过程具有很强的时空约束性，数字经济的互联互通性能够使艺术表演、教育、医疗等传统服务以数字化的形式进行跨时空交易，将日常生活所需的出行、购物、餐饮、住宿服务汇集在网络平台中，实现供需的实时匹配。物联网的使用能够赋予用户远程操控物品的能力，节约时间成本。同时，数字经济以创新为内生动力，推动了商业模式创新与企业管理创新。数字经济下的商业模式呈现分布式，各服务主体间呈现松散耦合、激励相容的协同共生关系，多方主体共享资源，共担风险，以共赢为目标实现发展，有效规避了交易成本。数字经济下的企业组织结构趋向平台化、生态化，研发模式趋于开放化，有利于实现市场消费需求与服务供给的高度整合，从而带来了技术效率的提升。从列（6）中可以看出，数字经济对服务业技术进步的回归系数并不显著，这意味着数字经济目前并未带来服务业的技术进步。可能的原因是服务业技术进步多体现在生产性服务业中，但目前中国数字经济对生活性服务业，如居民和家庭服务、旅游和娱乐服务、健康餐饮等的贡献较为突出，资金、人才与研发力量也都集中在生活性服务业，导致生产性服务业的资源投入被削弱，进而造成服务业技术进步效用无法有效发挥。因此，数字经济发展应增强对生产性服务业的投资力度，谨防陷入生活性服务业“红利陷阱”（杨虎涛，2020）。总体来看，数字经济对服务业全要素生产率的提升作用属于技术效率改善型而非技术进步驱动型。

6.4.2 人力资本结构的调节效应检验

表6－9中列（1）、列（3）、列（5）分别报告了人力资本结构对数字经济与农业全要素生产率、制造业全要素生产率及服务业绿色 TFP 的调节作用。可以发现，无论是农业、制造业还是服务业，数字经济发展水平与人力资本结构交乘项（$DEDI \times EDU$）的回归系数都在1%的水平下显著为正，且在考虑了数字经济与人力资本结构的交互效应后，列（1）、列（3）、列（5）数字经济发展水平的系数值与基准回归相比都明显变小。这

表明高技能劳动力正向调节了数字经济发展水平与产业全要素生产率之间的关系，高技能劳动力占比越高，数字经济对产业全要素生产率的提升作用越强。数字技术多为技能偏向型，高技能劳动力更能快速掌握并使用数字技术，实现农业生产、制造工序数字化、智能化及服务的网络化。高技能劳动力还具备更出色的分析问题、组织协调能力和社交能力，能够对数字技术的应用进行有益补充，提高数字经济的产业全要素生产率。2019年，中国高技能劳动力占比为22.8%。其中，农业高技能劳动力占比仅1%，制造业高技能劳动力占比为17.3%①。并且根据中国信通院统计数据显示，2020年中国数字化人才缺口近1100万人②。可见，应着重培养高技能劳动力，尤其是培养具有数字素养的高技能的劳动力，增加智慧农业、智能制造、数字化服务业所亟须的高端人力资本供给。

表6-9　　数字经济对产业全要素生产率影响的调节机制检验

	农业		制造业		服务业	
	(1)	(2)	(3)	(4)	(5)	(6)
DEDI	0.033 (0.22)	0.005 (0.19)	0.842*** (2.60)	0.028 (0.77)	1.005*** (5.10)	0.085 (0.99)
DEDI×EDU	0.035*** (24.93)		0.039*** (23.19)		0.035*** (13.20)	
EDU	-0.037*** (-17.07)		-0.041*** (-13.64)		-0.042*** (-11.91)	
DEDI×Digfra		0.140*** (158.19)		0.144*** (127.47)		0.135*** (61.02)
Digfra		-0.148*** (-65.79)		-0.150*** (-41.26)		-0.131*** (-19.48)

① 数据来源：2020年《中国劳动统计年鉴》。

② 数据来源：中国信通院2021年《数字经济就业影响研究报告》。

续表

	农业		制造业		服务业	
	(1)	(2)	(3)	(4)	(5)	(6)
Constant	1.023 *** (7.88)	1.061 *** (67.03)	0.993 *** (6.44)	1.012 *** (13.45)	0.159 (0.67)	0.982 *** (18.42)
控制变量	是	是	是	是	是	是
地区固定	是	是	是	是	是	是
年份固定	是	是	是	是	是	是
N	270	270	270	270	270	270
R^2	0.8216	0.9930	0.8263	0.9908	0.9133	0.9913

6.4.3 新型基础设施投资的调节效应检验

表6-9中列（2）、列（4）、列（6）分别报告了新型基础设施投资对数字经济与农业、制造业及服务业全要素生产率的调节作用。可以发现，无论是农业、制造业还是服务业，数字经济发展水平与新型基础设施投资交乘项（$DEDI \times Digfra$）的回归系数都在1%的水平下显著为正。这表明新型基础设施投资的增加有助于强化数字经济对产业全要素生产率的提升作用。特别地，在考虑了数字经济发展水平与新型基础设施投资的交互效应后，列（2）、列（4）、列（6）DEDI的系数值与基准回归相比都明显变小，且均不显著。这表明数字经济的产业效率提升作用需要结合新型基础设施建设才能更好地实现。连接性是数字经济发展的基础，智能化、轨道交通和新能源等新型基础设施为实现万物互联提供了保障，是数字经济发展的基石。可见，未来应持续加大新型基础设施建设力度，在各行业推动新型基础设施的普及和应用。

6.5 本章小结

本章利用2011—2019年中国30个省份的面板数据，构建了数字经济影响产业全要素生产率的计量模型，实证检验了数字经济对农业、制造业和服务业绿色 TFP 的影响效应大小。同时借鉴 Nunn 和 Qian（2014）、黄群慧（2019）等的研究，采用工具变量法解决潜在内生性问题。从考虑产业全要素生产率的累积效应、更换关键变量的衡量方式、增加控制变量等方式进行了稳健性检验。进一步，本章考察了数字经济对各产业全要素生产率影响的区域异质性，以及数字经济对制造业和服务业细分行业影响的异质性。最后，对数字经济通过何种机制影响产业全要素生产率的问题进行了实证分析。主要结论如下。

第一，从数字经济对产业全要素生产率影响的实证结果来看。①数字经济能够有效促进中国农业、制造业和服务业全要素生产率提升。这一结论在稳健性检验和内生性处理后依然成立。②数字经济对产业全要素生产率的促进作用存在差异。数字经济对服务业 TFP 的促进强度最大，其次是制造业 TFP，数字经济对农业 TFP 的提升作用最弱。可见，当前数字经济主要在服务业领域发力，可能打破“服务业时代是低增长时代”的规律。未来需加快推动数字经济与制造业深度融合，推动“中国制造”向“中国智造”转型，推动数字技术在农业领域的赋能，推动农业实现优质高效的可持续发展。

第二，从数字经济对产业全要素生产率影响的异质性来看。①区域异质性结果表明：在农业方面，数字经济对中西部地区农业 TFP 产生了显著的助推作用，但对东部地区农业 TFP 的促进效果却不明显；在制造业方面，数字经济对东部地区制造业 TFP 的推动效果优于中西部地区；在服务业方面，数字经济对中西部地区服务业 TFP 的推动效果优于东部地区。②制造业行业异质性结果表明：数字经济对农副食品加工业、食品制造业等低技能制造业以及化学纤维制造业、橡胶和塑料制品业等中技能制造业 TFP 有显著的推动作用。但酒、饮料和精制茶制造业因利润率高且生产技术通常为传统技艺传承，缺乏智能化改造动机。化学原料和化学制品制造业由于缺乏数字化改造的激励机制与管理模式，在行业发展中也更倾向于进行新材料的研发，导致数字经济并未对这些行业 TFP 产生显著影响。在高技能制造业中，数字经济对通用设备制造业，专用设备制造业，交通运输设备制造业 TFP 有显著的推动作用，但数字经济并未对医药制造业，计算机、通信和其他电子设备制造业，以及仪器仪表制造业产生显著正向影响。高端制造业技术含量高、创新性强，简单地进行“机器换人”并不能带来行业的技术进步。此外，由于国有企业管理模式、分配机制等问题，数字经济对烟草制品业 TFP 产生了抑制作用。③服务业行业异质性结果表明：在服务业细分行业方面，数字经济对批发和零售业，交通运输、仓储和邮政业，住宿和餐饮业，金融业 TFP 的影响均显著为正，但目前房地产业并未明显受益于数字经济的红利。

第三，从数字经济对产业全要素生产率的影响机制实证结果来看。①数字经济对农业 TFP 的提升作用属于技术效率改善型而非技术进步驱动型。可能是由于当前阶段农业人力资本水平较低，导致农户无法吸收数字经济带来的技术红利。②数字经济对制造业 TFP 的提升作用属于技术进步驱动型而非技术效率改善型。目前，制造业智能化、数字化发展仍在初级阶段，但个性化、定制化的市场需求迫使制造厂商不得已以大规模标准化生产设备生产多样化产品，造成了规模效率的低下。而且多数制造企业决策者缺乏“数字思维”，造成了管理与决策的滞后甚至错位，导致技术效率的作用难以发挥。因此，制造业应加快数字化、智能化转型步伐，同时培育数字思维，提升企业管理与决策水平。③数字经济对服务业 TFP 的提升作用属于技术效率改善型而非技术进步驱动型。可能是因为服务业技术进步多体现在生产性服务业中，但目前中国数字经济的资金投入、人才与研发力量大多集中在生活性服务业，生产性服务业的资源投入被削弱，导致服务业技术进步效用无法有效发挥。因此，数字经济发展应增强对生产性服务业的投资力度，谨防陷入生活性服务业“红利陷阱”。④高技能劳动力和新型基础设施投资能够强化数字经济对产业全要素生产率的提升作用。未来应增加具有数字化思维的高技能人力资本供给，提高劳动者的“数字素养”，加大新型基础设施的投资力度。

第7章　企业效率视角下数字经济影响经济高质量发展的实证检验

数字经济能否以及如何提高企业全要素生产率，是企业效率视角下数字经济影响经济高质量发展关注的核心问题。企业是支撑经济实现高质量发展的基石，数字经济以其信息化、网络化、数字化和智能化特征，颠覆了企业盈利模式，降低了企业交易成本，改善了企业生产流程，改变了企业组织环境，为企业全要素生产率提升带来了新机遇。然而，现有数字经济与生产率的相关研究多集中在国家和行业等层面，少数关于微观企业的研究主要聚焦于数字经济对企业创新行为、企业组织结构、企业专业化分工等的影响（Lashkari 等，2019）。鲜有研究将数字经济与企业全要素生产率纳入同一框架进行分析。新一轮科技革命与产业革命驱动的数字经济为企业提升全要素生产率、重塑竞争优势提供了良好契机（赵剑波，2021）。数字经济究竟能否提升企业全要素生产率，提高经济发展质量。如果可以，其作用机制如何等问题还需进一步研究。

本章基于2011—2019年数字经济发展水平和上市公司匹配数据，实证检验数字经济对企业TFP的影响效应，并对企业发展阶段及所处行业异质性进行分析。进一步地，参考 Hayes 和 Preacher（2010）提出的非线性中介效应模型对企业技术创新与管理创新机制进行实证检验。

7.1　研究设计

7.1.1　计量模型设定

数字经济不仅能够通过促进规模经济与拓展范围经济的方式颠覆企业盈利模式，通过降低信息搜寻成本、匹配成本与信任成本减少交易费用，还可以通过改善企业生产流程、优化企业组织环境驱动企业全要素生产率提升。黄群慧等（2019）利用企业数据验证了互联网对全要素生产率的提升作用。但也有部分学者关注到了数字经济发展对企业可能带来的不利影响，认为数字经济在企业中的发展应适度控制（Lashkari 等，2020；柏培文和喻理，2021）。一方面，Wamba 等（2017）基于要素配置理论提出，数据、资本与劳动要素之间存在最优配置。企业对数据要素的过度投资会挤占生产资源在其他领域的投入，造成企业资源错配，从而对企业全要素生产率造成威胁；易加斌等（2021）也基于动态能理论指出，企业过度的数字化发展会受到固化意识、资源能力的限制，造成对新技术知识的吸收困难，进一步阻碍企业 TFP 提升；另一方面，Fudenberg 和 Villas - Boas（2012）以及 Aghion 等（2021）指出，在数字经济发展初期，企业为了维护利润和获得竞争地位而更愿意进行技术、商业模式等的创新。随着数字经济的不断发展，在边际报酬递增规律和梅特卡夫定律支配下，具有先发优势的企业将从网络效应中获益，实现效率的提升。但同时市场竞争也愈发激烈，优势资源将集聚在头部企业中，导致市场出现“赢者通吃”的寡头垄断甚至完全垄断，“打击效应”将占据主导地位，从而不利于企业 TFP 的提升。因此，本书认为数字经济与企业 TFP 之间的关系并非简单的正向或负向的线性关系。为了检验数字经济对企业全要素生产率的影响效应，构建面板回归模型如（7 - 1）所示：

$$TFP_{ijct} = \alpha_0 + \alpha_1 DEDI_{ct} + \alpha_2 DEDI_{ct}^2 + \alpha_c CV_{ijct} + \mu_j + \mu_c + \mu_t + \varepsilon_{ijct} \tag{7-1}$$

其中，下标 i 表示企业，j 表示行业，c 表示城市，t 表示年份。TFP_{ijct} 为企业全要素生产率，$DEDI_{ct}$ 为数字经济发展水平，为了检验数字经济与企业全要素生产率之间是否存在非线性关系，模型（7－1）中还加入了数字经济发展水平的平方项。CV_{ijct} 为其他影响企业全要素生产率的企业及地区层面的控制变量集合，μ_j、μ_c、μ_t 分别表示行业固定效应、城市固定效应和年份固定效应，ε_{ijct} 为随机误差项。

根据第3章的理论机制分析，数字经济能够通过技术创新和管理创新间接影响企业 TFP。由于数字经济对企业全要素生产率的影响是非线性的，因此传统的线性中介效应检验方法不再适用。本书借鉴 Hayes 和 Preacher（2010）以及许和连等（2017）的非线性面板中介效应模型对上述机制进行实证检验，模型具体如下：

$$M_{ijct} = \beta_0 + \beta_1 DEDI_{ct} + \beta_2 DEDI_{ct}^2 + \beta_c CV_{ijct} + \mu_j + \mu_c + \mu_t + \varepsilon_{ijct} \tag{7-2}$$

$$TFP_{ijct} = \gamma_0 + \gamma_1 DEDI_{ct} + \gamma_2 DEDI_{ct}^2 + \gamma_3 M_{ijct} + \gamma_c CV_{ijct} + \mu_j + \mu_c + \mu_t + \varepsilon_{ijct} \tag{7-3}$$

在模型（7－2）和模型（7－3）中，M 为中介变量，其余变量定义与模型（7－1）相同。

7.1.2 变量选取

①被解释变量。本章被解释变量为企业全要素生产率。企业 TFP 的主要测算方法包括 OP 法、LP 法和 ACF 法。其中，OP 法利用企业的投资决策来代替未被观察到的生产率冲击，能够在一定程度上缓解内生性问题与选择性偏差问题，但 OP 法中投资变量不能为负，否则就会调整成零或被删除。而 LP 法使用中间投入刻画企业对于生产率冲击的反应，能够有效

避免 OP 法产生的遗漏样本问题。在 OP 法和 LP 法的基础上，Ackerberg 等（2006）提出了 ACF 方法，该方法进一步放松了假设条件，将企业的劳动投入引入中间品投入的函数，对原始方法进行了优化改进。因此，本书采用 ACF 法计算的企业 TFP 进行基准回归，并以 LP 法计算的企业 TFP 进行稳健性检验。借鉴杜传忠和张远（2021）的做法，用企业营业总收入、固定资产净额和企业员工数作为产出、资本投入与劳动投入的度量。以营业成本 + 销售费用 + 管理费用 + 财务费用 - 折旧摊销 - 支付给职工以及为职工支付的现金来作为中间投入的度量。

②解释变量。被解释变量为数字经济发展水平（*DEDI*）。本书在第 4 章采用熵值—TOPSIS 方法对中国 30 个省（区、市）2011—2019 年数字经济发展水平进行测算，得到省级数字经济指数。在此基础上，借鉴陈诗一和陈登科（2018）以及钞小静等（2021）的做法，将各地级市第二、第三产业产值之比与省级 *DEDI* 交乘，最终计算得到地级市层面的数字经济发展水平。

③中介变量。中介变量包括：①技术创新（*Techin*）。现有研究通常从投入与产出两个维度衡量技术创新。其中，创新投入一般以研发支出占营业收入的比重来表示（孟庆斌等，2019），创新产出通常以企业专利申请量或授权量来表示（何瑛等，2019）。由于研发活动存在失败率高、不确定性强等弊端，Bhattacharya 等（2017）和 Cornaggia 等（2013）指出，创新产出能够更直观地体现企业的技术创新水平。因此，本书从创新产出视角对技术创新进行衡量，具体以发明专利申请量加 1 的自然对数表示。②管理创新（*Manin*）。本书参考冯南平等（2021）的做法，选取主营业务收入与管理费用的比值来衡量。

④控制变量。本书分别控制了城市层面和企业层面影响企业 TFP 的其他因素。城市层面的控制变量包括：经济发展水平（*Pgdp*），用各地级市人均 GDP 的对数值来衡量；财政自主权（*Fd*），用一般预算内财政收入占

一般预算内财政支出的比重来衡量；劳动力供给（*Employ*）用各地级市年末单位从业人员数的对数值来衡量。企业层面的控制变量包括：企业规模（*Scale*），用企业总资产的对数值来衡量；资产负债率（*Lev*），用企业总负债占总资产的比重来衡量；股权集中度（*Den*），用第一股东持股比例来衡量；企业经营状况（*Jlr*）用企业净利润的对数值来衡量；企业年龄（*Age*），用考察年份与企业成立年份的差值表示。

7.1.3 数据来源与描述性统计

本书以2011—2019年为研究区间，手动收集中国上市公司数据和城市层面数据，并将二者按上市公司注册所在地进行了匹配。对于上市公司数据，本书剔除了由于企业退市导致的数据中断以及未被统计的数据样本。对于城市数据，通过将城市数据与公司数据匹配，最终保留了268个地级及以上城市。上市公司数据来源于国泰安数据库，城市数据来源于《中国城市统计年鉴》。描述性统计结果详见表7－1。

表7－1　　变量描述性统计

变量类型	变量名	变量符号	样本量	均值	标准差	最小值	最大值
被解释变量	企业全要素生产率	*TFP*	12198	11.193	0.841	6.529	16.607
解释变量	数字经济	*DEDI*	12198	0.929	0.655	0.073	1.401
企业控制变量	企业规模	*Scale*	12198	22.426	1.336	17.388	28.636
	资产负债率	*Lev*	12198	0.187	0.195	0.011	0.891
	股权集中度	*Den*	12198	0.156	0.120	0.010	0.894
	企业经营状况	*Jlr*	12198	18.913	1.644	10.338	25.681
	企业年龄	*Age*	12198	17.820	5.618	4	52
城市控制变量	经济发展水平	*Pgdp*	12198	11.409	0.487	9.084	15.675
	财政自主权	*Fd*	12198	0.743	0.209	0.088	1.541
	劳动力供给	*Employ*	12198	6.468	3.347	1.769	15.912
中介变量	技术创新	*Techin*	2647	4.056	2.173	0	10.140
	管理创新	*Manin*	12198	1.511	4.719	0.002	245.071

7.2 实证结果分析

7.2.1 基准回归结果分析

表 7 – 2 汇报了数字经济对企业 TFP 的影响。其中，列（1）、列（2）单独考察了在不加控制变量和加入控制变量情况下，数字经济与企业 TFP 之间的线性关系。结果表明，数字经济能够显著促进企业 TFP 提升。列（3）、列（4）考察了数字经济对企业全要素生产率的非线性影响。结果显示，数字经济的一次项系数在 1% 显著性水平下为正，而二次项系数在 1% 显著性水平下为负，表明数字经济与企业 TFP 之间可能存在“倒 U 型”关系，即企业 TFP 随着数字经济发展水平提升呈先上升后下降的趋势。但是，简单地以二次项形式作为判断非线性关系的标准过于薄弱。为此，本书借鉴 Lind 和 Mehlum（2010）的做法来检验拐点两侧区间是否存在相反的单调性，具体结果如表 7 – 2 中列（5）所示。检验结果表明，拐点值两边的斜率显著相异，这也验证了数字经济与企业全要素生产率之间“倒 U 型”曲线关系的存在。进一步地，从列（4）可以看出，倒 U 型曲线拐点 *DEDI* = 2. 142，落在解释变量区间［0. 073，1. 401］的右侧。列（5）中 U – Test 检验的拐点值为 1. 463，同样在解释变量区间的右侧。可见，当前阶段数字经济发展对企业 TFP 起到了显著的推动作用。

表 7 – 2　　数字经济对企业全要素生产率影响的回归结果

变量	（1）	（2）	（3）	（4）	（5）
DEDI	0. 539 ***	0. 044 **	0. 857 ***	0. 227 ***	0. 190 **
	（29. 22）	（2. 51）	（24. 47）	（5. 96）	（2. 21）
$DEDI^2$			– 0. 135 ***	– 0. 053 ***	– 0. 065 ***
			（ – 13. 62）	（ – 5. 40）	（ – 2. 65）

续表

变量	(1)	(2)	(3)	(4)	(5)
Scale		0.243*** (32.41)		0.241*** (32.29)	0.251*** (18.42)
Lev		0.001 (1.00)		0.001 (0.82)	0.002* (1.75)
Den		0.001 (1.49)		0.001 (1.53)	0.002* (1.89)
Jlr		0.000*** (4.71)		0.000*** (4.75)	0.000 (0.14)
Age		0.027*** (12.79)		0.026*** (11.77)	0.014*** (4.64)
Pgdp		0.036*** (8.24)		0.036*** (8.27)	0.038* (1.93)
Fd		0.195*** (5.22)		0.174*** (4.62)	0.323*** (3.85)
Employ		0.002* (1.65)		0.174*** (4.62)	0.049** (2.26)
Constant	10.320*** (16.78)	5.190*** (31.45)		5.168*** (31.34)	4.735*** (14.70)
行业固定	是	是	是	是	是
地区固定	是	是	是	是	是
年份固定	是	是	是	是	是
N	12198	12198	12198	12198	12198
R^2	0.3922	0.2157	0.2205	0.2300	0.2344
拐点值					1.463
U-Test					2.19**

注：*、**、*** 分别代表通过 10%、5% 和 1% 的显著性检验，括号内为 t 值或 z 值，下表同。

究其原因，可能是在数字经济发展初期，信息化建设与互联网的普及促使企业与企业间、企业与用户间的信息交换变得高效便捷。例如，企业能够以低成本进入淘宝平台，从而与消费者建立直接关联，实现供给与需求的匹配，提高企业效率。而随着数字经济的进一步发展，企业业务模式和流程数字化成为大势所趋（焦豪等，2021）。为了应对快速变化的市场需求，避免形成“数据孤岛”，企业不得不进行数字化转型。而企业数字化转型面临着专业人才缺乏、企业组织惯性、资源能力有限等约束，反而会对企业效率造成不利影响。同时，互联平台的广泛应用也引发了新的问题——垄断。头部企业拥有更先进的数字技术以及强大的网络效应与规模效应，容易产生“赢者通吃”与跨界竞争等现象，使企业间的“马太效应”愈发凸显，从而损害企业全要素生产率（Geoffrey 等，2017；倪红福和冀承，2021）。

7.2.2　内生性处理

本书采用工具变量法来减缓数字经济与企业 TFP 之间由于反向因果及遗漏变量等导致的内生性问题。参考黄群慧等（2019）构建工具变量的思路。本书采用 1984 年各城市每百人固定电话数量以及各城市邮电业务总量作为数字经济发展水平的工具变量。理由如下：第一，数字经济是在互联网普及的基础上发展起来的，而在互联网使用的初始阶段，网络接入与使用需要依靠固定电话拨号。同时，固定电话拨号的铺设依赖邮局，因此邮电业务总量也将在一定程度上影响互联网的先期接入。由此，历史上固定电话用户数或者邮电业务量较多的地区也极有可能是数字经济发展程度较高的地区，符合相关性的要求。第二，在移动 4G 覆盖率达到 98% 的今天，历史固定电话用户数和邮电业务总量并不会对企业生产率产生直接影响，从而符合“外生性”的条件。由于本书使用样本为面板数据，只采用截面数据作为工具变量会导致模型难以度量。进一步地，借鉴 Nunn 和 Qian（2014）的做法，将每百人固定电话数量截面数据以及邮电业务总量截面数据与 2011—2019 年中国互联网普及率的一阶滞后项相乘，构造面板工具变量。选择全国层面互联网普及率的原因：一是全国层面互联网普及率取决于全国各个地区，因此针对特定城市可以视为外生变量；二是，特定城市当期的互联网普及率对上一期全国的互联网普及率的作用微乎其微（李宗显和杨千帆，2021）。

表7－3报告了数字经济发展水平对企业全要素生产率的二阶段最小二乘回归结果。从表7－3可以看出，在第一阶段的回归检验中，各工具变量与数字经济发展水平有显著的正相关性。在第二阶段的回归检验中，数字经济发展水平与企业全要素生产率之间呈现“倒U型”关系，与基准回归结果一致。此外，本书所选的工具变量均通过了识别不足及弱工具变量检验。

表7－3　　　　工具变量法的估计结果

	2SLS	
	第一阶段	第二阶段
IV_1	0.110*** (54.39)	
IV_2	0.084*** (23.63)	
DEDI		1.213*** (17.92)
$DEDI^2$		−0.327*** (−15.00)
Constant	−2.026*** (−60.54)	10.690*** (298.97)
行业固定	是	是
地区固定	是	是
年份固定	是	是
N	12198	12198
Kleibergen－Paap rk LM 统计量	3027.533*** (0.0000)	
Cragg－Donald Wald F 统计量	3746.81	
Kleibergen－Paap rk Wald F 统计量	2707.813	

注：Kleibergen－Paap rk LM 统计量括号内为P值。

7.2.3 稳健性检验

为保证结论的可靠性，本书进行了一系列稳健性检验。具体包括：(1) 替换被解释变量。为了避免因被解释变量估计方法导致的偏误，本书采用 LP 法对企业全要素生产率进行了重新测算，并以此为基础考察数字经济对企业全要素生产率的影响。估计结果如表 7－4 列 (1) 所示。(2) 替换核心解释变量。本书采用纵横向拉开档次法对数字经济发展水平进行了重新测算，并以此为基础再次检验数字经济对企业全要素生产率的影响。估计结果如表 7－4 列 (2) 所示。(3) 剔除极端值的影响。在基准回归中，极端值也可能对回归结果造成干扰。因此，本书对被解释变量进行了双边 5% 的缩尾处理并再次进行回归检验，结果如表 7－4 列 (3) 所示。从表 7－4 可以看出，数字经济对企业 TFP 的影响依旧显著，且呈现“倒 U 型”关系，证明了基准回归结果的稳健性。

表 7－4　稳健性检验结果

变量	LP 法 (1)	纵横向拉开档次法 (2)	5% Winsorize 处理 (3)
DEDI	0.0988*** (3.05)	0.0214*** (6.38)	0.2136*** (5.85)
$DEDI^2$	−0.0280*** (−3.38)	−0.0049*** (−5.71)	−0.0490*** (−5.29)
Scale	0.6512*** (102.68)	0.0203*** (30.84)	0.2350*** (32.89)
Lev	0.0009* (1.89)	0.0000 (0.97)	0.0003 (0.60)
Den	0.0017*** (3.77)	0.0001 (1.54)	0.0007 (1.42)
Jlr	0.0000*** (7.06)	0.0000*** (4.39)	0.0000*** (5.25)

续表

变量	LP 法 (1)	纵横向拉开档次法 (2)	5% Winsorize 处理 (3)
Age	0.0126*** (6.84)	0.0023*** (11.97)	0.0255*** (12.20)
Pgdp	0.0251*** (6.78)	0.0030*** (7.83)	0.0328*** (7.95)
Fd	0.1045*** (3.28)	0.0154*** (4.66)	0.1570*** (4.39)
Employ	0.0004 (0.42)	0.0001 (1.12)	0.0012 (1.26)
Constant	1.5154*** (10.83)	1.8849*** (129.81)	5.3383*** (33.90)
行业固定	是	是	是
地区固定	是	是	是
年份固定	是	是	是
R^2	0.7111	0.2095	0.2264

7.3 异质性检验

7.3.1 企业发展阶段异质性检验

根据企业生命周期理论，与成长期企业相比，成熟期企业的组织结构通常趋于臃肿，内部管控成本也更高（袁淳等，2021）。因此，数字经济对企业全要素生产率的作用可能会受到企业发展阶段异质性的影响。本书依据企业实际年龄与样本企业平均年龄的大小，将样本企业划分为成熟期企业和成长期企业，然后进行分组检验。本书进一步对分组样本进行了组间差异检验，结果表明 SUR – test 检验的 P 值均通过了显著性检验，说明组间存在显著差异。具体结果如表 7 – 5 列（1）～列（4）所示。从表

7－5中可以看出，当模型中只存在数字经济一次项时，无论是成熟期企业还是成长期企业，数字经济对企业全要素生产率的影响均在至少5%的显著性水平下为正。相比于成熟期，数字经济对企业TFP的边际效应在成长期更大。而当模型纳入数字经济平方项后，数字经济对企业全要素生产率的“倒U型”关系仅在成熟期企业存在，在成长期企业中并不成立。可能的原因是第一，相较于成长期企业，成熟期企业在长期生产经营过程中形成了固化的企业组织惯性，当其面临数字经济带来的外部市场冲击时，难以迅速调整企业组织模式与商业模式；第二，成熟期企业通常具有固定的合作伙伴与特定受众群体，在应对数字经济变革时需要付出更高的机会成本，从而导致了效率的下降。这一结论也表明，对于成熟期企业而言，应积极加入数字化转型的浪潮，培养数字化思维，根据外部市场需求对企业组织模式、生产模式、商业模式等作出灵活调整，实现经济效率的提升。

表 7－5　企业发展阶段及所处行业异质性检验结果

变量	企业异质性				行业异质性			
	成熟期 (1)	成熟期 (2)	成长期 (3)	成长期 (4)	高技术 (5)	高技术 (6)	中低技术 (7)	中低技术 (8)
DEDI	0.053** (2.30)	0.266*** (4.72)	0.108*** (4.94)	0.081 (1.55)	0.124*** (4.70)	0.242*** (3.77)	0.138*** (6.35)	0.243*** (5.11)
$DEDI^2$		−0.062*** (−4.14)		−0.020 (−1.42)		−0.055*** (−3.49)		−0.059*** (−4.76)
Constant	4.776*** (19.51)	4.750*** (19.43)	5.824*** (28.23)	5.774*** (27.01)	5.845*** (20.88)	6.130*** (20.12)	5.202*** (26.82)	5.057*** (25.27)
控制变量	是	是	是	是	是	是	是	是
行业固定	是	是	是	是	是	是	是	是
地区固定	是	是	是	是	是	是	是	是
年份固定	是	是	是	是	是	是	是	是
样本量	6265	6265	5933	5933	3356	3356	8842	8842
R^2	0.1979	0.2025	0.1986	0.2142	0.2252	0.2373	0.2119	0.2335
Chi^2	8.42**				7.09***			
P 值	0.038				0.009			

7.3.2 企业所处行业异质性检验

企业所属的各细分行业在技术水平上通常存在一定差异（钞小静等，2021）。数字经济对企业 TFP 的作用是否会受到企业归属行业技术水平差异的影响，有待进一步验证。本书以《国民经济行业分类》为基础，将上市公司样本所属行业分为高技术行业和中、低技术行业，进行分组检验。具体结果如表 7 - 5 列（5）～列（8）所示。从表中可以看出，当模型中只存在数字经济一次项时，无论是高技术企业还是中低技术企业，数字经济对企业 TFP 的影响均在 1% 的显著性水平下为正。相比于高技术企业，数字经济对企业 TFP 的边际效应在中低技术企业更大。可能的原因是与高技术行业相比，中低技术行业大多属于劳动密集型。近年来，受人口红利逐渐弱化的影响，劳动密集型企业面临用工成本上涨的压力，而不得不采取增加智能化设备应用的方式来对低端劳动力进行替代。正是由于“机器换人”的举措，劳动密集型行业的 TFP 得到了提升。这一结果也为第 6 章的研究结论提供了佐证。而当模型纳入数字经济平方项后，数字经济对企业 TFP 的“倒 U 形”关系在高技术企业和中低技术企业均显著存在。相比于中低技术企业（拐点：DEDI = 2.06），数字经济对企业 TFP 的“倒 U 形”拐点在高技术企业（拐点：DEDI = 2.20）中更大。可能的原因是中低技术企业在数字化转型过程中，需要付出更高的技术学习成本。当数字经济发展水平到达一定程度时，中低技术企业在短期内难以应对市场研发设计需求，从而导致企业效率下降。这也充分说明，企业应加强技术研发与技术积累能力，为企业应对数字化浪潮提供支撑。

7.4 影响机制检验

7.4.1 企业技术创新的中介效应检验

在基准模型回归结果基础上，本书进一步对模型（7 - 2）和模型(7 -

3）进行估计，以检验技术创新是否在数字经济对企业 TFP 的影响中起到了中介作用，具体估计结果如表 7－6 所示。

表 7－6　　数字经济对企业全要素生产率影响的中介机制检验

变量	*Techin* (1)	*TFP* (2)	*Manin* (3)	*TFP* (4)	*TFP* (5)	*TFP* (6)
DEDI	0.668** (2.93)	0.455*** (7.60)	0.767*** (11.53)	0.212*** (11.63)		
$DEDI^2$	−0.124* (−1.76)	−0.057*** (−3.26)	−0.143*** (−7.63)	−0.049*** (−5.03)		
Techin		0.011** (2.44)				
Manin				0.054*** (11.63)		
|*Techin* − *Manin*|					−0.142** (−2.03)	
Techin × *Manin*						0.148*** (3.23)
Constant	−10.395*** (−11.01)	10.830*** (245.07)	−12.691*** (−45.18)	5.831*** (33.58)	6.086*** (19.82)	6.073*** (19.99)
控制变量	是	是	是	是	是	是
行业固定	是	是	是	是	是	是
地区固定	是	是	是	是	是	是
年份固定	是	是	是	是	是	是
样本量	2647	2647	12198	12198	2647	2647
R^2	0.1276	0.2875	0.2888	0.2290	0.2523	0.2559

从表 7－6 列（1）可以看出，数字经济的一次项和二次项对技术创新的估计系数分别显著为正和负，表明数字经济与企业技术创新产出水平之间存在显著“倒 U 形”关系。列（2）报告了将数字经济发展水平与技术创新同时纳入模型后的估计结果。其中，技术创新的回归系数显著为正。这意味着，技术创新能力的提高有利于提升企业全要素生产率。同时，数

字经济一次项的拟合系数为 0.455，数字经济二次项的拟合系数为 -0.057，且都通过了1%的统计显著性检验。结合列（1）和列（2）回归结果可知，技术创新的提升在数字经济影响企业 TFP 的过程中发挥了中介效应。可见，数字经济发展水平的提升增加了企业对技术创新的迫切需要，能够倒逼企业采用大数据、区块链、边缘计算等数字技术对企业生产设备、产线、车间进行数字化与智能化改造，帮助企业实现产品创新，推动人员、物料、资金等资源在研发、生产环节实现动态合理的配置，提高企业 TFP。

7.4.2 企业管理创新的中介效应检验

从表7-6列（3）可以看出，数字经济的一次项和二次项对管理创新的估计系数分别为0.767和-0.143，且均在1%的水平上显著，表明数字经济与企业管理创新产出之间也存在显著“倒U型”关系。列（4）报告了将数字经济发展水平与管理创新同时纳入回归模型后的估计结果，管理创新的回归系数在1%的水平上显著为正，这意味着管理创新水平的提高同样有利于提升企业全要素生产率。同时，数字经济一次项的拟合系数为0.212，数字经济二次项的拟合系数为-0.049，且都通过了1%的统计显著性检验。结合列（3）和列（4）回归结果可知，管理创新在数字经济影响企业全要素生产率的过程中发挥了部分中介作用。可见，数字技术范式引发的“创造性破坏效应”将迫使企业为应对外部环境变化而采取扁平化、网络化的企业组织结构，精准化、精细化的营销管理模式等，实现对企业组织结构与管理实践的重新塑造与优化，带动企业 TFP 提升。进一步地，借鉴 Hayes 与 Preacher（2010）等提出的瞬时中介效应计算方法：$ME = \beta_1\gamma_3 + 2\beta_2\gamma_3 DEDI$，结合表7-6的回归结果，计算技术创新和管理创新所产生的中介效应大小。经过对比发现，管理创新产生的中介效应更大，而技术创新发挥的中介效应较小（见图7-1）。因此，在企业数字化发展过程中，不仅需要强调技术创新的重要作用，更要进行数字经济时代的管理创新，为经济实现高质量发展提供微观动力引擎。

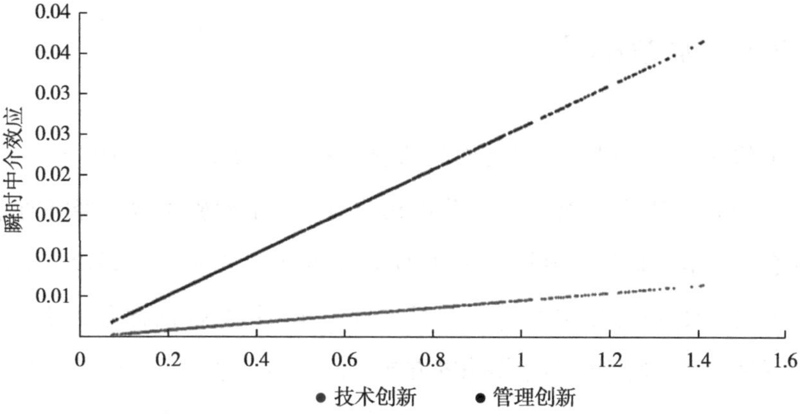

图7－1　技术创新与管理创新的瞬时中介效应

由以上检验可知，数字经济能够通过技术创新和管理创新促进企业全要素生产率提升。然而，根据企业的组织双元性理论，企业的资源是有限的，如何合理配置资源以真正发挥数字经济效能成为企业必须关注的重点问题（Jiang 等，2021）。如果资源过分倾向于技术创新或管理创新的某一方，那么就可能对另一种创新活动造成制约，损害企业效率。而如果两种创新方式有较强的组合性，即两种创新同时同步保持较高的水平，可能将产生互补效应，提高企业效率（何乔和温菁，2018）。因此，本书参考仝自强等（2021）的方法，在对技术创新和管理创新进行标准化的基础上，以技术创新和管理创新差值的绝对值 $|Techin - Manin|$ 来表示创新的不平衡性，以技术创新和管理创新的乘积 $Techin \times Manin$ 来表示创新的组合性。进一步地，检验了创新不平衡性与组合性对企业全要素生产率的影响，结果如表7－6中列（5）和列（6）所示。结果表明，技术创新和管理创新的不平衡性将抑制企业 TFP 提升，而数字经济的组合性能够有效促进企业 TFP。这意味着，在数字化发展的过程中，企业应避免将资源过分倾斜于

单一创新活动，尽可能的确保技术创新和管理创新都达到一个较高的水平，充分发挥技术创新和管理创新的协同作用。

7.5 本章小结

本章在第3章理论逻辑与作用机制分析基础上，利用2011—2019年268个城市数字经济指数与上市公司相关数据实证检验了数字经济对企业全要素生产率的影响。参照Nunn和Qian（2014）、黄群慧（2019）等的研究，采用工具变量法解决潜在内生性问题。并采用替换被解释变量、替换核心解释变量、剔除极端值影响等方式对回归结果进行了稳健性检验。进一步地，本章采用非线性面板中介效应模型对数字经济通过何种机制影响企业全要素生产率的问题进行了实证检验。主要结论如下：

第一，从数字经济对企业全要素生产率影响的基准回归结果来看：数字经济与企业TFP之间呈现“倒U形”关系。“倒U形”曲线拐点为2.142，落在解释变量区间［0.073，1.401］的右侧。可见，当前阶段数字经济对企业全要素生产率主要是正向的推动作用。这一结论在稳健性检验和内生性处理后依然成立。因此，企业在积极拥抱数字经济红利的同时，也需应对好“破坏”效应可能产生的冲击。企业管理者应主动利用数字思维灵活调整企业组织模式、商业模式以及管理模式，强化对数据、资本与劳动要素的合理配置，让数字经济潜力得以持续释放。政府部门也应加强对头部企业垄断行为的监管，避免数字经济不均衡发展带来的整体效率损失。

第二，数字经济对企业全要素生产率的影响存在异质性。（1）企业发展阶段异质性检验结果表明：当模型中只存在数字经济一次项时，无论是成熟期企业还是成长期企业，数字经济均能促进企业全要素生产率提升。相比于成熟期，数字经济对企业全要素生产率的提升作用在成长期更大。

当模型纳入数字经济平方项后，数字经济对企业全要素生产率的“倒 U 形”关系仅在成熟期企业存在，在成长期企业中并不显著。可见，成熟期企业在面对数字化浪潮时，存在更大的转型障碍。与成长期企业相比，成熟期企业应充分利用其研发创新能力强、抗风险能力高等优势，实现数字技术与企业生产经营实践的融合。（2）企业所处行业异质性检验结果表明：当模型中只存在数字经济一次项时，无论是高技术企业还是中低技术企业，数字经济均能促进企业全要素生产率的提升。相比于高技术企业，数字经济对企业全要素生产率的提升作用在中低技术企业更大。而当模型纳入数字经济平方项后，数字经济对企业全要素生产率的“倒 U 形”关系在高技术企业和中低技术企业均显著存在。相比于中低技术企业，数字经济对企业全要素生产率的拐点在高技术企业中更大。因此，企业应加强技术研发与技术积累能力，为企业应对数字化浪潮提供支撑。

第三，从数字经济对企业全要素生产率的影响机制检验结果来看：技术创新和管理创新在数字经济与企业 TFP 间起到了中介传导作用。从瞬时中介效应的大小来看，管理创新产生的瞬时中介效应更大。进一步地，本书探讨了技术创新与管理创新的平衡性与组合性对企业 TFP 的影响。结果表明，两种形式的创新是互补关系，并非替代关系。这意味着，企业在数字化发展的过程中，应避免将资源过分倾斜于单一创新活动，而是应将有限的资金、设备与人力资源等均衡的分配到技术创新和管理创新活动中，强调数字经济背景下技术创新和管理创新在企业发展中的同等重要地位，充分发挥技术创新和管理创新的协同作用。

第8章　研究结论、对策建议与研究展望

8.1　研究结论

在当前，国家大力推动数字经济与迈进经济高质量发展新时代的政策背景下，在数字经济与全要素生产率间可能存在“悖论”的理论困境下，探究数字经济对经济实现高质量发展的影响问题具有重要的理论和现实意义。本书从效率视角出发，从宏观经济—中观产业—微观企业三个层面，围绕数字经济为何能够影响经济高质量发展，数字经济如何影响经济高质量发展问题建立了理论分析框架，并进行了相应的实证检验。主要结论可归纳为以下五点。

第一，数字经济内涵与技术经济特征理论研究结论。①数字经济是具有技术经济范式特征的新型经济形态，数字经济的技术范式结构可以概括为驱动力、新结构与新形态、新价值、高质量发展四部分，这四部分构成了正反馈的闭环。②数字经济的技术—经济本质特征可以提炼为“连接—数据—融合”三个方面。其中，连接构筑了数字经济发展的基本空间。数字技术是实现连接的基础条件，数字基础设施为实现万物互联提供了保障；数据是驱动数字经济发展的核心生产要素。数据要素通过数据采集、数据分析、数据确权、数据交易、数据应用与服务等活动驱动经济增长并

参与收入分配；融合是催生数字经济创新发展的内生动力。数字经济通过技术融合和产业融合催生新产业与新业态，具体表现为数字产业化和产业数字化。新产业与新业态又能够进一步推动商业模式与管理模式实现创新发展。

第二，数字经济规模及其发展水平测度研究结论。①通过对全球 38 个国家数字经济的规模进行同一标准下的测算与国际比较发现，当前中国数字经济规模具有总量优势，数字产业化和产业数字化增加值规模均在世界主要国家中处于领跑地位。但是目前中国数字经济规模占 GDP 比重相对较低，如何有效发挥数字经济对经济增长的贡献至关重要。②数字经济发展水平的测算结果表明，2011—2019 年中国数字经济指数呈现逐年递增态势。其中，广东、江苏等地数字经济指数名列前茅，而青海、宁夏等西北内陆地区的数字经济发展则较为落后。从时空演变特征来看，中国数字经济指数核密度函数中心值随时间变化出现明显的右移趋势且波峰宽度逐渐增大，各地区呈现从东—中—西依次递减的多级分化趋势。从区域差异来看，虽然数字经济发展的区域不平衡性逐年递减，全国及东中西三大地区数字经济指数均存在收敛特征，但“数字鸿沟”问题目前仍较为严峻。数字经济发展的差异主要源于区域内差异，尤其是东部区域内差异日益凸显。

第三，宏观效率层面数字经济对经济高质量发展的影响效应与作用机制研究结论。①无论在国际层面还是国内省级层面，数字经济都显著促进了拓展的全要素生产率提升。②数字经济对全要素生产率的助推作用存在明显的区域差异。数字经济在发达国家的效率提升效果要优于发展中国家。在国内，相比于东部地区和高生产率地区，中西部地区和低生产率地区所享受到的数字经济发展红利更加明显。③发达国家和发展中国家数字经济均能够通过改善技术效率和技术进步促进全要素生产率，但发展中国家数字经济的技术进步效果明显劣于发达国家。在国内，数字经济对全要素生产率提升的作用机制属于技术效率改善型而非技术进步驱动型。

第四，产业效率层面数字经济对经济高质量发展的影响效应与作用机制研究结论。①数字经济能够有效促进中国农业全要素生产率、制造业全要素生产率和服务业全要素生产率提升，提升效果依次为服务业全要素生产率 > 制造业全要素生产率 > 农业全要素生产率。②数字经济对产业全要素生产率的作用效果存在区域异质性和行业异质性。相较于中西部地区，数字经济对东部地区制造业全要素生产率有更强的促进作用，但数字经济对中西部地区农业和服务业全要素生产率的提升作用要优于东部地区。数字经济促进了农副食品加工、化学纤维、通用设备等传统制造业的效率提升，但对医药，计算机、通信和其他电子设备，仪器仪表三个高端制造业来说，效率提升并未有显著作用。数字经济对服务业全要素生产率的促进作用更加偏向于批发和零售业，交通运输、仓储和邮政业，金融业以及住宿和餐饮业，房地产业目前尚未受益于数字经济的红利。③数字经济对农业和服务业 TFP 的提升作用属于技术效率改善型，对制造业 TFP 的提升作用属于技术进步驱动型。高技能劳动力和新型基础设施投资均能够强化数字经济对产业全要素生产率的提升作用。

第五，企业效率层面数字经济对经济高质量发展的影响效应与作用机制研究结论。①数字经济与企业全要素生产率之间呈“倒 U 形”关系，但在研究样本期内，数字经济发展对企业全要素生产率主要发挥着正向的推动作用。②数字经济对企业全要素生产率的影响存在企业发展阶段异质性和企业所处行业异质性。企业发展阶段异质性方面，数字经济对成长期企业全要素生产率的提升作用大于成熟期企业，且数字经济与企业全要素生产率的“倒 U 形”关系仅在成熟期企业存在。企业所处行业异质性方面，数字经济对中低技术企业全要素生产率的提升作用大于高技术企业，且数字经济与企业全要素生产率的“倒 U 形”关系在高技术企业和中低技术企业均显著存在，相比于中低技术企业，数字经济对企业全要素生产率的拐点在高技术企业中更大。③数字经济能够通过技术创新和管理创新助推企业全要素生产率的提升。技术创新与管理创新在效应发挥时呈现互补关系，而非替代关系。

8.2　对策建议

发展数字经济是提升中国全要素生产率的必然选择。当前中国数字经济信息基础设施全球领先、产业数字化转型稳步推进、新业态新模式竞相发展，为经济社会持续健康运行提供了"新引擎"。但数字经济发展进程中也存在数字技术创新能力不足、数据要素价值化程度低、区域数字鸿沟尚未弥合、产业数字化程度有待提升、企业数字化转型困难等问题。因此，本节基于主要研究结论，提出相应对策建议，力求破解与突破制约，推动数字经济实现健康持续发展，充分发挥数字经济在宏观经济、中观产业与微观企业的效率提升效应，推动经济实现高质量发展。

8.2.1　推动"连接—数据—融合"发展，构建数字生态

本书研究表明，从技术经济范式来看，数字经济带来的经济变革本质是以万物互联为根本特征，以数据为核心生产要素，以融合带来了创新动力，从而推动经济效率提升与经济结构优化，赋能经济高质量发展。因此，要实现数字经济的赋能作用，必须在畅通万物互联、创造数据要素价值、实现融合创新方面下功夫。在宏观调控上，需以政府为主导，强化以"连接—数据—融合"为核心的数字经济生态体系，促进数字经济的健康发展与全面渗透。

一是要加强前沿数字技术攻关，加强新型数字基础设施建设，打通经济社会"连接"的动脉。一方面，持续增强数字技术研发的投资力度，着力在传感器、高端芯片、集成电路等硬件技术和操作系统、核心算法等软

件技术领域开展联合攻关，强化数字技术研发供给能力，补足数字技术发展的短板，为实现万物互联提供技术支撑。另一方面，加强新型数字基础设施建设的广度与深度。通过加快物联网、智能计算中心等的建设步伐，推动网络扩容提速与5G、6G网络规模化建设，打造“星链”卫星空间互联体系，完善工业互联网平台等方式拓宽新型数字基础设施建设的广度，为人机物全方位互联互通建立坚实的基础。通过推进融合基础设施建设，实施“智能+”计划，利用大数据、人工智能等数字经济技术赋能能源、交通、建筑、环境等领域传统基础设施向网络化、智能化、数字化升级，加深新型数字基础设施建设的深度，为实现万物互联提供基础保障。

二是要加快数据要素市场建设步伐，建立完善的数据交易生态，充分发挥数据要素的价值。一方面，构建集算法、算力、数据于一体的大数据中心，强化分布式存储、边缘计算能力，实现多源异构数据融合与存储，解决数据要素质量差、数量少、更新慢等问题。打破技术和协议壁垒，推动各领域数据实现互联互通，形成完整贯通的数据链，解决数据要素供需不对称问题。另一方面，加快数据要素市场化流通。建立数据确权基本框架，明确制定数据定价规则，培育规范的数据交易平台，创新数据交易模式，为数据要素价值化发挥营造安全有序的市场环境。同时，积极探索多样化数据要素开发利用机制。通过加大资金、资源配套投入，复制推广典型案例等方式，鼓励多方主体在零售、教育、旅游等重点行业创新数据开发利用模式，为数据要素的价值化发挥开辟新的途径。

三是要夯实数字经济融合发展根基，营造数字经济创新环境，培育新产业、新业态与新模式。一方面，巩固发展计算机通信和其他电子设备制造业、软件和信息技术服务业等数字经济基础产业。聚焦集成电路、新型显示、通信设备、智能硬件等重点产业领域，补齐短板。围绕创新链布局产业链，加快布局下一代移动通信技术、第三代半导体、类脑智能、神经芯片等新兴产业发展，让新产业部门快速成长为动力部门与主导部门。另一方面，培育壮大新业态新模式。持续发展远程会诊、在线办公、远程监护、电子签章认证等新兴在线服务。深入发展出行共享、知识共享、生产能力共享、员工共享等共享经济，鼓励发展自动驾驶、无人配送等智能经济，引导社交软件、短视频平台、创客平台等新个体经济有序发展。

四是要实施差异化数字经济发展策略，缩小数字经济鸿沟。对于数字经济发展优势地区，应发挥“示范作用”和“溢出效应”，通过技术支持或产业合作等方式帮扶后发地区，缩小各区域间的技术距离；对于数字经济发展落后地区，应充分挖掘自身优势，在要素禀赋、优势产业和数字经济发展要求之间寻找突破口。学习“贵州模式”利用数据要素存储、交易对自然地理环境的要求特性，通过建立数据灾备中心、数据安全中心等方式，实现“弯道超车”；政府应做好政策体系顶层设计，在巩固东部地区数字经济发展优势的同时，给予后发地区适当的资源扶持与政策倾斜。加快实施“东数西算”等工程，引导数据要素向中西部地区流动。打破地域间、行业间、部门间、层级间边界障碍，建设全国一体化的数据中心体系，建立各类产业虚拟集聚机制，促进创新要素跨网络、跨时空整合共享。

8.2.2　聚焦产业数字化，建设效率为先的现代化产业体系

本书研究表明，数字经济对农业、制造业与服务业的全要素生产率都有显著提升作用，但对于不同细分行业的影响效应存在差异，在提升机制上亦有所不同。因此，应针对不同产业（行业）的机制短板，实施差异化的产业数字化转型方案，建设效率为先的现代化产业体系。

一是加强数字技术在农业中的实际应用程度，发挥技术进步对农业全要素生产率的带动作用。一方面，应加强大数据、物联网、人工智能等技术在农业生产、加工、销售等各环节的应用。通过举办农业数字技术科技成果展、搭建农业数字技术科技成果共享、培训、推广平台等方式，加速

农业专用传感器、农业机器人、农业云平台、农业智能检测等农业数字技术科技成果的转化应用。另一方面，应发挥高技能劳动力对数字经济产业效率提升效应的助推作用。通过落实新型职业农民培育行动，培养一批既具备数字技术又具备农业生产经验的“新农人”。实施农业产业化经营，鼓励农村高素质劳动力回流等方式提高农业领域人力资本存量，带动农业数字技术进步。

二是结合中高低技能制造业数字化转型短板，制定行业差异化发展策略，以数字经济赋能制造业技术效率提升。对于低技能制造业，应加快转变生产方式，对生产设备进行智能化、网络化、数字化改造升级，推动实现大规模定制化柔性生产。对农副食品加工业与食品制造业等以中小企业为主的制造行业，政府应给予数字化转型的战略规划指导与资金扶持；对于中等技能制造业，应抓住新一轮科技革命与产业革命机遇，加快从粗放型发展方式向集约型转变。遵循“先典型引路、后全面推广”路径，依托工业互联网平台，连接人、机、物、系统以及全产业链与全价值链，实现生产要素、生产技术与生产过程的优化重组，借助数字化改造，实现节能增效；对于高技能制造业，不能仅局限于“机器换人”的智能化改造，而应加大对数字技术的研发创造。

三是深化数字经济在生产性服务业中的应用，发挥技术进步对服务业全要素生产率的提升作用。一方面，着重推动生产性服务业数字化升级。培育基于大数据、云计算等技术的精准营销、智能决策服务，发展研究开发、科技咨询等科创服务，推动绿色普惠、高效安全的数字金融等服务。避免资本、人才、研发等资源向生活性服务业过度倾斜，谨防陷入生活性服务业的“红利陷阱”。另一方面，推动生活性服务业向高品质和多元化升级。利用5G、虚拟现实等技术推动智慧医疗、智慧教育等智能化服务模式创新发展，强化数字经济技术进步对服务业效率的提升作用。

8.2.3　增强企业数字化能力，联动双核创新赋能效率提升

本书研究表明，数字经济与企业全要素生产率整体呈现“倒 U 型”关系。短期来看，数字经济对企业全要素生产率有正向提升作用。长期来看，数字经济的网络效应可能导致资源流向数据更丰富、用户数量更多的头部企业，导致其他企业效率下降。从影响机制来看，数字经济能够通过技术创新和管理创新渠道推动企业全要素生产率提升，技术创新与管理创新具有良好的互补关系，而非替代关系。因此，在数字经济背景下，企业应制定长短期相结合的数字化发展策略，合理配置技术创新与管理创新资源，为经济实现高质量发展提供微观引擎。

一是制定企业数字化转型的长短期结合策略。在短期，尽早破除工业经济时代的路径依赖思维，结合企业发展生命周期，制定适当的数字化转型策略。对于成熟期企业，可利用资金和规模优势打造数字平台，整合企业内部信息，推动全流程数据贯通。对于成长期企业，应根据企业现阶段的核心需求，采用“上云用数赋智”等技术手段，推动企业上云，由点及面开展渐进式的数字化转型方案。在长期，头部企业应加强自我约束，合规经营，积极维护数字经济市场秩序。一方面，主动树立数字经济时代的公平竞争意识，通过加强公平竞争思想培训等方式，杜绝恶意不兼容、流量劫持、深度链接等不正当竞争行为，加强企业自律。另一方面，增强社会责任意识，将企业发展重心放在提高产品和服务质量上，而非局限于并购同类企业或攫取消费者剩余。

二是合理配置技术创新与管理创新资源，畅通数字经济推动企业全要素生产率的渠道。首先，推动数字经济下的企业管理创新。优化企业组织结构，逐步将以往直线制、直线职能制等金字塔式的组织结构转变为扁平化、网络化的组织结构。调整营销模式，根据用户数据信息分析消费者行为，开展精准化、精细化的全渠道营销等方式，为企业数字化发展提供良

好的组织环境。其次，推动数字经济下的企业技术创新。以开放化、开源化的模式开展技术研发。通过共建创新联合体、加入创新云平台等方式加强与其他企业、组织的技术交流与合作，实现资源与知识的共享，提高企业数字化发展的技术实力。最后，推动技术创新与管理创新的同步发展，避免将资源过分倾斜于单一创新活动。不可本末倒置地一味追求技术创新，而应尽可能的确保技术创新和管理创新同步共进，确保企业的管理能力能够与数字技术带来的变革冲击相适应，保持管理创新和技术创新的平衡，充分发挥技术创新和管理创新的协同作用。

8.3 研究展望

本书以效率为研究视角切入，分析了数字经济对经济高质量发展的影响效应、作用机制与影响差异，得出了一些有益结论，但仍有不足之处，有待进一步改进。

第一，数字经济影响经济高质量发展的理论逻辑论证有待进一步拓展。本书通过演绎归纳法提炼出数字经济的技术经济特征，并据此从效率视角出发，剖析数字经济影响经济高质量发展的作用机制，从全要素生产率分解、资源互补、企业双核创新等方面为回答数字经济如何影响经济高质量发展问题提供了分析思路。但仍存在以下不足：一是本书将数字经济作为一个整体展开分析，并未对数字经济分维度，如人工智能、云计算等数字技术对经济高质量发展的影响进行具体分析；二是着重从技术等内部因素入手分析数字经济影响经济高质量发展的作用机制，对于市场、制度等外部因素的考虑较少。下一步的研究将针对数字技术的颠覆性特征展开具体分析，同时着重考虑数字经济的市场驱动机制、制度质量机制等。

第二，数字经济影响经济高质量发展的实证研究有待进一步细化。本书结合宏观经济数据、产业数据、微观企业数据实证检验了数字经济对经济高质量发展的影响，揭示了其效应大小、影响机制与影响差异，但仍存在以下不足：一是本书对数字经济的测度多采用宏观数据，对微观企业数字化的刻画有待深入。未来可借助机器学习、文本挖掘等方法进一步完善；二是数字经济与经济高质量发展之间存在内生性问题，虽然本书采用工具变量法进行了处理，但仍解决的不够充分，未来可采用自然实验法或双重差分法进行完善；三是关于数字经济对经济高质量发展影响的空间溢出效应有待深入研究，未来可进一步对此展开分析。

第三，对于本书内容延伸。尽管本书从效率视角对数字经济影响经济高质量发展的作用机制进行了不同维度的分析，但从规范性的价值判断视角来看，经济高质量发展有着丰富的多维内涵。未来可进一步围绕数字经济对创新驱动发展，数字经济对区域协调发展，数字经济对低碳绿色发展、数字经济对社会共享发展，数字经济对人民群众获得感、幸福感、安全感，数字经济对经济发展的包容性、普惠性等话题展开深入探讨。

参 考 文 献

［1］安同良，杨晨．互联网重塑中国经济地理格局：微观机制与宏观效应［J］．经济研究，2020，55（02）：4－19.

［2］白俊红，王钺，蒋伏心等．研发要素流动、空间知识溢出与经济增长［J］．经济研究，2017，52（07）：109－123.

［3］白雪洁，宋培，李琳等．数字经济能否推动中国产业结构转型？——基于效率型技术进步视角［J］．西安交通大学学报（社会科学版），2021，41（06）：1－15.

［4］柏培文，喻理．数字经济发展与企业价格加成：理论机制与经验事实［J］．中国工业经济，2021，404（11）：59－77.

［5］保罗·梅森．新经济的逻辑——个人、企业和国家如何应对未来［M］．北京：中信出版社，2018.

［6］蔡昉．以提高全要素生产率推动高质量发展［J］．决策探索，2018，709（23）：6.

［7］蔡昉．中国经济增长如何转向全要素生产率驱动型［J］．中国社会科学，2013，205（01）：56－71.

［8］蔡跃洲，马文君．数据要素对高质量发展影响与数据流动制约［J］．数量经济技术经济研究，2021，38（03）：64－83.

［9］蔡跃洲，牛新星．中国数字经济增加值规模测算及结构分析［J］．中国社会科学，2021，311（11）：4－30＋204.

［10］蔡跃洲，张钧南．信息通信技术对中国经济增长的替代效应与渗透效应［J］．经济研究，2015，50（12）：100－114.

［11］蔡跃洲．数字经济的增加值及贡献度测算：历史沿革、理论基础与方法框架［J］．求是学刊，2018，45（05）：65－71.

［12］钞小静，廉园梅，罗鎏锴．新型数字基础设施对制造业高质量发展的影响［J］．财贸研究，2021，32（10）：1－13.

［13］钞小静，薛志欣，王宸威．中国新经济的逻辑、综合测度及区域差异研究［J］．数量经济技术经济研究，2021，38（10）：3－23.

［14］陈斌开，金箫，欧阳涤非．住房价格、资源错配与中国工业企业生产率［J］．世界经济，2015，38（04）：77－98.

［15］陈冲，吴炜聪．消费结构升级与经济高质量发展：驱动机理与实证检验［J］．上海经济研究，2019，369（06）：59－71.

［16］陈川，许伟．以人民为中心的高质量发展理论内涵［J］．宏观经济管理，2020，437（03）：15－20.

［17］陈春花．价值共生：数字化时代的组织管理［M］．北京：人民邮电出版社，2021.

［18］陈景华，陈姚，陈敏敏．中国经济高质量发展水平、区域差异及分布动态演进［J］．数量经济技术经济研究，2020，37（12）：108－126.

［19］陈诗一，陈登科．雾霾污染、政府治理与经济高质量发展［J］．经济研究，2018，53（02）：20－34.

［20］陈维涛，韩峰，张国峰．互联网电子商务、企业研发与全要素生产率［J］．南开经济研究，2019，209（05）：41－59.

［21］陈文，吴赢．数字经济发展、数字鸿沟与城乡居民收入差距［J］．南方经济，2021，386（11）：1－17.

［22］陈晓红，李杨扬，宋丽洁等．数字经济理论体系与研究展望［J］．管理世界，2022，38（02）：208－224＋13－16.

[23] 陈永伟，曾昭睿．机器人与生产率：基于省级面板数据的分析［J］．山东大学学报（哲学社会科学版），2020，239（02）：82－97.

[24] 成力为，孙玮．市场化程度对自主创新配置效率的影响——基于 Cost－Malmquist 指数的高技术产业行业面板数据分析［J］．中国软科学，2012，258（05）：128－137.

[25] 邓洲．基于产业分工角度的中国数字经济发展优劣势分析［J］．经济纵横，2020，413（04）：67－76.

[26] 丁志帆．数字经济驱动经济高质量发展的机制研究：一个理论分析框架［J］．现代经济探讨，2020，457（01）：85－92.

[27] 董有德，米筱筱．互联网成熟度、数字经济与中国对外直接投资——基于 2009 年—2016 年面板数据的实证研究［J］．上海经济研究，2019，366（03）：65－74.

[28] 杜传忠，张远．数字经济发展对企业生产率增长的影响机制研究［J］．证券市场导报，2021，343（02）：41－51.

[29] 杜庆昊．数字产业化和产业数字化的生成逻辑及主要路径［J］．经济体制改革，2021，230（05）：85－91.

[30] 范合君，吴婷．数字化能否促进经济增长与高质量发展——来自中国省级面板数据的经验证据［J］．管理学刊，2021，34（03）：36－53.

[31] 范恒山．推进城乡协调发展的五大着力点［J］．经济纵横，2020，411（02）：1－5＋137.

[32] 范鑫．数字经济发展、国际贸易效率与贸易不确定性［J］．财贸经济，2020，41（08）：145－160.

[33] 冯南平，王之颖，魏芬芬．企业技术创新、管理创新与融资方式关系研究——来自中国制造业企业的证据［J］．华东经济管理，2021，35（09）：1－10.

[34] 干春晖，郑若谷，余典范．中国产业结构变迁对经济增长和波动

的影响［J］．经济研究，2011，46（05）：4－16＋31.

［35］高帆．中国区域农业全要素生产率的演变趋势与影响因素——基于省际面板数据的实证分析［J］．数量经济技术经济研究，2015，32（05）：3－19＋53.

［36］高楠，张新成，王琳艳．中国红色旅游网络关注度时空特征及影响因素［J］．自然资源学报，2020，35（05）：1068－1089.

［37］高培勇，刘霞辉，袁富华．经济高质量发展理论大纲［M］．北京：人民出版社，2020.

［38］高杨，牛子恒．农业信息化、空间溢出效应与农业绿色全要素生产率——基于SBM－ML指数法和空间杜宾模型［J］．统计与信息论坛，2018，33（10）：66－75.

［39］高煜．我国经济高质量发展中人工智能与制造业深度融合的智能化模式选择［J］．西北大学学报（哲学社会科学版），2019，49（05）：28－35.

［40］葛和平，吴福象．数字经济赋能经济高质量发展：理论机制与经验证据［J］．南京社会科学，2021，399（01）：24－33.

［41］郭吉涛，梁爽．数字经济对中国全要素生产率的影响机理：提升效应还是抑制效果？［J］．南方经济，2021，385（10）：9－27.

［42］郭家堂，骆品亮．互联网对中国全要素生产率有促进作用吗？［J］．管理世界，2016，277（10）：34－49.

［43］郭凯明，潘珊，颜色．新型基础设施投资与产业结构转型升级［J］．中国工业经济，2020，384（03）：63－80.

［44］郭美晨，杜传忠．ICT提升中国经济增长质量的机理与效应分析［J］．统计研究，2019，36（03）：3－16.

［45］韩晨，高山行，王钦．政府支持提升企业财务绩效的机理——双核创新的多重中介效应［J］．软科学，2018，32（09）：34－38.

[46] 韩先锋，宋文飞，李勃昕. 互联网能成为中国区域创新效率提升的新动能吗 [J]. 中国工业经济，2019，376（07）：119-136.

[47] 韩兆安，赵景峰，吴海珍. 中国省际数字经济规模测算、非均衡性与地区差异研究 [J]. 数量经济技术经济研究，2021，38（08）：164-181.

[48] 何乔，温菁. 管理创新与技术创新匹配性对企业绩效的影响 [J]. 华东经济管理，2018，32（07）：126-132.

[49] 何小钢，梁权熙，王善骝. 信息技术、劳动力结构与企业生产率——破解"信息技术生产率悖论"之谜 [J]. 管理世界，2019，35（09）：65-80.

[50] 何小钢，王善骝. 信息技术生产率悖论：理论演进与跨越路径 [J]. 经济学家，2020，259（07）：42-52.

[51] 何瑛，于文蕾，戴逸驰，王砚羽. 高管职业经历与企业创新 [J]. 管理世界，2019，35（11）：174-192.

[52] 贺晓宇，沈坤荣. 现代化经济体系、全要素生产率与高质量发展 [J]. 上海经济研究，2018，357（06）：25-34.

[53] 洪银兴. 以新发展理念全面开启现代化新征程 [J]. 人民论坛，2020，686（31）：24-27.

[54] 洪银兴. 资源配置效率和供给体系的高质量 [J]. 江海学刊，2018，318（05）：84-91.

[55] 胡贝贝，王胜光，段玉厂. 互联网引发的新技术-经济范式解析 [J]. 科学学研究，2019，37（04）：582-589.

[56] 胡晨沛，吕政. 中国经济高质量发展水平的测度研究与国际比较——基于全球35个国家的实证分析 [J]. 上海对外经贸大学学报，2020，27（05）：91-100.

[57] 黄群慧，余泳泽，张松林. 互联网发展与制造业生产率提升：内

在机制与中国经验［J］．中国工业经济，2019，377（08）：5－23.

［58］黄永明，姜泽林．金融结构、产业集聚与经济高质量发展［J］．科学学研究，2019，37（10）：1775－1785.

［59］黄勇峰，任若恩，刘晓生．中国制造业资本存量永续盘存法估计［J］．经济学（季刊），2002，2（01）：377－396.

［60］江红莉，蒋鹏程．数字金融能提升企业全要素生产率吗？——来自中国上市公司的经验证据［J］．上海财经大学学报，2021，23（03）：3－18.

［61］江小涓，罗立彬．网络时代的服务全球化——新引擎、加速度和大国竞争力［J］．中国社会科学，2019，278（02）：68－91＋205－206.

［62］江小涓．高度联通社会中的资源重组与服务业增长［J］．经济研究，2017，52（03）：4－17.

［63］姜奇平．数字经济学的基本问题与定性、定量两种分析框架［J］．财经问题研究，2020，444（11）：13－21.

［64］焦豪，杨季枫，王培暖，李倩．数据驱动的企业动态能力作用机制研究——基于数据全生命周期管理的数字化转型过程分析［J］．中国工业经济，2021，404（11）：174－192.

［65］焦帅涛，孙秋碧．中国数字经济发展测度及其影响因素研究［J］．调研世界，2021，334（07）：13－23.

［66］杰里米·里夫金．第三次工业革命：新经济模式如何改变世界［M］．北京：中信出版社，2012.

［67］金碚．关于“高质量发展”的经济学研究［J］．中国工业经济，2018，361（04）：5－18.

［68］荆文君，孙宝文．数字经济促进经济高质量发展：一个理论分析框架［J］．经济学家，2019，242（02）：66－73.

［69］景维民，王瑶，莫龙炯．教育人力资本结构、技术转型升级与地

区经济高质量发展［J］．宏观质量研究，2019，7（04）：18－32.

［70］康铁祥．中国数字经济规模测算研究［J］．当代财经，2008，280（03）：118－121.

［71］邝劲松，彭文斌．数字经济驱动经济高质量发展的逻辑阐释与实践进路［J］．探索与争鸣，2020，347（12）：132－136＋200.

［72］李光龙，范贤贤．财政支出、科技创新与经济高质量发展——基于长江经济带108个城市的实证检验［J］．上海经济研究，2019，373（10）：46－60.

［73］李华，董艳玲．中国经济高质量发展水平及差异探源——基于包容性绿色全要素生产率视角的考察［J］．财经研究，2021，47（08）：4－18.

［74］李辉．大数据推动中国经济高质量发展的理论机理、实践基础与政策选择［J］．经济学家，2019，243（03）：52－59.

［75］李雷，杨水利，陈娜．“互联网＋”、技术异质性与创新效率——基于省际工业企业面板数据研究［J］．中国地质大学学报（社会科学版），2021，21（03）：125－141.

［76］李欠男，李谷成．互联网发展对农业全要素生产率增长的影响［J］．华中农业大学学报（社会科学版），2020，148（04）：71－78＋177.

［77］李三希．中国数字经济发展的主要特点和突出优势［J］．国家治理，2021，330（18）：3－7.

［78］李帅娜．数字技术赋能服务业生产率：理论机制与经验证据［J］．经济与管理研究，2021，42（10）：51－67.

［79］李宗显，杨千帆．数字经济如何影响中国经济高质量发展？［J］．现代经济探讨，2021，475（07）：10－19.

［80］蔺鹏，孟娜娜．环境约束下京津冀区域经济发展质量测度与动力解构——基于绿色全要素生产率视角［J］．经济地理，2020，40（09）：

36 – 45.

［81］刘华，肖挺，夏杰长．制造业信息化对行业生产率的影响——基于 DEA – Malmquist 指数的省级面板数据分析［J］．情报杂志，2013，32（03）：166 – 172.

［82］刘家旗，茹少峰．数字经济如何影响经济高质量发展：基于国际比较视角［J］．经济体制改革，2022，232（01）：157 – 163.

［83］刘家旗，茹少峰．西部地区经济增长影响因素分析及其高质量发展的路径选择［J］．经济问题探索，2019，446（09）：82 – 90.

［84］刘家旗，茹少峰．中国高质量发展水平测度：人民群众感知视角［J］．经济纵横，2021，426（05）：93 – 101.

［85］刘建民，薛妍．财政分权与经济高质量发展——基于环境规制的“U 型”调节效应［J］．河北大学学报（哲学社会科学版），2021，46（01）：58 – 67.

［86］刘军，杨渊鋆，张三峰．中国数字经济测度与驱动因素研究［J］．上海经济研究，2020，381（06）：81 – 96.

［87］刘亮，胡国良．人工智能与全要素生产率——证伪“生产率悖论”的中国证据［J］．江海学刊，2020，328（03）：118 – 123.

［88］刘培刚等．网络经济学［M］．上海：华东理工大学出版社，2014.

［89］刘平峰，张旺．数字技术如何赋能制造业全要素生产率？［J］．科学学研究，2021，39（08）：1396 – 1406.

［90］刘世锦．产业集聚及其对经济发展的意义［J］．改革，2003，（03）：64 – 68.

［91］刘世锦．推动经济发展质量变革、效率变革、动力变革［J］．中国发展观察，2017，177（21）：5 – 6 + 9.

［92］刘淑春．中国数字经济高质量发展的靶向路径与政策供给［J］．

经济学家，2019，246（06）：52－61.

［93］刘帅．农业信息化对农业全要素生产率的影响［J］．社会科学家，2021，293（09）：79－85.

［94］刘思明，张世瑾，朱惠东．国家创新驱动力测度及其经济高质量发展效应研究［J］．数量经济技术经济研究，2019，36（04）：3－23.

［95］刘涛，周白雨．效率与路径："新基建"投资驱动与中国经济高质量发展——基于投资类别与投资空间双重异质性［J］．济南大学学报（社会科学版），2021，31（06）：99－113＋175.

［96］刘璇．数字经济助力双循环新发展格局：核心机理与创新建议［J］．青海社会科学，2021，252（05）：98－105.

［97］刘亚雪，田成诗，程立燕．世界经济高质量发展水平的测度及比较［J］．经济学家，2020，257（05）：69－78.

［98］刘亦文，欧阳莹，蔡宏宇．中国农业绿色全要素生产率测度及时空演化特征研究［J］．数量经济技术经济研究，2021，38（05）：39－56.

［99］刘志彪，凌永辉．结构转换、全要素生产率与高质量发展［J］．管理世界，2020，36（07）：15－29.

［100］娄伟．重大技术革命解构与重构经济范式研究：基于地理空间视角［J］．中国软科学，2020，349（01）：86－94.

［101］罗小芳，王素素．数字经济、就业与劳动收入增长——基于中国家庭追踪调查（CFPS）数据的实证分析［J］．江汉论坛，2021，（11）：5－14.

［102］马茹，罗晖，王宏伟，王铁成．中国区域经济高质量发展评价指标体系及测度研究［J］．中国软科学，2019，343（07）：60－67.

［103］马香品．数字经济时代的居民消费变革：趋势、特征、机理与模式［J］．财经科学，2020，382（01）：120－132.

［104］马玉林，马运鹏．中国科技资源配置效率的区域差异及收敛性

研究［J］. 数量经济技术经济研究，2021，38（08）：83－103.

［105］马智涛等. 分布式商业［M］. 北京：中信出版社，2020.

［106］孟祺. 数字经济与高质量就业：理论与实证［J］. 社会科学，2021，486（02）：47－58.

［107］孟庆斌，侯粲然，鲁冰. 企业创新与违约风险［J］. 世界经济，2019，42（10）：169－192.

［108］闵路路，许正中. 数字经济、创新绩效与经济高质量发展——基于中国城市的经验证据［J］. 统计与决策，2022，38（03）：11－15.

［109］牟天琦，刁璐，霍鹏. 数字经济与城乡包容性增长：基于数字技能视角［J］. 金融评论，2021，13（04）：36－57＋124－125.

［110］倪红福，冀承. 中国平台反垄断政策的过去、现在与未来［J］. 改革，2021，333（11）：82－94.

［111］聂长飞，简新华. 中国高质量发展的测度及省际现状的分析比较［J］. 数量经济技术经济研究，2020，37（02）：26－47.

［112］宁朝山. 基于质量、效率、动力三维视角的数字经济对经济高质量发展多维影响研究［J］. 贵州社会科学，2020，364（04）：129－135.

［113］牛晓帆. 西方产业组织理论的演化与新发展［J］. 经济研究，2004，（03）：116－123.

［114］欧进锋，许抄军，刘雨骐. 基于"五大发展理念"的经济高质量发展水平测度——广东省21个地级市的实证分析［J］. 经济地理，2020，40（06）：77－86.

［115］潘毛毛，赵玉林. 互联网融合、人力资本结构与制造业全要素生产率［J］. 科学学研究，2020，38（12）：2171－2182＋2219.

［116］潘雅茹，罗良文. 基础设施投资对经济高质量发展的影响：作用机制与异质性研究［J］. 改革，2020，316（06）：100－113.

［117］庞瑞芝，邓忠奇. 服务业生产率真的低吗？［J］. 经济研究，

2014, 49 (12): 86 - 99.

[118] 逄锦聚，林岗，杨瑞龙等. 促进经济高质量发展笔谈 [J]. 经济学动态, 2019, 701 (07): 3 - 19.

[119] 裴长洪，刘洪愧. 中国外贸高质量发展：基于习近平百年大变局重要论断的思考 [J]. 经济研究, 2020, 55 (05): 4 - 20.

[120] 裴长洪，倪江飞，李越. 数字经济的政治经济学分析 [J]. 财贸经济, 2018, 39 (09): 5 - 22.

[121] 戚聿东，蔡呈伟. 数字化对制造业企业绩效的多重影响及其机理研究 [J]. 学习与探索, 2020, 300 (07): 108 - 119.

[122] 戚聿东，杜博，温馨. 国有企业数字化战略变革：使命嵌入与模式选择——基于3家中央企业数字化典型实践的案例研究 [J]. 管理世界, 2021, 37 (11): 137 - 158 + 10.

[123] 戚聿东，刘翠花，丁述磊. 数字经济发展、就业结构优化与就业质量提升 [J]. 经济学动态, 2020, 717 (11): 17 - 35.

[124] 戚聿东，肖旭. 数字经济时代的企业管理变革 [J]. 管理世界, 2020, 36 (06): 135 - 152 + 250.

[125] 戚聿东，徐凯歌. 后摩尔时代数字经济的创新方向 [J]. 北京大学学报（哲学社会科学版）, 2021, 58 (06): 138 - 146.

[126] 邱子迅，周亚虹. 数字经济发展与地区全要素生产率——基于国家级大数据综合试验区的分析 [J]. 财经研究, 2021, 47 (07): 4 - 17.

[127] 屈小娥. 中国省际全要素能源效率变动分解——基于Malmquist指数的实证研究 [J]. 数量经济技术经济研究, 2009, 26 (08): 29 - 43.

[128] 任保平，豆渊博. "十四五" 时期新经济推进中国产业结构升级的路径与政策 [J]. 经济与管理评论, 2021, 37 (01): 10 - 22.

[129] 任保平，李培伟. 数字经济培育中国经济高质量发展新动能的机制与路径 [J]. 陕西师范大学学报（哲学社会科学版）, 2022, 51

(01): 121 - 132.

[130] 任保平. 数字经济引领高质量发展的逻辑、机制与路径 [J]. 西安财经大学学报, 2020, 33 (02): 5 - 9.

[131] 任保平. 新时代中国经济从高速增长转向高质量发展: 理论阐释与实践取向 [J]. 学术月刊, 2018, 50 (03): 66 - 74 + 86.

[132] 任保显. 中国省域经济高质量发展水平测度及实现路径——基于使用价值的微观视角 [J]. 中国软科学, 2020, 358 (10): 175 - 183.

[133] 茹少峰, 李祥丽, 杜建丽. 大数据时代中国新常态经济增长中技术创新的路径转型 [J]. 人文杂志, 2015, 228 (04): 36 - 40.

[134] 茹少峰, 刘家旗. 网络经济促进中国供给侧结构性改革研究 [J]. 黑龙江社会科学, 2017, 162 (03): 56 - 61.

[135] 茹少峰, 刘家旗. 网络经济资本深化对中国潜在经济增长率的贡献解析 [J]. 经济纵横, 2018, 397 (12): 78 - 87.

[136] 茹少峰, 魏博阳, 刘家旗. 以效率变革为核心的中国经济高质量发展的实现路径 [J]. 陕西师范大学学报 (哲学社会科学版), 2018, 47 (03): 114 - 125.

[137] 上官绪明, 葛斌华. 科技创新、环境规制与经济高质量发展——来自中国 278 个地级及以上城市的经验证据 [J]. 中国人口·资源与环境, 2020, 30 (06): 95 - 104.

[138] 盛斌, 刘宇英. 中国数字经济发展指数的测度与空间分异特征研究 [J]. 南京社会科学, 2022, 411 (01): 43 - 54.

[139] 师博, 任保平. 中国省际经济高质量发展的测度与分析 [J]. 经济问题, 2018 (04): 1 - 6.

[140] 师博. 数字经济促进城市经济高质量发展的机制与路径 [J]. 西安财经大学学报, 2020, 33 (02): 10 - 14.

[141] 石大千, 李格, 刘建江. 信息化冲击、交易成本与企业

TFP——基于国家智慧城市建设的自然实验［J］．财贸经济，2020，41（03）：117－130.

［142］史丹，李鹏．我国经济高质量发展测度与国际比较［J］．东南学术，2019，273（05）：169－180.

［143］宋洋．数字经济、技术创新与经济高质量发展：基于省级面板数据［J］．贵州社会科学，2020，372（12）：105－112.

［144］孙早，侯玉琳．工业智能化如何重塑劳动力就业结构［J］．中国工业经济，2019，374（05）：61－79.

［145］孙早，侯玉琳．人工智能发展对产业全要素生产率的影响——一个基于中国制造业的经验研究［J］．经济学家，2021，265（01）：32－42.

［146］唐亚汇，李凌．分享经济：理论辨析、模式比较与规制思路［J］．经济学家，2017，228（12）：42－49.

［147］田友春，卢盛荣，李文溥．中国全要素生产率增长率的变化及提升途径——基于产业视角［J］．经济学（季刊），2021，21（02）：445－464.

［148］仝自强，李鹏翔，杨磊等．商业模式创新与技术创新匹配性对后发企业绩效的影响——来自年报文本分析的实证研究［J/OL］．科技进步与对策，2021：1－9［2021－12－25］.

［149］万永坤，王晨晨．数字经济赋能高质量发展的实证检验［J］．统计与决策，2022，38（04）：21－26.

［150］王彬燕，田俊峰，程利莎等．中国数字经济空间分异及影响因素［J］．地理科学，2018，38（06）：859－868.

［151］王桂荣，张雪慧，王娟．管理创新与技术创新［M］．东营：中国石油大学出版社，2009.

［152］王宏伟．信息产业与中国经济增长的实证分析［J］．中国工

业经济，2009，260（11）：66－76.

［153］王娟．数字经济驱动经济高质量发展：要素配置和战略选择［J］．宁夏社会科学，2019，235（05）：88－94.

［154］王军，朱杰，罗茜．中国数字经济发展水平及演变测度［J］．数量经济技术经济研究，2021，38（07）：26－42.

［155］王开科，吴国兵，章贵军．数字经济发展改善了生产效率吗［J］．经济学家，2020，262（10）：24－34.

［156］王如玉，梁琦，李广乾．虚拟集聚：新一代信息技术与实体经济深度融合的空间组织新形态［J］．管理世界，2018，34（02）：13－21.

［157］王姝楠，陈江生．数字经济的技术－经济范式［J］．上海经济研究，2019，375（12）：80－94.

［158］王恕立，胡宗彪．中国服务业分行业生产率变迁及异质性考察［J］．经济研究，2012，47（04）：15－27.

［159］王卫，綦良群．中国装备制造业全要素生产率增长的波动与异质性［J］．数量经济技术经济研究，2017，34（10）：111－127.

［160］王文．数字经济时代下工业智能化促进了高质量就业吗［J］．经济学家，2020，256（04）：89－98.

［161］王业斌，许雪芳．减税降费与经济高质量发展——来自小微企业的微观证据［J］．税务研究，2019，419（12）：16－21.

［162］王泽宇，王焱熙，赵莉，赵璐．中国制造业全要素生产率时空演变及影响因素［J］．地理学报，2021，76（12）：3061－3075.

［163］魏敏，李书昊．新时代中国经济高质量发展水平的测度研究［J］．数量经济技术经济研究，2018，35（11）：3－20.

［164］温珺，阎志军，程愚．数字经济与区域创新能力的提升［J］．经济问题探索，2019，448（11）：112－124.

［165］吴晓怡，张雅静．中国数字经济发展现状及国际竞争力［J］．

科研管理，2020，41（05）：250－258.

［166］吴义爽，盛亚，蔡宁．基于互联网＋的大规模智能定制研究——青岛红领服饰与佛山维尚家具案例［J］．中国工业经济，2016，337（04）：127－143.

［167］吴志军，梁晴．中国经济高质量发展的测度、比较与战略路径［J］．当代财经，2020，425（04）：17－26.

［168］鲜祖德，王天琪．中国数字经济核心产业规模测算与预测［J］．统计研究，2022，39（01）：4－14.

［169］向书坚，吴文君．OECD 数字经济核算研究最新动态及其启示［J］．统计研究，2018，35（12）：3－15.

［170］肖利平．“互联网＋”提升了中国装备制造业的全要素生产率吗［J］．经济学家，2018，240（12）：38－46.

［171］谢莉娟，陈锦然，王诗桪．ICT 投资、互联网普及和全要素生产率［J］．统计研究，2020，37（09）：56－67.

［172］谢云飞．数字经济对区域碳排放强度的影响效应及作用机制［J/OL］．当代经济管理：1－16［2022－02－19］．http：//kns. cnki. net/kcms/detail/13. 1356. F. 20211224. 1726. 002. html.

［173］熊永莲，谢建国，徐保昌．人口结构、资本积累与中国的全要素生产率［J］．云南财经大学学报，2016，32（01）：38－49.

［174］徐鹏，徐向艺．人工智能时代企业管理变革的逻辑与分析框架［J］．管理世界，2020，36（01）：122－129＋238.

［175］徐翔，厉克奥博，田晓轩．数据生产要素研究进展［J］．经济学动态，2021，722（04）：142－158.

［176］徐翔，赵墨非．数据资本与经济增长路径［J］．经济研究，2020，55（10）：38－54.

［177］徐晓慧．数字经济与经济高质量发展：基于产业结构升级视角

的实证［J］．统计与决策，2022，38（01）：95－99.

［178］许和连，成丽红，孙天阳．制造业投入服务化对企业出口国内增加值的提升效应——基于中国制造业微观企业的经验研究［J］．中国工业经济，2017，355（10）：62－80.

［179］许恒，张一林，曹雨佳．数字经济、技术溢出与动态竞合政策［J］．管理世界，2020，36（11）：63－84.

［180］许宪春，张美慧．中国数字经济规模测算研究——基于国际比较的视角［J］．中国工业经济，2020，386（05）：23－41.

［181］薛领，李涛．土地要素对东北地区经济高质量发展的影响［J］．社会科学辑刊，2020，250（05）：40－49.

［182］鄢显俊．从技术经济范式到信息技术范式——论科技—产业革命在技术经济范式形成及转型中的作用［J］．数量经济技术经济研究，2004，（12）：139－146.

［183］阎世平，武可栋，韦庄禹．数字经济发展与中国劳动力结构演化［J］．经济纵横，2020，419（10）：96－105.

［184］杨虎涛．社会—政治范式与技术—经济范式的耦合分析——兼论数字经济时代的社会—政治范式［J］．经济纵横，2020，420（11）：1－11＋136.

［185］杨虎涛．数字经济的增长效能与中国经济高质量发展研究［J］．中国特色社会主义研究，2020，153（03）：21－32.

［186］杨慧梅，江璐．数字经济、空间效应与全要素生产率［J］．统计研究，2021，38（04）：3－15.

［187］杨青峰，李晓华．数字经济的技术经济范式结构、制约因素及发展策略［J］．湖北大学学报（哲学社会科学版），2021，48（01）：126－136.

［188］杨先明，田永晓，马娜．环境约束下中国地区能源全要素效率

及其影响因素［J］. 中国人口·资源与环境, 2016, 26 (12): 147 - 156.

［189］杨新臣. 数字经济: 重塑经济新动力［M］. 北京: 中国工信出版集团, 2021.

［190］杨新铭. 数字经济: 传统经济深度转型的经济学逻辑［J］. 深圳大学学报 (人文社会科学版), 2017, 34 (04): 101 - 104.

［191］杨耀武, 张平. 中国经济高质量发展的逻辑、测度与治理［J］. 经济研究, 2021, 56 (01): 26 - 42.

［192］叶胥, 杜云晗, 何文军. 数字经济发展的就业结构效应［J］. 财贸研究, 2021, 32 (04): 1 - 13.

［193］易加斌, 张梓仪, 杨小平等. 互联网企业组织惯性、数字化能力与商业模式创新: 企业类型的调节效应［J/OL］. 南开管理评论, 2021: 1 - 27［2021 - 12 - 25］.

［194］易宪容, 陈颖颖, 位玉双. 数字经济中的几个重大理论问题研究——基于现代经济学的一般性分析［J］. 经济学家, 2019, 247 (07): 23 - 31.

［195］易信. 新一轮科技革命和产业变革对经济增长的影响研究——基于多部门熊彼特内生增长理论的定量分析［J］. 宏观经济研究, 2018, 240 (11): 79 - 93.

［196］余东华, 韦丹琳. 互联网应用、技能溢价与制造业全要素生产率——兼论如何有效化解"索洛悖论"［J］. 财经问题研究, 2021, 457 (10): 40 - 48.

［197］余泳泽, 王岳龙, 李启航. 财政自主权、财政支出结构与全要素生产率——来自230个地级市的检验［J］. 金融研究, 2020, 475 (01): 28 - 46.

［198］俞立平. 大数据与大数据经济学［J］. 中国软科学, 2013, 271 (07): 177 - 183.

［199］袁淳，肖土盛，耿春晓等．数字化转型与企业分工：专业化还是纵向一体化［J］．中国工业经济，2021，402（09）：137－155.

［200］袁礼，欧阳峣．发展中大国提升全要素生产率的关键［J］．中国工业经济，2018，363（06）：43－61.

［201］袁晓玲，李彩娟，李朝鹏．中国经济高质量发展研究现状、困惑与展望［J］．西安交通大学学报（社会科学版），2019，39（06）：30－38.

［202］岳欣．国家能力与经济发展——基于经济高质量发展目标的再思考［J］．经济学家，2021，265（01）：54－62.

［203］张龙鹏，周笛．服务业信息技术应用与生产率提升——来自中国企业的经验研究［J］．财贸研究，2020，31（06）：1－13.

［204］张路娜，胡贝贝，王胜光．数字经济演进机理及特征研究［J］．科学学研究，2021，39（03）：406－414.

［205］张鹏．数字经济的本质及其发展逻辑［J］．经济学家，2019，242（02）：25－33.

［206］张腾，蒋伏心，韦朕韬．数字经济能否成为促进中国经济高质量发展的新动能？［J］．经济问题探索，2021，462（01）：25－39.

［207］张侠，许启发．新时代中国省域经济高质量发展测度分析［J］．经济问题，2021，499（03）：16－25.

［208］张雪玲，焦月霞．中国数字经济发展指数及其应用初探［J］．浙江社会科学，2017，248（04）：32－40＋157.

［209］张勋，万广华，张佳佳等．数字经济、普惠金融与包容性增长［J］．经济研究，2019，54（08）：71－86.

［210］张焱．数字经济、溢出效应与全要素生产率提升［J］．贵州社会科学，2021，375（03）：139－145.

［211］张蕴萍，董超，栾菁．数字经济推动经济高质量发展的作用机

制研究——基于省级面板数据的证据 [J]. 济南大学学报 (社会科学版), 2021, 31 (05): 99-115+175.

[212] 张震, 刘雪梦. 新时代我国15个副省级城市经济高质量发展评价体系构建与测度 [J]. 经济问题探索, 2019, 443 (06): 20-31+70.

[213] 赵宸宇, 王文春, 李雪松. 数字化转型如何影响企业全要素生产率 [J]. 财贸经济, 2021, 42 (07): 114-129.

[214] 赵剑波. 企业数字化转型的技术范式与关键举措 [J]. 北京工业大学学报 (社会科学版), 2022, 22 (01): 94-105.

[215] 赵立斌, 张莉莉. 数字经济下价值链重构与产能利用率提升: 基于异质性企业的理论与实证 [M]. 北京: 科学出版社, 2020.

[216] 赵涛, 张智, 梁上坤. 数字经济、创业活跃度与高质量发展——来自中国城市的经验证据 [J]. 管理世界, 2020, 36 (10): 65-76.

[217] 中国信息通信研究院. 中国数字经济发展白皮书 (2020) [R]. 北京: 中国信息通信研究院, 2020.

[218] 钟文, 郑明贵. 数字经济对区域协调发展的影响效应及作用机制 [J]. 深圳大学学报 (人文社会科学版), 2021, 38 (04): 79-87.

[219] 钟业喜, 毛炜圣. 长江经济带数字经济空间格局及影响因素 [J]. 重庆大学学报 (社会科学版), 2020, 26 (01): 19-30.

[220] 周晓时, 李俊鹏, 吴清华. 人工智能发展对农业生产率的影响: 基于跨国面板数据的实证分析 [J]. 华中农业大学学报 (社会科学版), 2021, 155 (05): 158-167+199.

[221] 朱秋博, 白军飞, 彭超, 朱晨. 信息化提升了农业生产率吗? [J]. 中国农村经济, 2019, 412 (04): 22-40.

[222] Abrardi L, Cambini C. Incentivizing Self-Control Effort [J]. Journal of Economic Behavior and Organization, 2019, 164 (8): 13-30.

[223] Acemoglu D, Restrepo P. Artificial Intelligence, Automation and Work [R]. Boston: Working Paper, 2018.

[224] Acemoglu D, Restrepo P. Automation and New Tasks: How Technology Displaces and Reinstates Labor [R]. Boston: Boston University – Department of Economics – The Institute for Economic Development Working Papers Series, 2019.

[225] Acemoglu D, Restrepo P. Demographics and Automation [R]. Boston: Boston University – Department of Economics – The Institute for Economic Development Working Papers Series, 2018.

[226] Acemoglu D, Restrepo P. Secular Stagnation? The Effect of Aging on Economic Growth in the Age of Automation [J]. American Economic Review, 2017, 107 (5): 174 –179.

[227] Acemoglu D, Restrepo P. The Race Between Man and Machine: Implications of Technology for Growth, Factor Shares, and Employment [J]. American Economic Review, 2018, 108 (6): 1488 –1542.

[228] Acemoglu D. Directed Technical Change [J]. The Review of Economic Studies, 2002, 69 (4): 781 –809.

[229] Ackerberg D, Caves K, Frazer G. Structural Identification of Production Functions [R]. UCLA Working Papers, 2006.

[230] Aghion P, Antonin C, Bunel S. The Power of Creative Destruction: Economic Upheaval and the Wealth of Nations [M]. Boston: Belknap Press, 2021.

[231] Aghion P, Howitt P. The Economics of Growth [M]. Cambridge: MIT Press. 2009.

[232] Aghion P, Jones B F, Jones C I. Artificial Intel ligence and Economic Growth [R]. NBER Working Papers, 2018.

[233] Alloway, Tracy. Goldman: How "Grand Theft Auto" Explains One of the Biggest Mysteries of the U. S. Economy [EB/OL]. (2015-05-26) [2022-2-25]. http://www.bloomberg.com/news/articles/2015-05-26/goldman how grand theft auto explains one of the biggest mysteries of the us economy.

[234] Ark B V. The Productivity Paradox of the New Digital Economy [J]. International Productivity Monitor, 2016, 31 (1): 3-18.

[235] Australian Bureau of Statistics. Australian National Accounts: Information and Communication Technology Satellite Account [R]. ABS, 2006.

[236] Australian Bureau of Statistics. Measuring Digital Activities in the Australian Economy [EB/OL]. https://www.abs.gov.au/websitedbs/D3310114.nsf/home/ABS Chief Econom - ist Full Paper of Measuring Digital Activities in the Australian Economy, 2019.

[237] Autor D, and David D. The Growth of Low Skill Service Jobs and the Polarization of the US Labor Market [J]. American Economic Review, 2013, 103 (5): 1553-1597.

[238] Baily B, Chakrabarti A K. Innovation and the Productivity Crisis [M]. Washington D. C.: Brookings Institution, 1988.

[239] Barefoot B, Curtis D, Jolliff W, et al. Defining and Measuring the Digital Economy [R]. Washington D. C.: BEA Working Paper, 2018.

[240] Bauer J. The Internet and Income Inequality: Socio - economic Challenges in a Hyperconnected Society [J]. Telecommunications Policy, 2018, 42 (4): 333-343.

[241] BEA. Measuring the Digital Economy: An Update Incorporating Data from the 2018 Comprehensive Update of the Industry Economic Accounts [EB/OL]. (2019-04-11) [2022-2-25]. https://www.bea.gov/sys-

tem/ files/2019 - 04/digital - economy - report - update.

[242] Begenau J, Farboodi M, Veldkamp L. Big Data in Finance and the Growth of Large Firms [J]. Journal of Monetary Economics, 2018, 97 (8): 71 - 87.

[243] Bertschek I, Niebel T. Mobile and More Productive? Firm - Level Evidence on the Productivity Effects of Mobile Internet Use [J]. Telecommunications Policy, 2016, 40 (9): 888 - 898.

[244] Bhattacharya U, Hsu P, Tian X, et al. What Affects Innovation More: Policy or Policy Uncertainty? [J]. Journal of Financial & Quantitative Analysis, 2017, 52 (5): 1869 - 1901.

[245] Bloom N, Sadun R, Reenen J V. Americans Do I. T. Better: US Multinationals and the Productivity Miracle [J]. American Economic Review, 2012, 102 (1): 167 - 201.

[246] Bloom N, Sadun R, Reenen J V. The Organization of Firms Across Countries [J]. Quarterly Journal of Economics, 2012, 127 (4): 1663 - 1705.

[247] Brandt L, Biesebroeck J V, Zhang Y. Creative Accounting or Creative Destruction? Firm - level Productivity Growth in Chinese Manufacturing [J]. Journal of Development Economics, 2012, 97 (2): 339 - 351.

[248] British Computer Society. The Digital Economy [EB/OL]. (2014 - 02 - 20) [2022 - 2 - 25]. https: //policy. bcs. org/sites/policy. bcs. org/ files/digital%20economy%20Final%20version_ 0. pdf.

[249] Brynjolfsson E, Collis A, Diewert W E, et al. GDP - B: Accounting for the Value of New and Free Goods in the Digital Economy [R]. NBER Working Papers, 2019.

[250] Brynjolfsson E, Hitt L M. Beyond Computation: Information Tech-

nology, Organizational Transformation and Business Performance [J]. Journal of Economic Perspectives, 2000, 14 (4): 23-48.

[251] Brynjolfsson E, Mitchell T. What Can Machine Learning Do? Workforce Implications [J]. Science, 2017, 358 (6370): 1530-1534.

[252] Brynjolfsson E, Saunders A. Wired for Innovation: How Information Technologyis Reshaping the Economy [M]. 1st ed. Cambridge: The MIT Press, 2010.

[253] Brynjolfsson E. The Productivity Paradox of Information Technology [J]. Communications of the ACM, 1993, 36 (12): 66-77.

[254] Buera F J, Kaboski J P, Shin Y. Finance and Development: Atale of Two Sectors [J]. American Economic Review, 2011, 101 (5): 1964-2002.

[255] Bukht R, Heeks R. Defining, Conceptualising and Measuring the Digital Economy [R]. Development Informatics Working Paper, 2017.

[256] Carlota P. Microelectronics, Long Waves and World Structural Change: New Perspectives for Developing Countries [J]. World Development, 1985, 13 (3): 441-463.

[257] Carlota P. Technological Revolutions and Techno-economic Paradigm [J]. Cambridge Journal of Economics, 2010, 34 (1): 185-202.

[258] Castclls M. The Rise of the Network Society [M]. 2nd ed. Oxford: Wiley-Blackwell Publishers Inc., 2010.

[259] Chung Y H, Färe R S. Grosskopf. Productivity and Undesirable Outputs: A Directional Distance Function Approach [J]. Journal of Environmental Management, 1997, 52 (3): 229-240.

[260] Cornaggia J, Tian X, Wolfe B. Does Banking Competition Affect Innovation [J]. Journal of Financial Economics, 2013, 115 (1): 189-209.

[261] Cowen T. The Great Stagnation [M]. 1st ed. New York: Dutton. 2011.

[262] Curran C S, Leker J. Patent Indicators for Monitoring Convergence—Examples from NFF and ICT [J]. Technological Forecasting & Social Change, 2011, 78 (2): 256-273.

[263] Czernich N, Falck O, Kretschmer T, et al. Broadband Infrastructure and Economic Growth [J]. Munich Reprints in Economics, 2011, 121 (5): 505-532.

[264] Damioli G, Roy V V, Vertesy D. The Impact of Artificial Intelligence on Labor Productivity [J]. Eurasian Economic Review, 2021, 11 (1): 1-25.

[265] David P A. The Dynamo and the Computer: An Historical Perspective on the Modern Productivity Paradox [J]. American Economic Review, 1990, 80 (2): 355-361.

[266] Donaldson D, Hornbeck R. Railroads and American Economic Growth: A "Market Access" Approach [J]. The Quarterly Journal of Economics, 2016, 131 (2): 799-858.

[267] Dosi G. Technological Paradigms and Technological Trajectories: A Suggested Interpretation of the Determinants and Directions of Technical Change [J]. Research Policy, 1982, 11 (3): 147-162.

[268] Dube J P, Misra S. Personalized Pricing and Consumer Welfare [R]. NBER Working Papers, 2017.

[269] European Commission. Digital Economy and Society Index. Methodological Note [R]. Brussels: EU, 2015.

[270] Fare R, Shawna G, Mary N, et al. Productivity Growth, Technical Progress, and Efficiency Change in Industrialized Countries [J]. American

Economic Review, 1994, 84 (5): 1040 - 1044.

[271] Farrell M J. The Measurement of Productive Efficiency [J]. Journal of the Royal Statistical Society, 1957, 120 (3): 253 - 281.

[272] Freeman C, Dosi G, Orsenigo L, et al. Part II - Evolution, Technology, and Institutions: A Wider Framework for Economic Analysis [J]. Technical Change and Economic Theory, 1988, 2 (5): 9 - 119.

[273] Fudenberg D, Villas - boas J M. Price Discrimination in the Digital Economy [M] // Oxford: Oxford Handbook of the Digital Economy, 2012.

[274] Gelbach J B. When do Covariates Matter? And Which Ones and How Much? [J]. Journal of Labor Economics, 2016, 34 (2): 509 - 543.

[275] Giday H. Information Communications Technology and Economic Growth in Sub - Saharan Africa: A Panel Data Approach [J]. Telecommunications Policy, 2019, 43 (1): 88 - 99.

[276] Goldfarb A, Tucker C. Digital Economics [J]. Journal of Economic Literature, 2019, 57 (1): 3 - 43.

[277] Gordon R J, Sayed H. Transatlantic Technologies: The Role of ICT in the Evolution of U. S. and European Productivity Growth [J]. International Productivity Monitor, 2020, 38 (9): 50 - 80.

[278] Gordon R J. Does the "New Economy" Measure up to the Great Inventions of the Past? [J]. The Journal of Economic Perspectives, 2000, 14 (4): 49 - 74.

[279] Gordon R J. The Rise and Fall of American Growth: The U. S. Standard of Living Since the Civil War [M]. 1st ed. Princeton: Princeton University Press, 2016.

[280] Graetz G, Michaels G. Robots at Work [R]. CEPR Discussion Paper, 2018.

[281] Hall R E, Jones C I. Why Do Some Countries Produce So Much More Output Per Worker than Others? [J]. The Quarterly Journal of Economics, 1999, 114 (1): 83-116.

[282] Hatzius J, Kris D. Doing the Sums on Productivity Paradox v2.0 [R]. Goldman Sachs U.S. Economics Analyst, No. 15/30, 2015.

[283] Hayes A F, Preacher K J. Quantifying and Testing Indirect Effects in Simple Mediation Models When the Constituent Paths are N onlinear [J]. Multivariate Behavioral Research, 2010, 45 (4): 627-660.

[284] Heckman J, Pinto R, Savelyev P. Understanding the Mechanisms Through Which an Influential Early Childhood Program Boosted Adult Outcomes [J]. The American Economic Review, 2013, 103 (6): 2052-2086.

[285] Henderson P, Hu J, Romoff J, et al. Towards the Systematic Reporting of the Energy and Carbon Footprints of Machine Learning [J]. Journal of Machine Learning Research, 2020, 21 (2): 1-20.

[286] Heo P S, Lee D H. Evolution of the Linkage Structure of ICT Industry and Its Role in the Economic System: The Case of Korea [J]. Information Technology for Development, 2018, 25 (3): 1-31.

[287] House of Commons. The Digital Economy [R]. London: House of Commons Business, Innovation and Skills Committee, 2016.

[288] International Telecommunications Union. Measuring the Information Society Report [EB/OL]. (2018-01-20) [2022-2-25]. https://www.itu.int/pub/D-IND-ICTOI-2018.

[289] Jarratt D, Thompson J. Virtual Business Models to Aaddress Real World Strategic Challenges [J]. Emergence: Complexity & Organization, 2012, 14 (2): 1-24.

[290] Jeremy Rifkin. The Zero Marginal Cost Society: The Internet of

Things, the Collaborative Commons, and the Eclipse of Capitalism [M]. New York: St. Martin's Griffin, 2014.

[291] Jiang F, Wang D, Wei Z. How Yin – Yang Cognition Affects Organizational Ambidexterity: The Mediating Role of Strategic Flexibility [J]. Asia Pacific Journal of Management, 2021, 24 (3): 1 –28.

[292] Jorgenson D W, Ho M S, Stiroh K J. A Retrospective Look at the U. S. Productivity Growth Resurgence [J]. Journal of Economic Perspectives, 2008, 22 (1): 3 –24.

[293] Jorgenson D W, Ho M S, Stiroh K J. Information Technology and the American Growth Resurgence, Productivity [M]. 3rd ed. Cambridge: MIT Press, 2005.

[294] Jorgenson D W, Stiroh K J. Computers and Growth [J]. Economics of Innovation and New Technology, 1995, 3 (3): 295 –316.

[295] Kapoor A. Financial Inclusion and the Future of the Indian Economy [J]. Futures, 2014, 56 (10): 35 –42.

[296] Kling R, Lamb R. IT and Organizational Change in Digital Economies [J]. ACM SIGCAS Computers and Society, 1999, 29 (3): 17 –25.

[297] Knickrehm M, Berthon B, Daugherty P. Digital Disruption: The Growth Multiplier [EB/OL]. (2016 –04 –24) [2022 –2 –25]. https://www.accenture.com/acnmedia/PDF – 4/Accenture – Strategy – Digital Disruption – Growth – Multiplier.pdf, 2016.

[298] Koutroumpis P. The Economic Impact of Broadband on Growth: A Simultaneously Approach [J]. Telecommunications Policy, 2009, 33 (9): 471 –481.

[299] Lashkari D, Bauer A, Boussard J. Information Technology and Returns to Scale [R]. Working Papers, 2019.

[300] Lee S Y T, Gholami R, Tong T Y. Time Series Analysis in the Assessment of ICT Impact at the Aggregate Level – lessons and Implications for the New Economy [J]. Information & Management, 2005, 42 (7): 1009 – 1022.

[301] Li Y, Yang X D, Ran Q Y, et al. Energy Structure, Digital Economy, and Carbon Emissions: Evidence from China [J]. Environmental Science and Pollution Research International, 2021, 28 (45): 64606 – 64626.

[302] Lind J T, Mehlum H. With or Without U? The Appropriate Test for a U - Shaped Relationship [J]. Oxford Bulletin of Economics and Statistics, 2010, 72 (1): 1 – 12.

[303] Lordan G, Neumark D. People Versus Machines: The Impact of Minimum Wages on Automatable Jobs [J]. Labour Economics, 2018, 52 (6): 40 – 53.

[304] Maurseth P B. The Effect of the Internet on Economic Growth: Counter – Evidence from Cross – Country Panel Data [J]. Economics Letters, 2018, 172 (11): 74 – 77.

[305] Mokyr J. Secular Stagnation? Not in Your Life [M]. //Chapter 6 in Secular Stagnation: Facts, Causes and Cures. London: CEPR Press, 2014.

[306] Nathan M, Rosso A. Measuring the UK'S Digital Economy with Big Data [R]. National Institute of Economic and Social Research, 2012.

[307] Nordhaus W. Productivity Growth and the New Economy [J]. Brookings Papers on Economic Activity, 2002, 33 (2): 211 – 265.

[308] Noyelle, Thierry J. Skills, Wages, and Productivity in the Service Sector [M]. 1st ed. Boulder: Westview Press, 1990.

[309] Nunn N, Qian N. U. S. Food Aid and Civil Conflict [J]. American Economic Review, 2014, 104 (6): 1630 – 1666.

[310] OECD. A Proposed Framework for Digital Supply – Use Tables

[R] . Pairs: OECD Publishing, 2018

[311] OECD. Measuring Digital Trade: Towards a Conceptual Framework [R] . Pairs: OECD Publishing, 2017.

[312] OECD. Measuring the Digital Economy: A New Perspective [R] . Pairs: OECD Publishing, 2014.

[313] Oh D H. A Global Malmquist – Luenberger Productivity Index [J] . Journal of Productivity Analysis, 2010, 34 (3): 183 – 197.

[314] Oliner S D, Sichel D E. The Resurgence of Growth in the Late 1990s: Is Information Technology the Story? [J] . Finance & Economics Discussion, 2002, 14 (4): 3 – 22.

[315] Oliver E. Williamson. The Theory of the Firm as Governance Structure: From Choice to Contract [J] . The Journal of Economic Perspectives, 2002, 16 (3): 171 – 195.

[316] Parker G G, van Alstyne M W, Choundary S P. Platform Revolution: How Networked Markets are Transforming the Economy [M] . 1st ed. New York: W. W. Norton & Company, 2017.

[317] Paunov C, Rollo V. Has the Internet Fostered Inclusive Innovation in the Developing World? [J] . World Development, 2016, 78 (2): 587 – 609.

[318] Peters B, Riley R R, Siedschlag I, et al. Internationalisation, Innovation and Productivity in Services: Evidence from Germany, Ireland and the United Kingdom [J] . Review of World Economics, 2018, 154 (3): 585 – 615.

[319] Polak P. The Productivity Paradox: A Meta – analysis [J] . Information Economics and Policy, 2017, 38 (3): 38 – 54.

[320] Porter M E, Heppelmann J E. How Smart, Connected Products Are

Transforming Companies [J]. Harvard Business Review, 2014, 92 (2): 24 - 24.

[321] Pradhan R P, Arvin M B, Bahmani S, et al. Telecommunications Infrastructure and Economic Growth: Comparative Policy Analysis for the G - 20 Developed and Developing Countries [J]. Jounal of Comparative Policy Analysis, 2014, 16 (5): 401 - 423.

[322] Reynolds T, Vallejo C S, Stryszowski P, et al. OECD Internet Economy Outlook [R]. Pairs: OECD Publishing, 2012.

[323] Richter C, Kraus S, Brem A. Digital Entrepreneurship: Innovative Business Models for the Sharing Economy [J]. Creativity and Innovation Management, 2017, 26 (3): 300 - 310.

[324] Rouse M. Digital Economy [EB/OL]. (2016 - 09 - 24) [2022 - 2 - 25]. http://searchcio.techtarget.com/definition/digital - economy.

[325] Ru S, Liu J, Wang T, et al. Provincial Quality of Economic Growth: Measurements and Influencing Factors for China [J]. Sustainability, 2020, 12 (4): 1 - 17.

[326] Salahuddin M, Alam K, Ozturk I. The Effects of Internet Usage and Economic Growth on CO_2 Emissions in OECD Countries: A Panel Investigation [J]. Renewable & Sustainable Energy Reviews, 2016, 62 (9): 1226 - 1235.

[327] Shao B, Lin W T. Assessing Output Performance of Information Technology Service Industries: Productivity, Innovation and Catch - up [J]. International Journal of Production Economics, 2016, 172 (2): 43 - 53.

[328] Siegel D, Griliches Z. Purchased Services, Outsourcing, Computers, and Productivity in Manufacturing [R]. Chicago: Working Papers, 1991.

[329] Solow R M. We'd Better Watch Out [J]. The New York Review of Books, 1987, 36 (1): 1 - 2.

[330] Stiroh K J. Information Technology and the US Productivity Revival: What do the Industry Data Say? [R] . New York: Working Papers, 2001.

[331] Stiroh K J. Reassessing the Impact of Information Technology in the Production Function: A Meta – Analysis [R] . New York: Working Papers, 2002.

[332] Strobel T. ICT Intermediates and Productivity Spillovers Evidence from German and US Manufacturing Sectors [J] . Structural Change and Economic Dynamics, 2016, 37 (7): 147 – 163.

[333] Strubell E, Ganesh A, Mccallum A. Energy and Policy Considerations for Deep Learning in NLP [C] . Italy: Cornell University, 2019 .

[334] Tapscott D. The Digital Economy: Promise and Peril in the Age of Networked Intelligence [M] . New York: McGraw – Hill, 1996.

[335] Teece D J. Profiting from Innovation in the Digital Economy: Enabling Technologies, Standards, and Licensing Models in the Wireless World [J] . Research Policy, 2018, 47 (8): 1367 – 1387.

[336] Tranos E. The Causal Effect of the Internet Infrastructure on the Economic Development of European City Regions [J] . Spatial Economic Analysis, 2012, 7 (3): 319 – 337.

[337] Villarreal O, Calvo N. From the Triple Helix Model to the Global Open Innovation Model: A Case Study Based on International Cooperation for Innovation in Dominican Republic [J] . Journal of Engineering and Technology Management, 2015, 35 (10): 71 – 92.

[338] Volberda H, Bosch F, Heij K. Management Innovation: Management as Fertile Ground for Innovation [J] . European Management Review, 2013, 10 (1): 1 – 15.

[339] Wamba S F, Gunasekaran A, Akter S , et al. Big Data Analytics

and Firm Performance: Effects of Dynamic Capabilities [J]. Journal of Business Research, 2017, 70 (1): 356-365.

[340] World Economic Forum. The Global Information Technology Report 2016 [EB/OL]. (2016-06-06) [2022-2-25]. https://www3.weforum.org/docs/GITR2016/WEF_GITR_Full_Report.pdf.

[341] Zhu X K, Hu R F, Zhang C, et al. Does Internet Use Improve Technical Efficiency? Evidence from Apple Production in China [J]. Technological Forecasting and Social Change, 2021, 166 (6): 17-25.